How the other half lives

ジェイコブ・リース *Jacob Riis*

千葉喜久枝 訳

向こう半分の人々の暮らし

19世紀末ニューヨークの移民下層社会

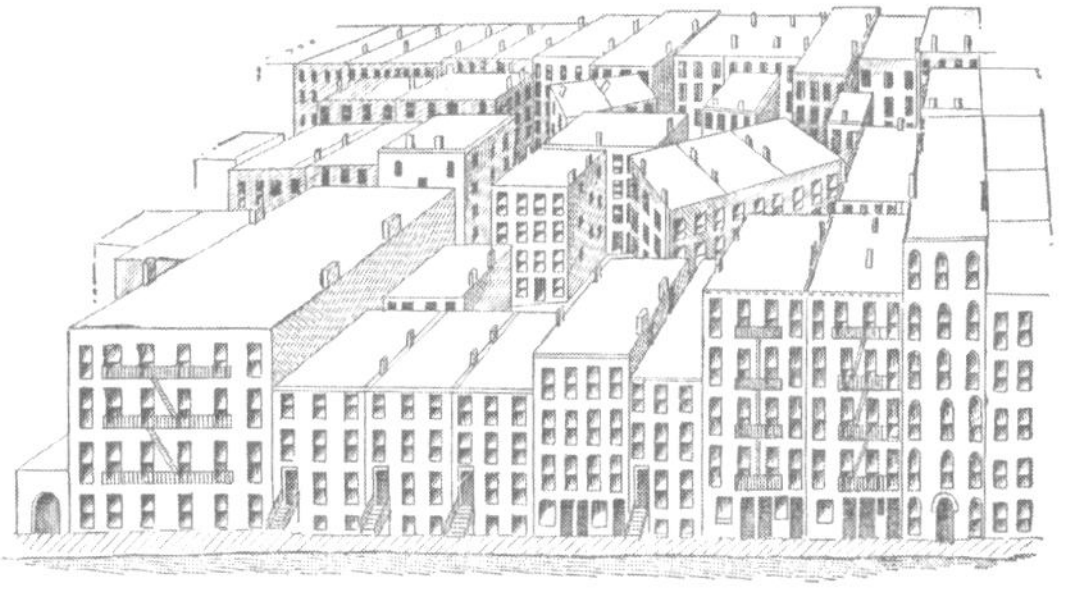

創元社

ゴッサム・コート

［貧民用の住宅としてチェリー通りに建てられた初期のテネメント。採光・換気ともに十分に考慮されていない建物に定員以上の住民が住みついたため、完成後10年経つと犯罪と病気が蔓延し、長年にわたりニューヨークの悪名高いスラムとされた］

装丁・組版　寺村隆史

向こう半分の人々の暮らし

How the other half lives

Studies among the tenements of New York

by

Jacob A. Riis

Charles Scribner's Sons, New York, 1890.

はじめに

人の経験はすべて、たとえどんな経験であろうとも、きちんとした誠実な仕事の方針に沿ってこつこつと集められる限り、その経験をもたらした地域社会に何かしらの価値があるはずであるとの思いから、私はこの本に着手した。読者は今その成果を前にして、私が正しかったのかどうかを自分で判断することができる。よかれあしかれ、新聞記者の生活の多忙で苛酷な任務のため、幾度となく私に差し出された親切な手助けがなければ、この本を完成することはとうていできなかっただろう。衛生局局長のチャールズ・G・ウィルソン氏とバーンズ警察本部長のご助力に感謝申し上げる。人口統計局登記官のロジャー・S・トレーシー博士が辛抱強く付き合ってくださったおかげで、私一人では不可能なことを成し遂げることができた。何しろ、目録や統計、割合について私は無知であるが、彼が知らないことはひとつもないからだ。そして何よりも、他のあらゆる点についてと同様に今回も、常変わらぬ助力者であり、もっとも賢明な助言者、最良の批評家である妻が、女性らしい共感と愛情とともに付き添ってくれたおかげである。

J・A・R

日本語版凡例

- 原書の注記箇所は、（＊1）と表記し、該当箇所の見開き左頁小口側に注記を置いた。
- 原書の会話文中の引用部は、二重カギ括弧『　』で表記した。
- 原文のイタリック体には、傍点（ヽ）を振った。
- 訳注は、ブラケット［　］で本文内に組み入れた。
- 原書の Street は「〜通り」、Avenue は「〜街」と訳した。ただし、序数のついた Street は「〜丁目」と訳した。
  例：Houston Street →「ハウストン通り」／Fifth Avenue →「五番街」／Thirty-eighth Street →「三八丁目」
- 原書は改行箇所が極めて少ないため、読みやすさを考慮して、一部本文に改行を加えた。
- 本文の写真およびイラストはすべて、原書一八九二年版から撮影・スキャニングしたものであり、収録箇所も原書に準じた。
- 新たに日本語版オリジナルの付録資料を加えた。

向こう半分の人々の暮らし　目次

「銀の柵と金の門《かんぬき》で
あなたがたは私の羊たちを彼らの父祖たちが作った囲い［教会の意］から締め出した。
この一八〇〇年間彼らの嘆きを
私は天国で聞いていた」

「おぉ主よ、罪はわれらのせいではありません、
われらは父祖たちと同じように築きました。
見てください、国中で、至高の場所に置かれた
あなたの似姿を」

救世主は職人を見つけ出した、
無教養で、貧弱な体の、やつれた男を、
そして母のいない少女を、そのほっそりとした指が
彼女をわずかに貧窮と罪から引き離していた。

この二人を人々の真中に置くと、
汚れるのを恐れて、人々が自分の服のすそを
引いたその時に、「ほらごらんなさい」と彼は言った。
「あなたがたが私から作り上げた姿です！」

——ジェイムズ・ラッセル・ローウェル［一八一九–九一。アメリカの詩人・批評家・外交官］

序文

はるか昔、「世界の半分は、向こう側の半分がどのように暮らしているか知らない」と言われていた。当時は事実その通りであった。気にかけなかったので、知らなかったのだ。上の半分は、苦しい生活をしている人々については もちろん、下層の人々の運命についてはなおさら、彼らをそのままの状態にして自身の地位を保つことができる限り、ほとんど関心を持たなかった。そこへ、下の世界の不快さと密集状態があまりにひどくなって、その結果として生じた大変動が猛烈だったため、もはや容易に事を進められない時代が到来したので、上の半分は何が問題なのか調べ始めた。以来下層の人々の問題に関する情報は急速に増え続け、全世界が昔の無知を十分に償う権限を得ている。

世界の大都市の中でもっとも新しい街であるニューヨークでは、密集状態はまだそれほどひどくはなかったため、そうした時代は他のどの都市よりも遅く来た。決して来ないと信じている人々もいたが、彼らの希望ははかなかった。ひどく無責任な利己主義がここでも旧大陸の都市と同じような結果をもたらした。

二五年前にニューヨーク州における犯罪の増加の原因を調査するために任命された立法府の委員会の前での、ニューヨーク監獄協会長官の証言にはこうある。

「一八六三年に大暴動「南北戦争中の一八六三年七月一三日から一六日にかけて、貧乏人に不利な連邦徴兵法に反対してニューヨーク市で起こったドラフト暴動のこと」が起きた時、その時の軍事行動にすぐさま積極的に下層民が参加したことによって、あらゆる犯罪の隠れ場所と温床が明らかになった。それとちょうど同じ場所と住居、および住まいに類したものすべてが今日、犯罪と、犯罪へいたる悪徳や治安を乱す行状の温床となっている。財産と人に対する犯罪の大半——少なくとも八〇パーセント——が家庭生活との関わりを失ったか、一度も持ったことがない人間、あるいは、育った家庭が、普通の健全な家庭と家族の影響とされるものを与えるのに望ましい、十分独立した立派な家庭ではなくなっていた者によっておこなわれていた。……年齢の低い犯罪者たちは、この街で彼らの家庭があった場所が明らかにされるなら、ほぼ例外なく最悪のテネメント「人口密集貧困地帯の安アパート」が立ち並ぶ地域の出身と思われる」。

ニューヨーク市がその調査の最初の段階で確かめたこととは、向こう半分との境界線がテネメントにあるということだった。

今や、その境界線がニューヨークの人口を半分に分割してから一〇年以上が過ぎた。今ではニューヨーク市民の四分の三がテネメントに住み、一九世紀に起こった都市への人口移動が、増え続ける群衆を送り込んで、テネメントに押し込めている。前の世代で公衆衛生の専門家に見放された一万五〇〇〇棟の賃貸住宅は三万七〇〇〇棟にまで増加し、一二〇万人以上の人々がそこを家と呼んでいる。専門家が考えた唯一の解決策——郊外への高速旅客輸送——は何の救いももたらさなかった。今やわれわれは、解決策はないとわかっている。すなわち、社会の怠慢と個人の欲の邪悪な産物であるその「仕組み」、われわれの文明の、永遠の台風の目が定着したことを。しかし悪条件下でも最善を尽くすより他ない。

テネメントとは何か、そして現在の状態にいたるまでどのようにして増えたのかをこれから見ていくことにする。ごまかしのない公的な記録から得られた話は、どんな心をもぞっとさせるほど陰鬱である。その記録から、「向こう半分」の苦難と罪、またそれらが引き起こした悪が、向こう半分にもう一度チャンスを与えなかった社会に対する罰にすぎないということが明らかになるとすれば、そのことが事実だからであろう。

境界線はそこにある。なぜなら、一方の側では善へ向かう力が悪へ向かう力に勝る——そうでなければまずかった——にもかかわらず、テネメントではあらゆる影響力が悪の方へ向かうからだ。なぜなら、テネメントは金持ちにも貧乏人にも等しく死をもたらす伝染病の温床であり、市の刑務所と警察裁判所を満たす、貧困状態と犯罪を育成する環境だからだ。年間で五万人にのぼる敗残者を島［イースト川のブラックウェルズ島］の施設と軽犯罪者収容所へ厄介払いし、過去八年間でわれわれの慈善金を食い物にする約五〇万もの物乞いを生み出すところだからだ。それが必然的にともなうものすべてとともに常に一万もの浮浪者の大群を支えているところだからだ。なぜなら、テネメントは何よりも、家庭生活を道徳上きわめて有害な毒でそこなうからだ。このことがテネメントの最大の罪で、その仕組みにつきものだ。われわれが、自分たちがそれを生み出したことを認めない限り、われわれ自身の罪の産物は許さない。関係を認めることで、われわれの最大の忍耐ともっとも手厚い保護を要求する権利を与えることになるとしても。

それに関してあなたがたはどうするつもりか、というのが今日問われていることである。かつて、テネメントハウスのレベルでの生活の当然の結果である、極悪政治犯一味[*1]による侮辱的な挑戦的態度でわれわれの街にその質問が問われたことがある。当時、法と秩序はその答えを見出して勝利を得た。莫大な数に膨れ上がる住民をこの苛立たしい隷属状態に置いたままで、その答えは常に与えられるだろうか？　どれだけ十分その難題を引き起こす状況が理解されるかにかかっているだろう。最近の公式の報告によれば、貧しい人々の苦悩の四〇パーセントは、酒浸りが原因という。しかしその苦難を調べるために任命された最初の立法府の委員会が、問題をさらに深く掘り下げて、その根源を明らかにした。「人間的な生活と住居の一定の条件と結び付きが、相応した習慣と道徳を生み出すもとであるという結論が引き出され」、「すべての人に清潔で快適な家を提供することで、酒浸りの生活を阻止」することを奨励した。

何年も経ってから、公衆衛生の調査が、「市民の三分の二が住むテネメントの半分以上が、テネメントの管理を商売、たいていは投機対象としていた家主によって保有されていた」という事実を明らかにした。「家主は自分の出資金に対し一定の割合を得ようとしていて、その割合が一五パーセント以下にまで下がるのはきわめてまれで、大抵は三〇パーセントを超えている。[*2]……入居者の間で、自分たちが完全にないがしろにされているとの不平は一致していて、修繕と必要な改良によって家をきちんとしてほしいという要望に対する唯一の答えは、部屋代を払うか出て行けというものだった。周旋人《しゅうせんにん》の指示は簡単だが明確だった。『部屋代を先に集めろ、さもなくば住人を追い出せ』。

そうした地下茎の上に、この毒の木が育った。その果実が苦いのも不思議ではない。次の正義への要請に対し、実際に効果のある解決策であるべき救済策は、一般の人々の良心から生じなければならない。法律制定も慈善行為もその事柄を扱うことはできない。悪をもたらした資本家の強欲は、その悪を今もとに戻すことができる限り、それ自体滅ぼされねばならない。住宅は労働者の仕事を雇う人々によって、労働者階級のために建てられなければならない。けれどもテネメントは、古い、冷酷な意味での「儲かる物件」であることをやめねばならない。「慈善事業と五パーセント〔の利益〕」が求められる罪滅ぼしである。

このことが純粋に経済的観点から事実であるなら、キリスト教の立場からの見通しについてはどうだろうか？　つい先頃、この街で大きな会合が開かれ、あらゆる宗教的信仰の宗派が、テネメントに住むあふれんばかりの民衆を、今ではその大半にとってなじみのないキリスト教の影響力でどのようにつかむかという問題について討議した。その会議は、資本をこの計画に投資していて貨幣利子以上の利益を上げていた、ブルックリンの建築家の警告の中にこそ、留意に値する提案を見出すべきではなかっただろうか？「人の強欲しか見えないところで養育された人々は、そもそも、神の愛をどのようにして理解すべきなのでしょうか？」

＊1　市政強盗のトウィード団〔ニューヨーク市政を牛耳って莫大な金を着服したウィリアム・M・トウィードの一味〕。
＊2　上院委員会の前で、証人たちにより、テネメント不動産に対する妥当な平均利益は四〇パーセントということが明らかにされた。利益が一〇〇パーセント、さらにはそれ以上の例が示された。

第一章　テネメントの起源

ニューヨークで最初のテネメントは、その刻印が解読されるまで一世代過ぎたが、始めからカインの印を負っていた。それが、われわれの街の歴史でその後も常に悪名高い「裏屋」である。前から賃貸住宅は存在していたが、もともと賃貸目的で建てられた住宅ではなかった。雑多な群衆に住みかを与えるなど、もとの所有者たちは思いもよらなかっただろう。というのも、そうした住宅は入植初期のマンハッタンの上流階級、かつてのニッカボッカー［植民地時代に入植したオランダ人の子孫］たちの住む上品な邸宅であったからだ。

当時住んでいた場所から彼らを追い払ったのは、一八一二年の戦争［アメリカ合衆国とイギリスとの間で起こった戦争］に次いで起こった大きな移民の波と、商業の活況であった。一〇万に満たなかった人口が、三五年間で五〇〇万人にまで達し、そのための住居が必要とされたのだ。当時幼かった人々の記憶によれば、ワシントン［アメリカ合衆国初代大統領］は、当時辺鄙《へんぴ》な場所にあって、通うのが大変だったチェリー・ヒル［現在のチェリー通りのあたり。かつては高級住宅地だった］の家から引っ越した。

次に古くからの居住者たちが彼に続いた。だがその移住先も理由もさまざまだった。イースト川沿いのかつてのおしゃれな通りに並んでいた、彼らの快適な住まいは不動産業者と下宿屋経営者の手に落ちた。しかも生み出された害悪がまさに不安をかき立てていたこの時、一八五七年の州議会への報告書にはこう書いてある。「当初、賃貸住宅は作業場や店、あるいは倉庫や往来をめぐる仕事に就いていて、低賃金のために生活費も限られ、住居が近いことがより重要な貧しい労働者階級にとって文字通りの恩恵となった」。

　しかし長くは続かなかった。商業が拡大するにつれ、またニューヨーク市が急速に成長するにつれ、貧しい人々の必需品は彼らよりも裕福な隣人の好

ヘルズキッチンとセバストポール

機となった。そしてその印が古い家屋に刻まれると、その住宅は突然価値が上がり、後世の人々がどんなに頭を使って努力しても消すことはできなかった。古い家屋の「大きな部屋は、明るさや換気など考慮されずにいくつかの小さな部屋に分割され、賃貸料は部屋の広さや通りからの高さに応じて低くなった。じきにその建物は、地下室から屋根裏部屋まで、その日暮らしで生活している、不品行で、将来の備えもなく、困窮し、乞食そのもののごとくみじめな借家人階級で埋まった」。

こうして、言語に絶する邪悪な行為の原因となる、窓のない暗い寝室が生まれた。それは古い家屋が解体された後も存続することとなった。

「戦争よりも破滅的な邪悪な行為」について憤然と告発した古い報告書によれば、古い家屋はその新たな役割において「長く持ちこたえる予定ではなかった。家賃はこの階級からの損害と悪用を補うのに十分なほど高く固定されていて、この階級からは何も期待されず、古い家屋が持ちこたえる間、最大限利用された。借家は年々場所を広げていったため、借家の制度に関して、整然さ、秩序、清潔さは思いも及ばなかった。無責任なだらしなさ、不平、欠乏状態、無知はそのまま放置されたまま、家屋全体が荒れ果てるまで、ぼろぼろで雨漏りのする屋根の下で寄り集まったり、湿っぽい地下室のネズミの間に住んでいたりするみじめな群衆を、宿らせるというよりは収容している」。

さらに愚かなのが人間の欲で、後日、責任を問われた「家主たちは、その所有物の状態に対する言い訳として、居住者の不潔な習慣をしきりに主張したが、本当に悪質なのはそうした習慣を許容しているという事実であり、そのことに対し家主自身も責任を負うべきだという事実を忘れている」。

その後も群衆がひしめく状態が緩和されることはなく、かつて穏やかなオランダ系市民がチューリップや早生のキャベツを栽培していた庭に、たいていは木造の裏屋が、最初のうちは二階家で建てられた。現在ではどんどん上に階が積み上げられている。二家族が住んでいたところには一〇家族が移り住んだ。表の住宅は、煉瓦の壁が十分に強かったら、先例にならった。同時代の証人による苦情から判断すると、古い建物が、「しばしば基礎となる壁の強度を考慮することなく非常に高く積み上げられていた」点はかならずしも問われなかった。

家主が求めたのは家賃であった。居住者の安全についても、快適さについても、契約書では言及されなかった。庭門はもはやさびついた蝶番《ちょうつがい》で揺れなかった。貝殻が敷き詰められた歩道が路地となった。裏屋が建てられた庭の残りが「中庭」となった。第四行政区ではそうした住宅がまだたくさん残っており、初期に建てられた裏屋がそこかしこにある。

状況は次々と悪化した。

「じきに地所の所有者と業者は、邸宅とタウンハウス［隣家と壁を共有する二、三階建ての住宅］を、四つの壁の中に人間を収容するのに可能な程度の広さに小さく分割して、大勢の人の住む家に改造することで、これまでよりも高い収益が得られることを悟った。……タウンハウスは不動産の所有者によって賃貸に出されるか『分割払いで買収』され、あるいは手数料で管理され、又貸しのために保有された」。

とにかく無責任で、まったくいい加減で勝手気ままな中間業者の出現とともに、清潔な地区ではほとんど影響の見られなかった伝染病のコレラが原因で、住民一〇〇〇人に一九五人の割合で死者が出たゴッサム・コート［一八五〇年に完成した貧困世帯用住宅。完成後約一〇年でスラム化した。口絵参照］のような建物を生んだテネメント建設の時代が始まった。それにより死亡率は一八一五年の四一・八三人に一人から、珍しく伝染病から免れた一八五五年の二七・三三人に一人まで上昇した。さらに衛生局の初期の創立委員に次のような泣き言を吐かせた。「中庭などすべて含めた市の地所に、一人あたり二平方ヤード［一平方ヤード＝〇・八三六一平方メートル］にも満たない面積を割り当てられた数百人が寄宿するテネメントが数多くある」。

その時までにテネメントに住む住民の数は五〇万人に増えていたが、今なお、中国も含め世界のどこよりも人口密度がもっとも高い地区であるイーストサイド［マンハッタンの五番街から東の地区。貧困移民の居住区であった］では、当時、一平方マイル［二・五九平方キロメートル］あたり二九万人の割合で人が密集し、他に例を見ない状態だった。どの場所、どの時代の貪欲さも、同じ空間にその数の半分以上も集めることはできなかった。昔のロンドンの最大の密集地でも一七万五八一六人の割合である。豚が主要な掃除夫であるかのように通りと側溝をうろつきまわっていた。[*1]

人口統計局の報告では、テネメントにおける子どもの死亡は「明らかに換気の悪いアパートのよどんだ空気での窒息による」とされ、オールバニー［ニューヨーク州の州都］からニューヨーク市の問題を調査しにきた上院議員たちは、「毎年病気と死により、ひとつの街を満たすのに十分な数の住

＊1　一八六七年冬になってようやく、街の建物が密集した地区で、飼い主が豚を放し飼いすることが法令によって禁止された。

民と、ひとつの街を支えるのに十分な労働人口が減っている」と報告した。

それにもかかわらず、専門家によれば、もっと南の行政地区の最悪のスラムでは、以下のような住宅でさえアップタウンに比べて家賃が二五パーセントから三〇パーセントも高い。

たとえばシーダー通りでは、「複数の下宿人を置いた家族」の場合、八袋か一〇袋の肥やしを入れた地下室で豚を飼育している。あるいは「五家族が暮らす一二×一二の一部屋には、二〇人もの老若男女に対してわずかに二台のベッドしかなくて、間仕切りも、衝立《ついたて》も、椅子もテーブルもない」。

少なくとも豚は取り除かれたが、家賃は今日までそのままである。

それらが一時的な悪行であったと考え、幸いにも過ぎ去り、無事に忘れ去られた、などというあ

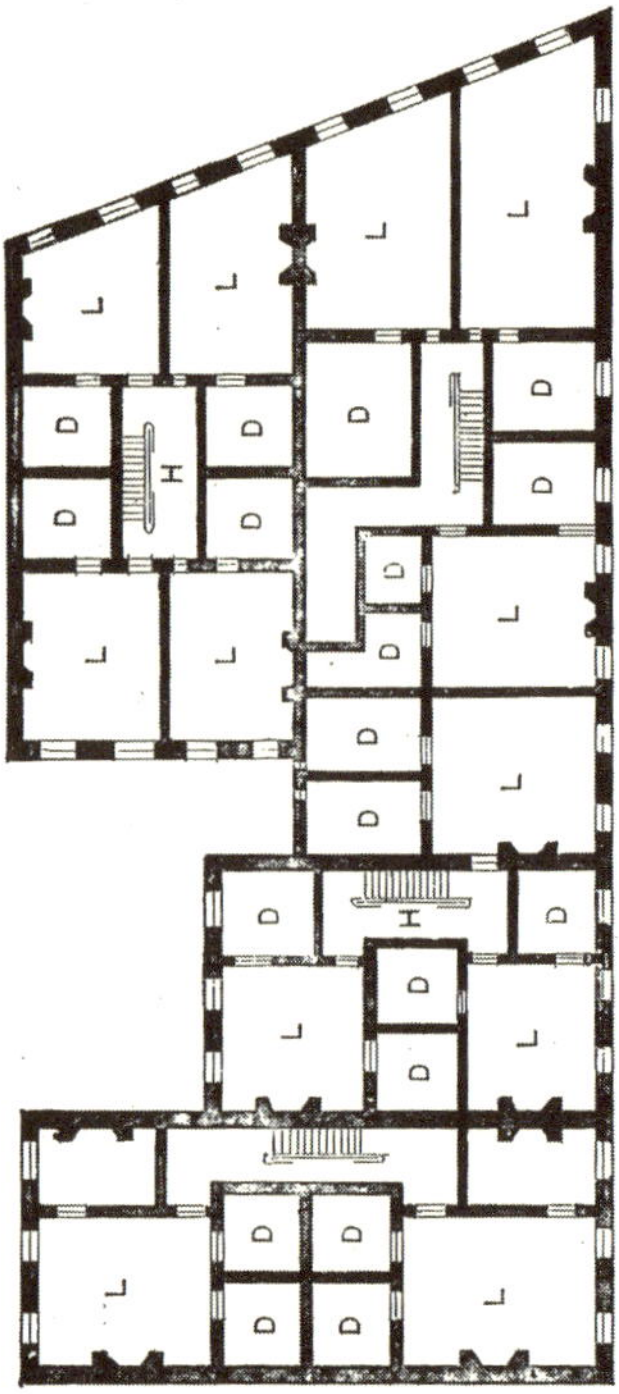

各階に12世帯が入る、1863年完成のテネメント*2。D-暗い。L-明るい。H-廊下

*2　この「換気の悪い、熱を引き起こす建物」は、建てられた翌年に、当時組織されたばかりの公衆衛生評議会によって取り上げられ、ニューヨーク市民協会に魅力的な通りでの「多様な住居」の一例として、以下の注釈とともに提示された。「ここには12の居間と21の寝室がある。寝室のうち6部屋を除いては、居間を通して以外、光と空気が入るような作りになっていない。そのために完全に暗く、狭苦しく、換気が悪い。居間は10×12フィートで、寝室は6.5×7フィートである」。

てもない希望を抱く者がいるといけないので、ここで私が目に留めた、最近のテネメントの例を三件挙げておこう。

一番目の例は、立派な外観のおかげで家主を金持ちにした初期の賃貸住宅のひとつであった、モット通りの裏屋で起こった火事である。火事により、みすぼらしく狭い小部屋に毎月平均五ドルを支払っていた一〇家族が家を失った。家主自身が述べたところによれば、一年に六〇〇ドルの家賃収入をもたらしたとはいえ、少なくとも八〇〇ドルの保険がかけられていたという。そんな高価な財産を失った自分を気の毒に思うのは当然だと家主が考えているのは明らかだった。

二番目は、ヨーロッパ出身の若い夫婦で、身を粉にして働いていた彼らは「疲れ果て」、クロスビー通りのテネメントで一緒に服毒した。その他の説明はなかったが、彼らが住んでいた部屋に立った時、私にはそれ以上の説明は必要なかった。そこは天井が斜めになった屋根裏部屋で、一つだけある窓は屋根のはるか上なので、部屋に窓がついているようには思えなかった。彼らはほとんど体も動かせない部屋に、月に五ドル半を前払いで支払わねばならなかった。屋根裏にはそうした部屋が他に四部屋あり、屋根裏部屋全部の家賃を合わせると、ブルックリンの居心地のいい地区によく見られる、小さいながらも立派な一戸建て住宅よりも高い。

三番目は夫婦と赤ん坊の黒人家族の例で、西三丁目の裏側のみすぼらしい貧民窟に住んでいる。最上階の一部屋で家賃は八ドル半だが、あまりにも狭いので、戸を開いたままカメラを設置しても写真を撮ることができなかった。どの方向に小股で歩いても、三歩で端まで達してしまう。

初期のテネメントハウスを建てたのは、建築家とは名ばかりの人々であった。だからその後継者たちも、どれだけ価値があるかはともかく、同じく立派な権利を持つと弁ずるかもしれない。役人の報告によれば「市の住宅不足のために、提供されるスペースがあれば、すぐにどんなテネメントも下宿人でいっぱいになるほどだ」という。地下室に住む人々は大勢いた。衛生局が組織された時、市には地下の下宿屋が三〇〇軒あった。それより一五年ほど前、チャタム通りからすぐのマルベリー通りにあった古いバプテスト教会が売却され、骨組みの裏側半分がテネメントに改造されたが、そこは群れをなして移動してきた住民によって、公的な規制が何もなく、勝手気ままにできたあの時代でさえ騒動を引き起こした。そのみじめな建物には四〇以上の家族が住みつき、住民の年間の死亡率は一〇〇〇人中七五人と公式に発表された。そのテネメントは数多くある中でも特に最悪の例であった。というのも大きなバラック式建物はこの時までに東西と、島の北部のほとんど人の住んでいない地区にまで広がっていたからだ。それらのバラックの建てられた土地に対する所有権が明確かどうかは、家賃が集められることよりも重要ではなかった。弁償すべき損害があれば、入居者はそれを弁済しなければならなかった。「地所が係争中の時は」、訴訟事件は「頻繁で、異なる二、三の関係者が家賃を集めていた」。もちろんそのような状況下では「補修されることは決してなかった」。

こうした事態は頂点に達していた。当時の状況について、ニューヨーク貧民状況改善協会が次のように要約している。「途方もなく古い建物、不潔な中庭にある密集した裏屋、暗くじめじめした地下室、雨漏りのする屋根裏、工場、屋外便所、住居へ作り替えられた納屋など[*3]、ほとんど畜生を宿らせるにも相応しくないにもかかわらず、この豊かなキリスト教徒の街で多数の同胞の住みかとなっている」。

「街は、」と歴史家のマーサ・ラム夫人［著者に『ニューヨーク市の歴史』がある］は一八三五年から一八四五年の間の水道管敷設の時代について解説しながら、「放浪者にとって総合収容所だった」と述べている。そうした「住宅」状況の自然な結果として、若い浮浪者が通りにあふれた。少年犯罪は年々恐ろしいほどに増加した。当時はまだ児童援護協会も、同種の慈善団体も創設されていなかったが、「アフリカにおける教育促進のためのアメリカ協会」の住所は市の住所氏名録に掲載されていた。

＊3　年一五ドルで住居として貸し出される二〇棟の納屋を含む、五〇×六〇フィートの区画は、全部で六〇〇ドルの価格であった。

灰を回収する樽

第二章　目覚め

戦争［一八六一〜六五年の南北戦争］の終結からほどなく、増大するコレラの恐怖が、ニューヨークのスラムでその疫病が起こることを予想していながら何もしなかったことを後ろめたく思う気持ちで、社会の良心を苦しめ、行動が起こされた。市民の活動の結果、ニューヨーク市衛生局が組織され、改善のための法律制定へ向けての第一歩となる、一八六七年の「テネメント条例」の採択となった。テネメントについての詳細な調査はすでにその前年より始まっていたが、最初にコレラ、次に天然痘の流行に見舞われ、必要性が高まりながらも作業自体が滞ったので、いくらか進捗して効力を発揮し始めたのは一八六九年のことであった。まず第一に、窓のない暗い寝室が禁止された。その年、衛生局は、主として内側の部屋の換気のために——というのも光は、暗い廊下からはほとんど、あるいはまったく得られないからだ——五万六〇〇〇以上の窓を開けるよう命じた。当時はまだ通気孔［換気シャフト］の存在は知られていなかった。その夏中、窓を開ける工事のノコギリの音が止むことはなかった。秋の初めまでに命令はすべて遂行された。反対がないわけではなかった。

役人の行く手をはばんだ障害は、一方はテネメントの所有者からの反対で、彼らは修繕か撤去するよう命じられた項目がひとつだけでも、家賃収入を減らす余分な支出と見なした。もう一方は居住者自身からの反対で、一世代にわたり無駄な抗議を繰り返した後で周囲の状況と同じところまで身を落とし、ついにはそこの環境に甘んじていたからだ。テネメントはその当然の報い、すなわち、そこに住む群衆が受けた不当な待遇に復讐する覚悟と能力のある無産階級《プロレタリアート》を生み出していた。すでに彼らは刑務所と慈善施設の維持のため市に重い負担を負わせていた。奇妙なことに、反対の根拠は両者とも同じであった。家主と居住者はどちらも同じように役所の介入を個人の権利の侵害と圧制とみなした。そんなむさくるしい住まいのすみずみにまで日の光が達するようにとの要求を確保するために長年の労力を費やした。ついに当局が「穴居人」を駆逐し、ハウストン通りの南の、たいていは海抜よりも低い場所で、アパートとして使われていた約五五〇の地下室を閉鎖するのに成功するまで五年の年月がかかった。多くの場合、警察は力ずくで住人を引きずり出さねばならなかった。

作業は続行した。しかしその必要性は骨折りとともに増すばかりだった。公衆衛生専門家たちは、彼らが仕事をするよりも速く増え続ける悪をとことんまで追及し続けた。火事のように、追い立てるのではなく、首尾よく阻止することしかできなかった。一八七九年に各地の教会で読み上げられた公式の報告では、年の若い犯罪者を、「道徳的にも物理的にも真の闇という環境」で育った、低い社会生活状況と不健康で超過密な住まいの犠牲者と表現した。一〇年間も、暗い、人目につかない場所でノコギリが働き続けた後でさえこうである！　ある高名な庭師によれば、「テネメントに住んでいる、そうした貧しい者たちが呼吸する空気を目にしたなら」、「側溝の泥よりもよどんで見えるだろう」。あらゆることがなされてきたにもかかわらず、ほとんど改善は見られなかった。「最近建てられた新しいテネメントも、古いテネメントと同じように劣悪な設計なのが普通で、部屋は暗く不健康で、しばしば湿った地下室の上にあり、そこでは極端な過密状態が容認されている」とはある筋の意見である。それらが過去の最悪の慣習を今日も永続させる住宅で、その数は何千棟にものぼる。直接関連する地域に関して言えば、ファイブ・ポインツ〔一九世紀半ばに犯罪と貧困の温床として街で一番悪名高かったスラム〕からは一掃されたが、すぐ近くのマルベリー通りのベンド〔イタリア人移民が多く居住していた地区。第六章参照〕が不潔さにおいてやや勝っている。しかも腐敗の新たな中心がたえず発生しており、たとえわずかな期間でも当局の警戒がゆるむと、優勢になっていく。最悪の住居が残りのすべての住居にむらなく同じ影響を及ぼすのがテネメントハウスの方式で、ちょうど、クラスに一人反逆児がいるだけでクラス全体が悪くなるようなものである。衛生評議会が控えめに述べたように、「貧者をなおざりにした結果」である悪弊が、復讐法のひとつである。

衛生局の最近の主要な仕事であった、テネメントの建築業者たちに強制力を行使することで悪弊を阻止しようという断固とした試みはこの時期にさかのぼる。換気シャフトが設置される時代になっても、貧民に住まいをあてがう問題は解決されなかったが、衛生局は限られた機会をうまく利用した。新たに建てられる住宅は公衆衛生法によって完全に管理されることになった。しかし古い住宅はそのままにされた。極度にひどい住宅の場合、当局が撤去を命じることもあるが、すべてを即座に解体するのは不可能だ。異常な過密状態もそのままである。それはテネメントの特徴を示している。テネメントの象徴であり、テネメントに典型的な状況である貧困が異常な過密状態を招き、そして強いている。過密状態を軽減しようという努力はすべて一時的な救済に終わっている。テネメントが存在する限り、過密状態も存在するだろう。そしてテネメントはニューヨークに永遠に存在し続けるだろう。

今日、テネメントとは何であろうか？ 法律はそれを「建物内で独立して生活し炊事をおこなう、三世帯以上が入居」している住宅、または「ひとつの階に二家族以上が入居し、居住と炊事をし、廊下と階段と中庭等々に共通の権利を有する」住宅と定義する。これが法律で定められた意味で、フラットとアパートメントもその定義に含まれるが、これらと何の関係もない。もっと狭い意味では、最近公開の法廷で審問がおこなわれた時、典型的なテネメントは次のように定義された。「通常は通りに面した四階から六階の高さの煉瓦造りの建築物で、多くは一階が店になっており、酒の販売に使われている場合は、居住者の便宜と日曜規制〔酒類の販売禁止〕を逃れるために建物の横からの入り口がある。各階に四世帯が入居し、各戸は、寝室として使われる一部屋か二部屋の暗い小部屋と一二×一〇フィートの居間が一部屋である。階段はたいていが建物の中心にある暗い井戸状の空間で、直接吹き抜ける換気は得られず、各世帯は間仕切りでたがいに分けられている。敷地の裏は三階建ての別の建物が占めていることが多く、そこでは各階に二世帯が居住している」。その状況は一〇年前も今もほとんど変わらず、今後もしばらくはそうであろう。換気シャフトから差し込むかすかな光が、以前にもまして膨れ上がった群衆を照らし出す。テネメントはなおも「申し分のない財産」で、貧困が貧しい者を破滅させる原因である。貧しいがゆえに暮らさざるを得ないダウンタウンのバラックは、ハーレムのまずまずのアパートよりも三分の一高い家賃を稼いでいる。かつては、一棟のテネメントで七〇人から八〇人の子どもが発見されたとの記事がセンセーションを巻き起こした。今では公衆衛生警察が、クロスビー通りにある、対を成す建物の一棟に、総計一〇一人の大人と九一人の子どもがいたと報告しても、つかの間の注目さえ呼び起こすことはない。もう一棟の建物にいた子どもの数は、私の思い違いでなければ八九人で、二棟のテネメントを合わせると、子どもの数は一八〇人にのぼった！　あるいは、マルベリー通りでの真夜中の立ち入り検査では、二棟の建物で、汚い床に寝る一五〇人の「下宿人」を発見した。ブラウンストーン［建築材料の赤褐色砂岩。米国東部、特にニューヨークで玄関正面に用いられ、富裕の象徴とされた］の装飾と板ガラス、モザイク飾りの玄関といった造りにもかかわらず、夏になると水が二階まで給水されないが、ビールは屋上での夜通しのパーティへ無制限に流れている。横手の通用口のある酒屋と地主がその場所の繁盛を分け合い、陰鬱に屈服した居住者が勘定を支払う。

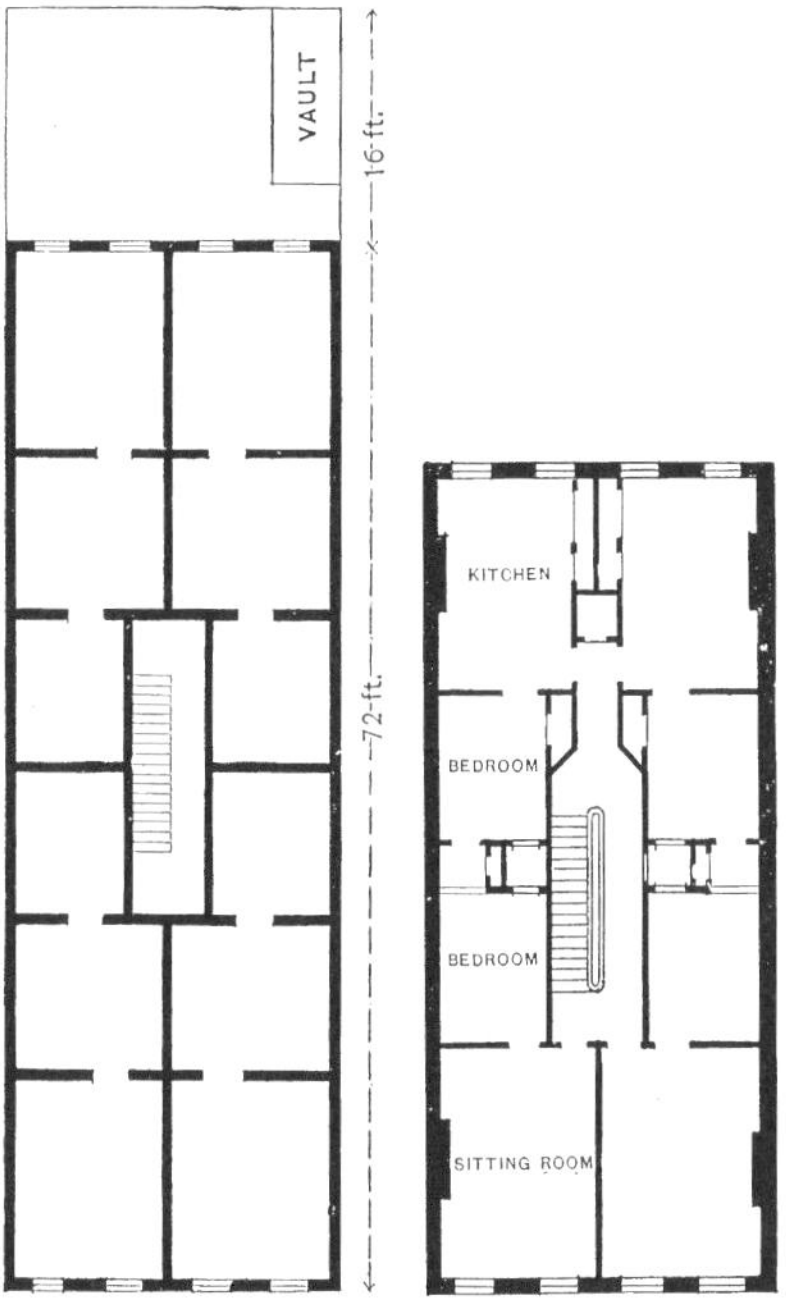

（左）旧式のテネメント（右）換気シャフトの誕生

現代のテネメントはどこにあるのだろうか？　言い換えれば、テネメントが存在しないのはどこだろうか？　この五〇年間で、テネメントは第四行政区のスラムとファイブ・ポインツからマンハッタンをゆっくり北上し、ウェストチェスター線までの付属地区［マンハッタンの北にあるサウス・ブロンクス］を堕落させてきた。南の方の行政区は、商売に活用されていなければ一歩の幅の土地であろうと、敷地いっぱいに建物をぎっしりと詰め込む。東西を走るすべての通りの最下部につなげられた鎖付きの鉄球のように、両方の川に沿って連なり、押さえつけられ、いらいらした群衆でハーレムを満たしながら、ニューヨークの富と商売を手中に収め、暴徒による支配と復讐の時代に意のままにする。財務省分局に備えつけられた防弾シャッター、大量の手榴弾、ガトリング機関銃が、その事実と予想される救いの性質を暗に認めている。今日テネメントがニューヨークであり、市の人口の四分の三の住民を住まわせている。新しい世代がわれわれの街の人口を倍にし、貧困に縛られた大量の労働者にとって家という名前そのものが受け入れがたい、形ばかりのものとなる時、その報いは何であろうか？

第三章　さまざまな国から来た群衆

かつて私が、悪名高い第四行政区の路地で係官に、ここにはどれだけの民族が住んでいるか尋ねたところ、全部で一四〇家族いるうち、アイルランド人が一〇〇家族、イタリア人が三八家族、ドイツ語を話すのが二家族、とのことだった。その女性係官を除けば、その地区に地元生まれの者はいなかった。その答えはロウアー・ニューヨークの国際色豊かな特徴をよく示しており、どの横丁や路地を行こうと、その地域全体がほぼそんな状況である。質問に応じて、イタリア人、ドイツ人、フランス人、アフリカ人、スペイン人、ボヘミア人、ロシア人、スカンディナヴィア人、ユダヤ人、中国人の居留地が見つかるかもしれない。バッテリー公園［マンハッタン南端部］で採取した「聖地の土」をエルサレムからの直輸入品として売りつけるアラブ人でさえ、ワシントン通りの南端に唯一の縄張りを保持している。アメリカの中心都市でいくら尋ねても、いっこうに答えを得られないのは、歴然たるアメリカ人コミュニティだけである。これはひとつも存在しない。間違いなくテネメントの中には存在しない。彼ら、古くからの住人はどこへ行ってしまったのだろうか？　私はその質問を、その一員と推察される人物に投げかけた。というのも彼が、「アイルランド人お断り」の文言が新聞の広告欄でお馴染みだった「古きよき時代」を恋しがっているのを見て取ったからだ。彼は私を困惑した様子で見た。「わからない」と彼は言った。「知っていたらなぁ。ある者は四九年にカリフォルニアへ行って、ある者は戦争に行って、それきり二度と帰ってこなかった。残りは天国かどこかへ行ったんじゃないかね。ここいらで見ないからな」。

善良な男の推測の是非がどうであれ、彼が見間違えたわけではなかった。彼らはここにはいない。彼らがいた場所には、異質の要素からなる、ひどく風変わりで種々雑多な集団がやって来て、常にせめぎ合い、ひとつのグラスに入ったウイスキーと水のように作用して、やがて同じ結果を迎える。すなわち、最終的に合体し、ウイスキーの色に染まる。かつて歓迎されなかったアイルランド人は、自分の立場がイタリア人、ロシア系ユダヤ人、中国人《チャイナマン》に引き継がれると、敵意を激しくむき出して新参の集団との対立に一枚かんだが、まったく無駄だった。新参者がどこへ行こうと締め出して、建物や通りや地区を密集した群れで占有した。しかしアイルランド人の復讐は完璧である。かつてアイルランド人を追い出した古くからの敵同様、アイルランド人の到来に反対した最近の敵の打倒に勝利を得ると、双方の政治運動に指図する。そして公職に就いて安心すると、土地の者に愛想よく挨拶を返すが、一方で酒屋の儲けで買った住宅に住むイタリア人の家賃を集める。家主としては絵にかいたような専制君主である。

この文を執筆中、アイルランド人が取った滑稽な方法の一例が私の目に留まった。衛生局の調査官が、今にも壊れそうな裏屋の小部屋三部屋にイタリア人家族がひと月に二五ドルもの家賃――実際の価値の一二倍以上――をケルト風の名前の男［アイルランド人］に支払っていることに気づいて、自分の驚きを借り手の、シチリア出身の無知な労働者に告げた。その男は以前家主に家賃を下げるようお願いしたが断られたと答えた。

「なるほど！　家主はなんて言いましたか？」調査官は尋ねた。『ちくしょうめ！』と彼は答えました。『そんなこた俺に言うなら、通りでお前とお前の持ち物に火をつけるぞ』と」。その言葉におじけづいたそのイタリア人は家賃を支払った。

アイルランド人の家主のことを公正に評すれば、家主はただ、頭のよい生徒のように、彼がこれまで受けてきた教育の成果を見せて、テネメントの仕組みを彼独自の方法で再現しているにすぎない。あきれるのは彼の率直さにすぎない。アイルランド人というのは、もともとテネメントの生活になじめない。持ち前の多才さでただちにその状況に適応するとはいえ、それでもやはりテネメントは彼の中にある最上のものをそこなう。まさにそれがゆえに、その勢力圏内に来る者全員の中で一番早くアイルランド人を堕落させる。その結果が底に積もった澱《おり》で、街のスラムにおける一世代以上の産物、アイルランド人の社会階層の大多数とは区別されるように、テネメントの住人の最底辺にまさに位置する、いわゆる「どん底のアイルランド人」である。

もちろん、ニューヨーカーが「貧民」と漠然と口にする癖がある、テネメントに住む住民全体、あるいは大部分が、乞食の身分に近いという意味で貧しいとか堕落した状態にあると決めつけるべきではない。

残念ながら、ニューヨークの賃金労働者は他に住むところがない。彼らはもっとましな住まいも得られないほど貧しい。かつて土地に縛り付けられていた農奴のように、彼らを拘束する法外な家賃が上昇するにつれ、財布の金はどんどん乏しくなる。不思議なのは、彼らを取り巻く環境によって、全員が堕落するわけでもないし、また直ちにそうなるわけでもないことだ。逆に、たとえ完全には抜け出せなくても、着実に生活が向上していけば、その事実が結局のところ世界はそれ以上悪くならずによくなっていくという楽観主義者の信念を支える強力な根拠となり、スラムという澱と、その絶え間ない脅威が変わらず増え続けなければ、不安の軽減に役立つだろう。よりよい状況へと向かっていくそうした力は確かに存在する。三〇年前にぼろ拾いをしていたドイツ人は当時まさに、その後を継いだイタリア人と同じくらいどん底の階級にいたが、今日では成功した小売商人か裕福な農場主である。[*1]

　現代のイタリア人くず拾いは、街角の果物売りの独占的な支配へすばやく変化を遂げつつあり、黒い瞳のイタリア人少年はといえば、数年前まで侵入者でしかなかったのに、今や靴磨き商売を独占している。煉瓦職人の下働きをしていた第二世代のアイルランド人は、区の市会議員ではないにしても、職人となっており、中国人日雇い労働者《クーリー》はほぼ独占的に洗濯業を占めている。その理由は明らかである。ひどく貧しい移民はもっとよい地位を得るという目的と野心を胸に抱いてここにやって来る。少しでも機会が与えられれば、それをできるだけ利用することが求められるだろう。移民たちにあてがわれたむさくるしい住宅を、移民自身が好んでいるなどという偽りの申し立てに対して、それ以上の解決策はなかったかもしれない。実際には、移民が得られるわずかな機会があまりにも長く不足しているため、その不運な結果の責任を不当に負わされているのである。

東から西への移住が緯度に沿って進むように、ニューヨークにおける外国人の流入も、もっと群れをなすことを好む民族や、無情な商売の侵害という、より強い圧力を受けた場合にのみ変動して破れる、特定のはっきりした境界線に沿ってそれぞれ散らばる。言葉も慣習も知らない異国にいる外国人には普通の、共通の努力にたよる気持ちがこのことを十分に説明する。

アイルランド人というのは真にコスモポリタンな移民である。あらゆるところに広がり、住居をまったく公平に、まさに数の力だけに応じて、イタリア人やギリシャ人や「オランダ人」と共有し、物を平等に分ける。

国籍を示すために色分けされたこの街の地図があれば、シマウマの肌よりも多くの縞と、虹よりも多彩な色を示すだろう。そうした地図上の街は大きく二つに分かれ、緑がアイルランド人の優勢なウェストサイドのテネメント地区で、青がイーストサイドのドイツ人地区であろう。しかしそれらの地色に混ざり合っているのが、全体を驚くべきパッチワーク・キルトにする、雑多な種類の色であろう。父祖の時代に今や存在しない丘陵を排水したかつてのコレクト・ポンド〔一九世紀初めまであった水深一八メートルの池〕の上にある南部の第六行政区から、イタリア人の赤がマルベリー通りに沿って北の、ブリーカー通りと南五番街のフランス人地区の紫まで進み、一度消えると、何マイルか途切れた後でハーレムの「リトル・イタリー」、一二番街の東で再び現れる。くっきりと範囲が

＊1　姿を消してから大分経つが、ばた屋が何軒もあったシェリフ通りのドイツ人居留地が一例である。そこにいた倹約家のドイツ人は何年間もむさくるしく一見みじめな貧しさの中で勤勉に働いてお金を貯め、西部のある州で三六平方マイルの土地を購入した。そして居留地全体がそこへ一団となって移住した。彼らが彼の地で成功しているのは間違いない。

示された赤の線が、付属地区を貫いて北の街の境界まで並んでいるのが見えるだろう。ウェストサイドでは、赤はトンプソン通りのかつてのアフリカ地区に広がり、黒人の黒を急速にアップタウンまで押しやり、無駄に不平ばかりこぼしている抗議に対抗して、彼らの場所や教会、商売などすべてを無慈悲なほど区別なく占拠している。マルベリー通りには二世代の間、いわば移住の礎石としてて存在してきた教会がある。もともとは「古い血統」のきまじめなニューヨーカーの礼拝のために建てられ、ドラフト暴動「人種的な敵意も背景にあり、無実の黒人が多数襲われ殺された」がチェリー通りとファイブ・ポインツのあたりから黒人を追い出した時、黒人の勢力に巻き込まれた。過去一〇年の間にイタリア人の攻撃の先行波がそこに達し、今日では統一イタリアの紋章がその正面を飾っている。黒人は七番街と八番街に沿っていくつかの地点に拠点を作ったが、彼らの本隊は、まだイタリア人の敵に追われて発展の途上にあり、最近黒人が居住した一〇〇丁目を中心として、イーストサイドの多くのブロックが黒の印で暗くなっている。

イタリア人と同じくらい押しの強いロシアとポーランド出身のユダヤ人は、バワリーの東のリヴィングトン通りとディヴィジョン通りの間の地区を、窒息と言ってもよい程度まで席巻し、川沿いにあるかつての第七行政区のテネメントをいっぱいに満たし、マルベリー通りの裏道の利用可能なわずかな空間も得ようとイタリア人と争っている。このふたつの民族は絶望的なまでに多くの点で異なるが、次の点では一致している。彼らはどこへ行こうと、可能ならば、住居をすぐにスラムへ変える。リトル・イタリーはすでにそのもとである「ベンド」と不潔さの点で張り合っている。幸いなことにどち最底辺から始める他の国民は、上の階層に競り上がった時に新たな出発をする。幸いなことにどちらの民族も管理しやすい。一方はラビによって、もう一方は民法によって。ユダヤ人のお気に入りの色であるどんよりとした灰色とイタリア人の赤の間に、チャイナタウンの狭い境界を成している黄色のくっきりした線が地図上にはさまれて見えるだろう。ドイツ人住民と密接につながり合った、貧しいがやりくり上手なボヘミア人は、非常な困難にもかかわらずイーストサイドというひどい人ごみの場所で苦心し、その哲学同様生活も地味な色が選び出されるかもしれない。その居住地は、長く途切れた後、クーパー・インスティテュートの南から三マイル以上北へ広がる。ボヘミア人はこの街に重要な代表団のいない唯一の外国人で、同じ民族出身の金持ち、あるいは暮らしのために一生懸命働く必要のない人物、テネメントから抜け出た人物は一人もいない。

南端のバッテリー地区近くでは、ウェストサイドのエメラルド色が、吸い取り紙に広がるインクのようにまたたく間に広がるしみでよごされ、一年で一二人から一二〇〇人まで膨れ上がったアラブ部族が貿易と交換に余念がない。ところどころにある色のついた点と線は、フィンランド人の船員が彼らの神ユマラを、ギリシャ人の行商人が自分の民族の古代の名前を、スイス人が倹約の女神を拝んでいるところを示すであろう。その他、長い登記簿の終わりまで、ともにテネメントという苦しめ悩ます足枷《あしかせ》にとらわれながら、全員がこつこつと働いている。

もし、どの民族が人生の大半をこんなふうにささげているか、どの民族がもっとも頑固に平均化の傾向に抵抗している——少なくとも理想的な住宅水準に向かって上がる途中で、そのバラックさえも引き上げる方法を知っている——か、問うならば、ためらうことなしにゲルマン人に勝利が授けられるに違いない。イタリア人と貧しいユダヤ人は強制でのみ立ち上がる。中国人はまったく抵抗しない。ここでも、故国でも、ただじっとしたままである。アイルランド人の特徴は家庭生活よりも公共の事柄に向かう傾向にある。彼らが大勢集められると、酒場が政治活動の華やかな中心となる。ドイツ人は詐術を身につけようと努力をしても無駄である。ゲルマン人の機知は面白みにかけ、彼が自分の酒場から出世する政治的なはしごは、望む目標に達するにはあまりに短すぎるか、出来が悪すぎる。ドイツ人の人生で一番好ましいのは家で過ごすことで、周囲の環境から独立した家庭を作り上げ、残念ながら社会的事実の格言となっている、テネメントでは貧困と酒浸りが自然に増大するという言説の偽りを立証している。ドイツ人はテネメントをできるだけ利用するが、十分な金額を貯められれば、いつでもすぐさまそこを脱し、二度とその敷居をまたぐことはないと付け加えておくべきだろう。

第四章　ダウンタウンの裏通り

古くから第四行政区にあるチャタム・スクエアの南、テネメントの揺籃の地では、ニューヨークの向こう半分が、恐れることなく訪問しようという人々を迎え入れる。もちろん、すべてではない、そんな場所はない。しかしまさに典型的な建物が集まっていて、もっとも初期の最悪の伝統を代表している。怖がることなど何もない。言うまでもないが、この大都市では、余計な世話を焼かず、しらふでいるなら、よそ者が日中も夜間も安全に歩けない公道はない。無断欠席生徒補導員と疑われない限り、よそ者が出入りしてもほとんど関心を引かないだろう。そしてその場合は、アメリカ人の系統は子どもがいないために絶滅しつつあるという意見が真実であることを痛感するだろう。その疑いを免れ、さらに、踏み荒らす危険、というか、そこら中いたるところにいて、緊急事態と危険を察知する鋭敏な勘が命令する時には姿を消す若者の群れによって彼自身追跡される危険を逃れたなら、その意見に反対する理由がないのがわかるだろう。若者の遊びを窓や開いた戸口から眺めている親たちを見ればすぐに、この土地生まれの者がここにはいないことを確信するだろう。

フランクリン・スクエアでブルックリン橋［イースト川にかかる、ブルックリンとマンハッタンを結ぶ吊橋。一八八三年完成］の下へ潜りこむ高架鉄道を通り過ぎると、わずか数歩で行こうとしている目的地に着く。私たちは高架鉄道のうなりがなおも耳の中で響くのを感じながら、角を曲がり繁栄から貧困へと足を踏み入れた。私たちがいるのはテネメントの支配圏である。大きな石の橋台の影で、かつてのニッカボッカーの邸宅が過ぎ去った時代の幽霊のように居残っている。

チェリー通り――かつて誇らしげに上流社会の人々が集まっていたチェリー・ヒル――の曲がりくねった坂を下りると、その広々とした階段、傾斜した屋根、屋根窓が容易に見て取れる。それらを左右に押しのけて増えている醜いバラックと対照をなすだけになおさらだ。バラックは雨風をよけるという以外なんの目的もなく、できる限り少ない経費で、できるだけ多くの群衆から家賃が搾り取られた。無頓着な時代の恥ずべき後知恵だ。

歳月がそれらの古い邸宅に不名誉な時代、すなわち、時代や入居者や隣人たちと調和せず、腐った床やきしむ階段を歩くごとに不機嫌に反抗して不満の叫びを挙げる、不平たらたらの第二の幼年時代をもたらした。古い邸宅の浸食には相当の原因がある。荒れ果てた正面玄関と不恰好に補修された屋根のこの邸宅は、かつてどんなに赤々と燃える炉辺と幸せな子どもたちをその中に有していたのだろうか？　隣が一杯飲み屋であるために――こうしたスラムで隣に飲み屋がないところなんてあるだろうか？　――しばしばおぼつかない足取りの重い歩みが、その後ずっとブラウンストーンの階段をすり減らしてきた。戸口の両脇の壊れた円柱は柱礎《ちゅうそ》で腐食している。立派なコーニス［建物の軒下の上部などの装飾］は痕跡がわずかに残るのみである。汚れと荒廃状態が広い玄関を支配し、

テネメントの揺籃の地で――チェリー・ヒルに残る古い様式の住居の入り口

危険が階段に潜んでいる。未加工の松の板が広々とした暖炉――石炭が手桶で一トンあたり一二ドルという価格で買われるところでは使い道がない――を囲っている。

アーチ形の出入り口の先にあるのは、もはや静かな休息で白昼夢へといざなう、激流沿いの日かげのあずまやではなく、高い煉瓦の塀で囲われ、そこに住む人々の暮らしと同じように陰気で暗い、名のない路地である。この路地を訪れる不穏な夢の中では、その日のさまざまな煩労が、狼の姿となって戸を騒々しく叩く。

汚い子どもの群れが、唯一その路地で最大限利用できる、水がしたたり落ちる水道栓のまわりで遊んでいる。その路地ではそれが精一杯だ。

彼らがテネメントの子どもたちで、スラムの成長世代である。ここは彼らの家である。頭上の、二つの大きな街［ニューヨークとブルックリン］の人生の流れが脈打つ大きな通り［ブルックリン橋の歩道］から、半ダースもあるそうした路地に誰かが小石を落とすこともある。

　ちょうど通りの向こうに路地が開いている。それほど幅は広くないが、仕方ない。古い出入り口を施工した業者は、そこが公共の通路になるとは思いもよらなかったのだ。ひとたび内側で広がっても、結局はそこの住宅と居住者にも同様に特徴づけられている、安っぽいテネメントという、すり切れて油じみた外観をした大きな箱型の建物に場所をゆずるだけである。その特徴は、向こうの建物の敷地で子どもと飛びまわる宿無しの野良犬にさえ刻印されていて、遊びのどこかの段階で、肉のついた骨がおあつらえ向きに現れるかもしれないというみじめな希望をあからさまに示して、今か今かと待ち焦がれている様子だ。実にむなしい希望だ！　裸足でぼろを着た子どもよりも食欲をそそるものなど現れる訳がない。肉をしゃぶり取られてからそう時間が経っていない骨付き肉など、第四行政区の裏庭にゆったりとした空間がないのと同じくらい盲人横丁《ブラインド・マンズ・アレー》ではまれだ。子どもたちの叫び声は、あたかも侵入を詫びるかのように、屋根を超えると静まる。わずかな歓声がこの古い路地に鳴り響く。朝と晩に盲人が自分の進む方向を杖で手探りする時、低い、ためらいがちな杖の音が小路に反響する。

　ここはある理由で盲人横丁の名がついている。一年ばかり前まで、その暗い隠れ場は盲目の乞食の一団の住みかとなっていた。土地の所有者である年老いた盲人ダニエル・マーフィーのことは、たとえ合衆国の大統領のことを知らなくても、この地区の子どもたち全員が知っている。「ダン老人」

は所有する路地とテネメントから大きな財産を築いていた――かつて私に四〇万ドルと語ったことがある――が、高齢になってから盲目になり、ようやくこれまで自分の富を増やすために頑固に拒否してきた、自分の地所に住む不運な人々の苦難を分かち合うようになった。衛生局が、住人を追い出して閉鎖すると脅して、古い建物のなかでも一番老朽化した建物をようやく修繕させた時でさえ、その老人の怒りに満ちた異議申し立てに対抗してその作業は成し遂げられた。自分で主張を論じるために彼本人が衛生局に出頭したが、彼の主張は独特だった。

「私はもう遺書を書いてしまった」と彼は言った。「私の墓がカルヴァリ墓地で待っている。私は盲目で、無力で、死に瀕している。さて（ここで哀願の訴えは、激しい義憤の情で吹き飛ばされる）あなたがたは私をカモにして財産を巻き上げたいのかね？　この人たちは立派な家に住むのにふさわしくないんだ。彼らをどこへなりと行かせて、私の家はそのままにしておいてくれ」。

老人の訴えが心からの苦悩に満ちているのは事実だったが、自分の賃借人にぜいたくな品が浪費されるのではないかという懸念より、自分と同類の建築業者への不信の方が彼の怒りを引き起こしたのを知るのはまったく愉快であった。彼は直感的に何をあてにすべきか知っていた。マーフィー氏が居住者を正確に評価していたことはその結果が示した。片付けの過程でその路地の家庭的な雰囲気は壊れたようだ。多くの盲人は他へ移り、戻ってこなかった。それでも何人かは残り、名前もそのまま残った。

こうしたスラムにおける衛生上の「片付け」がいかなるものなのか、かつて私がここのテネメントの一室で、盲目の乞食の一団をフラッシュ撮影した際に遭遇した、ある災難を記すことで見当がつくかもしれない。腕が未熟だったために、私はその住居に火をつけてしまったのだ。目をくらますフラッシュの効果が収まって、再び辺りが見えるようになった時、壁にかかっていたたくさんの紙とぼろが燃えているのがわかった。私たち六人、すなわち、まったく身の危険に気づいていない盲人五人と私がいたのは、通りに出るまでに変形して壊れそうな階段が一二もある屋根裏部屋で、私たちの周囲にいるすべての人々が、私を招き入れた世帯と同じようにどうすることもできなかった。彼らをいったいどうやって脱出させるべきか？　と考え、炎が壁に広がるのを見てぞっとした。とっさに通りに飛び出して助けを叫ぼうとした。次に、自分で火を消そうと試み、ひどく苦心したあげくどうにか消火した。それから通りに降りて親切な警官に自分の災難について話した。どうしたわけか彼はそれを面白い冗談だと思ったようで、火花が腐った壁の中を掘り進み、やがて炎が噴き出して、中にいる住人全員もろとも家を破壊するのではないかという私の懸念を笑い飛ばした。彼は息を吸う合間に、私にどうしてか答えた。「おや、知らなかったかい？」と彼は言った。「家が〈ダーティ・スプーン〉だってことを？　冬に六回出火したが、燃えやしなかった。ごみ《ダート》が壁に層をなしているから、火を覆い消したのさ！」それがもし本当なら、水とごみという普通は調和しない要素が、家屋に保険をかける者たちのために作用し合ったことを示している。

　日も差さず、わびしくはあるが、盲人横丁にはスラムの仲間たちがむなしく焦がれるものがある。支払日があるのだ。昔も今も年に一回、そこの寄る辺のない人々の暮らしに光が差し込む。六月、他の方法では貧しい盲人への必要物の供給が不可能なことをしぶしぶ認めた市によって割り当てられた年間二万ドルを院外貧民監督官が分配する時、盲人横丁は一日休暇をとり、監督官ブレイク氏

盲人横丁の上に住む住人

に「会い」に行く。その晩はいつにない陽気なお祭り騒ぎで騒々しい。暗い部屋でキーキーきしるフィドルをかき鳴らす音や、久しく忘れ去られた歌を歌う老人のしゃがれた声が聞こえる。盲目の家主までも喜んでいる。金庫にたくさんの金が入ってくるからだ。

垂木の間の高い席から耳をかたむければ、ギャラガー氏の盲目の下宿人たちには、目と鼻の先にあるゴッサム・コートで常に勤務についている警官の足音が聞こえるだろう。警官の巡回区域は、ひとつの地区のわずかな一部にすぎないが、大抵のもっと大きなパトロール区域と同じくらいかなりにぎやかだ。通りから奥行き二三四フィート［約七メートル］の、共通の屋根の下で背中合わせに建つ、二棟の五階建てテネメントは、仕切り壁に格子のはまった窓があるため、居住者は顔を合わせることはあっても、階段からはたがいに行き来できず、「袋小路」を形成している。二本の路地――一方はもう一方よりも数フィート幅が広いため、〈シングル・アレー〉と〈ダブル・アレー〉の名で区別された――が両側のバラックを囲む。要するに、そういったテネメントが市全体の他のどこよりも一般の注目を引き寄せ、五〇年間にわたり公衆衛生の法律と規則の力を試してきた。その大建築物の名前は市の建物案内板には載っていないが、公の記録では好ましくない地位を占めている。最近起こったコレラの大流行時に、住人一〇〇〇人中一九五人という、それまでにないほど高い割合で死亡率が上昇したのはここである。その最悪の時期には、数はそれほど減らなかったとはいえ、一〇〇〇人も詰め込まれていなかったようだ。

今でもなお、良識ある人々と、実際的な行動力と思いやりとすぐれた判断力でそこの悪評を挽回するために大いに貢献してきた〈キングスドーターズ〉［キリスト教徒の女性による慈善団体］の訪問員の管理の下、この建物が庇護する群衆は、かなり大きな田舎の村ひとつ分よりも大きいかもしれない。この時までアイルランドとイタリア人でほぼ均等に分かれていた住民に、多種多様な民族が混ざったことが、ここに鉄格子が設置され警官がいる理由である。警官がいるのを「常に問題を起こす」ドイツ人の二家族のせいにしたのはきわめてアイルランド人的な発想であった。路地の鉄の門を急いで通り抜けようとした中国人に質問すると、彼はその問題を別の観点から見ていた。「あいるらんど人、ひどい悪い」と彼は言った。ゴッサム・コートはイタリア人の群れにとって突き刺さったくさびだった。イタリア人は最近まで第四行政区に足場を獲得していなかったが、今やますます数を増やしながら、いつものように最低のレベルを求めて、「ベンド」にある自分たちの拠点からチャタム通りを越えている。

長年にわたりその名があらゆる絶望的にひどいことと同義であった、この悪名高い建物が、もともとは貧しい人々を当時彼らが住んでいたひどい貧民窟から救い出すだけのために、ある善意のクエーカー教徒によって（一八五〇年に）建てられたことを知るのは興味深い。どのくらいその建物が当初の模範的な状態を存続させたか記録にはない。それほど長く続かなかったかもしれない。完成後一〇年が経過した一八六二年にはすでに、衛生官が、その袋小路で発生した、天然痘を筆頭に「あらゆる種類の伝染病」を含む病気の発症例を一四六件と算定している。しかもそれから三年も経たない間に、そこで生まれた一三八人の子どものうち六一人が亡くなり、そのほとんどが一歳未満であったことを報告している。七年後、その地区の監査官は衛生局に「毎年住民の約一〇パーセントが公設の救護院に送られている」と報告した。その横丁は結局当局によって管理され、矯正に向けた第一歩として、全住民が警察によって追い出された時、経験から、最初になされるべき改善策のひとつとして、役所の報告書が辛抱強く述べているように、下水道や地下室に入り込んで「隠れ場所にしようとする者の侵入を阻止するために」、下水溝に鉄格子の蓋を取り付けることが定められた。

実は大きなアーチ型天井の下水道は、長らく泥棒の一味――〈沼地の天使たち《スワンプ・エンジェルズ》〉――が警官に追いかけられた時にそこを通って簡単に逃げる抜け道となっていたばかりでなく、略奪品の倉庫ともなっていた。下水道は今日もそこにある。実際、ゴッサム・コートの二本の路地は、ブロックひとつ分の距離をチェリー通りの下水まで直立して歩いて行ける――それを楽しみ、またネズミを恐れさえしなければ――巨大なトンネルの屋根に他ならなかった。下水トンネルの汚れた壁が語ることができれば、巨大な水路はたくさんの驚くべき話を物語ってくれるかもしれない。しかし壁はじっと押し黙り、壁に秘密を握られている者たちの大半も沈黙を守っている。チェリー通りの本管とつながる水門は現在、水が放水される時以外は閉じている。当時は水門がなく、商売が下水網の上、おそらくはチェリー通りのマンホール付近、あるいは干潮で開けた時の大きな管の河口にある横丁の住民によって、常習的に下水道が近道に選ばれていたことが記されている。「あたしのジミーはね」と、われわれがダブル・アレーの下を嗅ぎまわっているのをのぞいていた、しわの寄った高齢の女性が言った。「毎朝そんな風にチェリー通りをくだって仕事にいって、夜になると帰って来たものだったわ」。その思い出は楽しいものだったに違いない。おそらく「ジミー」自身はその環境になじんだのだろう。

通りの途中で戻ると、このダブル・アレーの西側には、ゴッサム・コートの主要な建物に面して、一棟のテネメントがある。もともとは厳密な意味でゴッサム・コートに属していなかった。そこにはクエーカー教徒の復讐を後世に伝える不思議な記念物が建っている。あの世でも憎しみの所産を永続させる憎悪の力の強烈な実例である。それが建てられた敷地はゴッサム・コートの建築主であるサイラスの兄弟、ジョン・ウッドの地所だった。彼がチェリー通りの隣接地をある男に売ったところ、その通りからだけ入口のついたテネメントが建設された。ウッドはその後、自分の地所にゴッサム・コートにならって長いテネメント・バラックを建てていた隣人のアルダーマン・マリンズと境界線のことで言い争いになり、マリンズが彼を殴り倒した。クエーカー教徒のウッドは自分で立ち上がり、落ち着いてこう言ったと伝えられる。「アルダーマン、なんじにはこの報いを受けてもらおうぞ」。そして立ち去った。彼の仕返しの方法とは、アルダーマン・マリンズのテネメントの窓の真正面に、窓のない巨大な壁が来るよう、大きな建物をチェリー通り三四番地の背後に建てることで、事実上窓から光も空気もさえぎった。しかし彼の建物から通りへ何年も出入りできなかったため、貸すことも何かに使用することもできず、ゴッサム・コート不動産の管理下となるまで空いたままだった。マリンズのアパートはまだそこにあり、以来無数の罪のない人々の生活を苦しめているクエーカー教徒の復讐の壁も存在する。その二つにはさまれた、チェリー通りのテネメントの内側で始まる六、七フィート幅の路地は、そのはずれで二フィート以下まで狭くなる。通り抜けるのがやっとだ。だがそうしたがる者はほとんどいない。その隙間がオーク通り警察署の留置場に通じているため、その地域の発育盛りの若者には人気がないのだ。

私たちが出ていく時、マリンズのアパートの戸に喪章がかかっていて、階上のテネメントの一部屋では、通夜の準備がおこなわれていた。日曜日に路地で起こった「けんか騒ぎ」でぶちのめされた男が病院で死んだのだ。酒類製造販売規律法の支配はこの裏通りまで及んでいない。たとえそうだとしても、あまり重要ではなかっただろう。秘密の脇道があり、いくつかは秘密を守る価値があるとされておらず、それを伝ってどの季節であろうと一日中邪魔されずに「グラウラー」「量り売りのビールを入れる容器」が通りを行ったり来たりしている。その日は階段を長いこと何度も上ったために殺人が起こった。チェリー通りでは珍しくない。「騒ぎ立てる」ほどのことではない。数日前の未明二時に、二、三ブロック北の通りで、地域の治安を守るため、警察官はこうしたけんか騒ぎのひとつに介入するよう求められた。介入は通常の一斉射撃の形をとり、その最中に、騒ぎを起こしていた連中の一人が屋根から落ちて死んだ。普通の通夜が執りおこなわれ、それ以上のことは聞かれなかった。実際、何か言うことがあるだろうか？

　われわれがアルダーマンのアパートを離れる時に、これ以上みじめでわびしいところなどありそうにない、他の路地への入り口をさえぎる粗末な酒場のドアにかかっていた名前が「ちとせの岩《ロック・オブ・エイジズ》」「キリスト、あるいはキリスト教の信仰を指す」である。それはまるで、「ニューヨーク一の悪人」が少し先の角を曲がったところに住んでいて自分の称号を自慢していた、幸いにも過ぎ去った時代からのひやかしのようだ。チェリー通りでは、そこかしこで、悪の道で際立った過去や現在の犯罪の遺物に遭遇できる。頭角を現してきた泥棒に格好の街路を発見しない者などほとんどいない。チェリー通りのごろつきは完全に浸透している。マレー警部に聞いてみれば良い。彼はオーク通り分隊の隊長として、七か月間で窃盗、強盗、殺人に対して総計五三〇年以上の懲役の有罪判決をもたらした人物であるが、第四行政区が、過去二〇年間でさえ、市の残り全体を合わせたよりも多くの犯罪を生み出してきたと教えてくれるだろう。

しかし〈スワンプ・エンジェルズ〉の一味は死んで天国へ行ったとはいえ、その後継者たちが、前任者ほど大胆ではないにしても、うまいこと昔からの場所で商売を営んでいる。かつて盗人業界で輝かしい権威を誇っていた人物はこの街を去った。彼はその後改心したということだ。角にいる警察官は、いかなる種類の改心も職業上信じようとしないが、彼が話してくれるだろう。かつて鎧戸《よろいど》に乗って島の刑務所から逃げ出し、スクーナー［通例二～七本以上のマストの縦帆式帆船］の乗組員によってヘル・ゲート［イースト川のロングアイランドとマンハッタン島の間の狭い水路］で発見されるまで櫂《かい》で漕いでいたが、自分は単独探検によって宗教的な苦行をおこなっている狂信者であると、その乗務員を信じ込ませたということだ。あそこにあるブラシの店は、政治活動に従事する前に、泥棒の頭のトウィード［ウィリアム・M・トウィードのこと］がまともに働いて稼いでいたところだ。

私たちが狭い通りから通りまでぶらつく間に、表の、古く見える低い住宅と、裏庭に高くそびえるテネメントの奇妙な対比がそれまでよりも際立ってきた。おそらくは私たちがそれを期待し、探しているからだろう。そうでなければ、そこに長い間あるにもかかわらず、誰も裏屋の存在に気づかないだろう。ここには三階しかない家の後ろに七階のテネメントがある。

このローズヴェルト通りの路地を見てみることにしよう。路地は一歩分の幅しかなく、煉瓦の壁の間のこの隙間から光と空気――なんとみじめたらしい見せかけだろう！　――を得ている五階建ての家が片側にある。もう一方の壁にはひとつも窓がない。まったくのっぺりしている。細長いテネメントの非常階段がなんとか隣接している。しかし太陽が昇る時も沈む時も、正午になっても、光は決して差し込まない。悪魔が計画し人間が建てたその時から、その路地を太陽が照らすことはなかった。かつてあるイングランド人医師が兵舎において日光で実験をおこなった。完全に日光から遮断された側の死亡率は、日光が十分に差し込んでいた明るい側よりも一〇〇パーセント高かった。しかし兵士はいくらか重要な存在で、とりわけ高いというわけではないにしても、一定の価値がある。ここに住む人々はそうではない。雇い主にしてみれば、こうした労働者の一人が積み込んでは降ろす荷車を引く馬の方が、労働者とその持ち物すべてよりもはるかに価値がある。馬の持ち主に聞いてみるがいい。馬がいくらかの価値を持つかどうか、それを否定しようとしないだろう。その人間もそれを知っている。それは時に、すべての人間は平等に創られたという事実をうまく主張することで、築かれた財産を享受している馬の持ち主を悩ます考えである。

八年か一〇年前のある朝、向こうに見えるマディソン通りの路地の記事が、ニューヨーカーの胸にどれほどの衝撃を与えたことか。男たちが仕事に出た後で起こった火事が狭い階段をなめ尽くし、家にいた女と子どもの半数が焼死したのだ。非常階段はもちろんあった！　だが届かないところに設置されていた。大通りにつながる入り口を見つけるまで、消防隊員は二度も調べなければならなかった。勇敢な男も危険を冒してまで入ることはできなかっただろう。その火事ではすばらしく英雄的な救出劇が隣接するテネメントに住む人々によってなされた。

時折、危機と災難――興味も同情もそそらないありふれたものではなく、切迫したたぐいの――

が、こうしたありふれた性質の人間さえ英雄的な型に流し込むことがある。こうした出来事が、つぎはぎだらけのコートを着た人間を裕福な隣人と隔てる相違というのは、結局のところテネメントにすぎないのではないかということを私たちに思い出させるきっかけとなる。けれども、なんという隔たりだろうか！　そして誰が創り出したのだろうか？

　さて、私たちがマディソン通りに沿ってぶらついている時、職人たちは高層の新しいテネメントのブラウンストーンを張った玄関正面に仕上げを施すのに忙しい。このテネメントはおそらくアパートメントハウスと呼ばれることになるだろう。石にはサテュロス［ギリシア神話で半人半獣の山の精］の頭が彫られていて、口を大きく開けた少年の群れが驚嘆のまなざしで見つめている。隣は二棟の別のテネメントで、同様にブラウンストーンを張った玄関正面で、美しい外観である。少年のグループで一番小さい子でも、大勢の住人の住む自分たちの家が、人間が暮らすには適さないと宣告されたために、衛生官によって追い出された様子を覚えていないほど小さくはない。家主は金持ちの建築業者で、「地域社会で名望ある」人物であった。石でできた顔のせせら笑うような横目がそんな風に傾いて見えるのは、私たちの想像にすぎないのだろうか？　それとも、内省的な笑いなのだろうか？　その新しい家が同じ建築業者の持ち物なのかどうか質問するつもりはない。彼もまた改心したかもしれない。

　私たちは第七行政区の境界を越えていた。チェリー通りのテネメントのブロックにとっては暗示的な名前を持つ路地〈贖罪のための列《ペニテンシャリー・ロウ》〉は私たちの後方にある。この地域は最近、隣接するユダヤ人街からあふれた、行商人や仕立て屋、ありとあらゆるユダヤ人で完全にいっぱいになっている。

昔からのこんな銘を戸口の上に見るのは奇妙である。「この家に行商人お断り」。このつましい人たちは、かつて排他的だった地域のテネメントに押し寄せただけではない——彼らはそこを買っているのだ。ユダヤ人は取引をまとめるのに十分な手付金を貯めるやいなや、不動産に向かう。古い家が取り壊されるやいなや、その場所には高い建物がそびえ建ち、建て主がユダヤ人であることが判明する。ここは路地全体が侵入者にちなんで〈ユダヤ人横丁《ジュウズ・アレー》〉の愛称で呼ばれている。しかし侮辱と嘲笑はイスラエル民族と戦う武器ではない。ユダヤ人は家賃とともにそれらをおとなしくこらえ、時機を待つ。甘いことも苦いことも両方味わった経験から、迫害者の土地家屋を含め、待てば海路の日和あり、ということを知っている。

ほら、路地の誰よりも陽気で愉快な連中がやって来る。もっとも、一頭立て馬車は灰を運ぶ荷馬車だが。父親が御者で、足が日焼けした息子を乗せている。高い席に乗って、彼ら二人とも、なんと誇らしく、また幸せそうに見上げていることとか！　彼らが止まった前にある、奇妙な古い建物は、もっとも奇妙な群衆でいっぱいの、今にも壊れそうなテネメントとして五〇年間有名な「ザ・シップ」である。かつて川がそこからハミルトン通りまで流れていて、船が川に沿って停泊していたという言い伝えがあるとはいえ、なぜ「ザ・シップ」と呼ばれるのか、誰も知らない。どうやら、階段としてまかり通っているはしごを昇り降りするたび、こわれそうな古い船のように中で目が回るからということと、その予期せぬ落とし穴のためのようである。しかしハミルトン通りは、ウォーター通り同様、昔とは異なる。伝道事業が後者から最低のもぐり酒場《ダイヴ》を追い立てた。水兵の教会が最近ハミルトン通りにお目見えしたが、そこには一軒ももぐり酒場はない。いたるところにある酒場とがらの悪いテネメントほどひどいものはない。

どこもひどいテネメントばかりだ。ひとつのぞき込んでみようか？　チェリー通り〇《ママ》番地。お願いだから少し気をつけて！　玄関は暗いし、奥でペニー銅貨を放って遊んでいる子どもたちにつまずくかもしれない。彼らに怪我させるというわけではない。蹴とばされたり、平手打ちを浴びるのは彼らにとっていつものことだ。他にはほとんどない。通路を曲がり、完全な暗闇に入ったところで段が一段、もう一段、と続く。階段だ。何も見えなければ、手探りで昇ることになる。風通しが悪いって？　そのとおり！　どうお考えになりますか？　そもそもこの階段に流れ込む新鮮な空気は、ひっきりなしにばたんばたんと音を立てる玄関の戸からしか入って来ない。そして、順番に階段から受け取った空気を、通路に面した暗い部屋の窓から受け取る。神が惜しみなく与えた元素の唯一の供給を、人はそうやってけちけちと分け与えるのだ。ちょうどあなたがぶつかったばかりの給水栓で手桶を満たしている女性がいた。流しは廊下にあり、居住者が全員利用できる――また夏にはその悪臭に全員が悩まされる。ポンプがきしんでいる！　テネメントハウスの赤ん坊の子守歌である。夏には、この建物に住む一〇〇〇人の乾いた喉が冷たい飲み物を渇望するが、むだだった。しかし酒場は常にある。玄関で開いた戸の脇を通り過ぎたが、それが酒場だ。その臭いはあなたにつきまとう。

ここが扉だ。耳を澄まして！　あの短くこんこんという咳、あのかすかな、たよりないむせび泣き――何を意味しているのか？　階下の入り口で目にした汚れた白い蝶形リボンには、その日が終わる前に、語るべきもうひとつの話があるということだ――あぁ、悲しいことにおなじみの話だ。

その子どもははしかで死にかけている。五分の確率で生きながらえたかもしれなかったが、見込みはなかった。暗い寝室のせいだ。

「突然病気になった」と、ぴくぴくと動く小さな体を震える手でさすりながら、母親は語る。窓の側で陶製パイプを吸いながらいかめしく座っている、作業着を着た男の粗野な声に冷酷さはない。弱まりつつあるその小さな命を見つめながら、つらそうに彼は言った。「黙るんだ、メアリ！　赤ん坊を養えなければ、嘆く必要があるかね――私たちみたいな者に？」

私たちみたいな者！　その言葉があなたがたの耳に残ったとしてもどうにもならない、閉じた扉の後ろから聞こえてくるさまざまな音――時には口論や騒々しい歌、多くは不敬な言葉――を耳にしながら、手探りで昇ったり降りたりしているので。彼らは正直だ。夏の暑さが苦しみとともに到来すると、言葉では伝えられないくらい厳しい。ここに立ち寄ってくれ。非常階段と呼ばれるこの鉄の橋状のものの下にいる、この赤ん坊に気をつけて進んでくれ――ぼろと泥に包まれているが、赤ん坊だ。だが非常階段は、消防士が絶えず警戒しているにもかかわらず、こわれた家財道具や、洗い桶や樽が積み上げられていて、火事を逃れてそこからはい降りることなどできそうにない。

すすけた煉瓦の壁の間にあるこの隙間は中庭だ。上に長細く見えるくすんだ灰色の空がここの人々にとっての天《ヘヴン》なのだ。天国《ヘヴン》という言葉で彼らが教会に引きつけられないことに驚くだろうか？その赤ん坊の両親はここの裏屋に暮らしている。彼女は少なくともわれわれが今昇っている階段と同じくらい汚れていない。そんな人々が五〇人も住む住宅はたくさんある。テネメントとはもっと、われわれが後にしたばかりの、正面にある建物のようなもので、ただもっと不潔で、風通しが悪く、

ローズヴェルト通りの老朽化した裏屋

暗い――これ以上不愉快なことは言わないでおこう。言葉というのはまやかしである。

昨年ニューヨークでは一〇万人が裏屋に住んでいた。ここは他の所よりもきれいな部屋がある。顔にくっきりと苦労のしわが刻まれた、かっぷくのいい既婚女性が洗い桶のところにいた。「子どもたちを清潔に保つようにしている」と弁解するように、だがあきらめたようなまなざしで辺りを見ながら、彼女は言う。すでにキャベツを煮込む臭いや、ぼろきれやありとあらゆる不潔物の臭いがしみ込んだ空気に、熱い石鹸《せっけん》水の香りが付け加えられる。それらが混ざって強烈な臭いをかもしている。木曜日だが、継ぎの当たったリネンが窓から滑車ひもの上にかかっている。テネメントでは洗濯を月曜にまとめてする習慣はない。貧しい人々の間では、洋服の替えはほとんどないため、一週間を通して洗濯日である。一年を通じて、乾かすために吊り下げられた、これらぼろの連なりは、貧乏のつましい象徴であり、洗濯を生業とする女性の職業にふさわしい看板ではない。極度の貧窮状態とつましい貧乏の間に引かれる確かな境界線とは、物干し綱である。それとともに、正直でありたいという要求の最初にして最良の印である、清潔であろうとする努力が始まる。

考えてもみてほしい。仮に彼らが審議で審問されたとして、「人生は生きる価値があるか？」という問いに対して、こうしたテネメントからいったいどんな答えが得られるだろうか？　もしかしたら、退屈な任務にはやけに長い名称の、貧民状況改善協会の前々回の報告書から抜粋された以下の文が、そのヒントになるかもしれない。「冬の最中、協会の注意はチェリー通りのみすぼらしいテネメントの屋根裏に住むプロテスタントの一家に向けられた。一家の状況はひどくみじめなものであった。冬の無慈悲な風が屋根から吹き込む一部屋で震える、主人、妻、三人の小さな子どもたち。その部屋はほとんど家具がなかった。両親は床、年長の子どもたちは箱の中、赤ん坊はハンモックのように細いひもで垂木につながれた古いショールに揺られて寝ていた。船乗りだった父親は、肺を病んだために、大分前にその職をやめなければならず、自分の子どもにパンも暖房も与えることができなかった」。

ことによると、これは特殊な事例とみなされるかもしれないが、数か月前、第七行政区のテネメントで、その非難を免れるのに十分なほど典型的な事例が私の注意を引いた。その家族は九人で、夫、妻、年老いた祖母、それに六人の子どもがいた。つましく、勤勉に働くドイツ人で、几帳面できれい好きだったが貧しかった。総勢九人が二部屋に住んでいた。一部屋は一〇フィート四方で、居間と寝室と食堂として使われ、もう一部屋の、廊下の一部を仕切った狭い寝室は台所に作り変えられていた。家賃は月七・五ドルで、一家の唯一の稼ぎ手である父親の一週間分の給料よりも高かった。その日、母親が窓から身を投げ、通りから遺体が担ぎ込まれた。彼女は「絶望していた」と、死の知らせを、使いの者が店にいる父親に告げにいっている間、子どもたちの世話をしに来ていたテネメントの女性たちは語った。彼女たちが死んだ女性に同情していないはずはなかったが、自分たちのなすべきことを淡々とこなしていた。おそらくその女性は、街の宣教師が発見した、ひとつの部屋の四つの隅で所帯を営んでいた四家族のように、人生を達観していなかったという点で誤っていたのだろう。ひとつの家族が限界を超え、面倒を起こすまで、その四家族はうまくやっていた。

私の楽観主義的な友人によれば、当然のことながら、テネメントにも哲学は存在する。テネメントの住人はわれわれとは異なる見方で死を観察するようになる――死を深刻に受け止めない。友人は、テネメントでの生活は我慢できなくはないという、彼の漠然とした理論にどう現実が適合するか、説明する時間を見つけられずにいる。スラムの哲学にとっては残念なことに、あらゆる苦しみから逃れる場所として、常に手近なところにある酒屋をすぐに認め、その発見に従って習慣を形成するというようなことが往々にして起こりがちである。

第五章　ニューヨークのイタリア人

確かに、「援助を受けている」イタリア移民においては、あまりこぎれいではないにしても、人目を引く要素が住民に添えられている。彼らが世間の注目を大きく集めるのは、何しろすさまじい割合で到来し続けているというのがその理由のひとつである。だが、その主な理由は、仕事の拠点として役立つよう、ニューヨークかその近郊にとどまることを選び、ここで即座に、地中海人特有の桁外れの行動様式で、芸術家の喜びのもとではあるが、実際的なアメリカ社会では脅威と不名誉となる、赤貧と無秩序の状態を再生しているからである。赤貧と無秩序の再生はニューヨークでは他のどこよりも簡単になされる。粗悪なテネメントの中でも最悪のところで手近にある材料を見出すからだ。だが、たとえそうでなくても、自然にしてさえいれば、まもなく見出したものを自分自身のレベルまで引き下げる。[*1]

＊1　そのプロセスはハーレム（リトル・イタリー）にあるイタリア人テネメントで観察される。そこはイタリア人に占拠されてからというもの、徐々にスラムのレベルまで落ちぶれてきている。

イタリア人は社会の最下層に入ると、海を渡って来た移民一世はそこにとどまる。スラムでは、争いを好むアイルランド人、あるいは整頓好きなドイツ人よりも「迷惑をあまりかけない」住人としてイタリア人は歓迎される。豚小屋での暮らしに満足し、家賃集金人による略奪にぶつぶつ不平を言うことなく従うからだ。とはいえ、まさしくこの従順さゆえ、しっかりと理知的に監督されれば、実に好ましい居住者にする。しかし、アメリカに来る際に、自分自身が儲けるために、アメリカへイタリア人を連れてきた人物とは別のもてなしに従うことはたいてい幸運ではない。移民から一セントでも儲けられる限り、つかんだ手を離す気はないからだ。

組合教会による最近の調査が、貪欲な汽船の斡旋人と「銀行家」からイタリア人が受ける「援助」の正体を明らかにした。彼らは、非常に高い賃金の仕事がたくさん得られることになっている国へ渡る切符のために、移民に対して嘘の約束で、家、わずかな持ち物、その先数か月の賃金を担保にするよう仕向ける。旅の途中で一〇パーセントの手数料を得ていた元締め《パドローネ》――「銀行家」に他ならない――は、埠頭でそのイタリア人を迎え入れると、労働による稼ぎと間代を二重に請求する。賃金労働者兼間借り人として、移民は悪辣な同国人に利益をもたらすが、その悪人のことをまったく役に立たない直観力で盲目的に信頼する。あまりにも無知なので、かつて食い物にした詐欺師の一人が述べたように、「イタリア人をだまさないなんてまったく罪深い」ほどだ。

よそ者に対する無知と克服しがたい不信感がイタリア人の墓穴を掘る。英語を一言も理解しないばかりか、学ぶのに十分な知識もない。イタリア語を書くことができるのもごくまれである。義務の問題として、上陸したその日に英語を学び始めるドイツ人、あるいは、できるだけ早く投資の対

ジャージー通りのイタリア人ぼろ拾いの家で

象として始めるポーランド系ユダヤ人と異なり、イタリア人はたとえ英語を学ぶにしても、ゆっくりと学ぶ。アメリカ生まれの子どもさえ、イタリア語を平気で話すことが多い。それゆえ、事あるごとにかなりの額を支払わせるブローカーに常にたよらざるを得ない。ブローカーはイタリア人を鉄道建設業者に貸し出し、手数料を雇用主ばかりか労働者からも受け取り、その行為を毎月繰り返すか、あるいはできるだけ頻繁に解雇させる。市では自分の住まいとして契約した最低のテネメントの空き場所を法外な家賃で又貸しし、まねをする者に事欠かない手本を示す。渡航前に約束されていた「高額の賃金」は到着と同時に消え去り、そのかわりに、パドローネの無慈悲な借金の利子に束縛され、苦難と一日一ドルに直面する。故国ではもっと悪い食べ物で育てられていたため、イタリア人は当然のこととしてどちらも耐え忍ぶ。そして、人を金持ちにするのは儲けではなく、節約であるという金言を応用しながら、貧民街のまさしくごみを金の貯蔵へ変えることにうまく成功し、金を携えてイタリアの故郷へ帰るか、次のシーズンに家族を呼び寄せて自分の仕事と財産に加わらせる。

ニューヨークで灰を回収する樽が儲かることは、もっと前の時代に調査した者によって発見されたが、イタリア移民の独占的な領域となる、その鉱床の全資源を開発するのはパドローネの特殊な才能にゆだねられた。わずか数年前は、ぼろ拾いは計画性のない無責任なやり方でおこなわれていて、市は灰を運ぶ平底船が海へ送られる前に、船の装備のために男たちを雇っていた。その装備とは、荷車から空けられた時に、平底船に均等に荷が詰まれるように、ごみを平らにならすことにあった。その作業をおこなう男たちには一日に一・五ドル支払われた。彼らはごみの中から価値があるものを見つけると取っておき、ごみの山をうろついている多くのイタリア人に、代わりに重労働をおこなわせ、骨折りと引き換えに積荷を選ばせた、今日イタリア人はその仕事を請け負う契約をし、それをおこなうのに許可された大きな金額を支払っている。市は去年この特権を請負人に売却することで八〇万ドル以上受け取ったが、請負人はさらに同郷のギャングに、灰がらから見つかった骨やぼろ、ブリキ缶、その他のごみの選り分けの代金を支払い、その売買の重要商品と収入源を作り上げねばならない。かつてはイタリア人が独立した「ディーラー」であったひとつの産業をパドローネに独占的に支配させ、事実上ごみの山の水準まで引き下げることで、パドローネ、あるいはその助力者の請負人の権力を大いに増す結果となっている。

公衆衛生警察官が目を放すやいなや、イタリア人は不潔な隠れ場所を住みかとして、そこで日中は働き、ごみの下の、泥だらけのどん底のふち、まったくの恐怖に満ちた環境のただ中で食事をとって眠るだろう。市は、寄宿させることに同意しているにもかかわらず、イタリア人が灰の樽から、生きていけるだけの糧を生み出すことができる限り、住居をあてがう交渉はしなかった。そして精力的なキャンペーンが、それら無許可のごみ捨て場の集落に対して時々おこなわれた。しかし家賃を払う必要がないという誘惑は強く、あるごみの堆積所から追い立てられても、川の上流か下流へ数ブロック行った先にまた宿泊場所を見つけるだけである。

ごみの取引をめぐるもっとも激しい争いが、対立しあう請負業者によって代表される敵対し合う党派の間で繰り広げられ、打ち負かされた側が、計略により、自分たちが運搬しそびれたものを強襲して奪う、といったことが起こっている。これらの競争が、通過中の灰の樽のごみに手出しをするのを防ぐために、どうやら誠意をもって交わされた市の条例の厳格化の背景にあると一度ならず疑われてきたことは、イタリア人の中にある、われわれの自治体制への思いもよらない順応性の徴候を示している。

イタリア人が、折に触れて政治的な「コネ」を巧みに扱うのと同じくらいあっさりと、市の法律の実施に常に適応するならば、非常に多くの不必要な厄介ごとで消耗せずにすむだろう。通常イタリア人は実にたやすく権力に支配される――常に、日曜は例外として。日曜には、カード遊びに取り掛かり、あらゆる邪《よこしま》な情熱を解き放つ。中国人と同じように、イタリア人は生まれながらのギャンブラーである。イタリア人の魂は、カードがテーブルに置かれた瞬間からゲームにとらわれ、ゲームが終了する前にはナイフがテーブルの中にあることも非常に多い。「ベンド」がナポリの郊外となって以来、ニューヨークではこうした、警察の注意を引く、殺人も起こしかねないけんかが一件も起こらないで日曜が終わることはない。概してそうした騒ぎは、ゲームで不利になった男が、死ぬか、緊急の外科的な処置を必要とするほどの傷を負った時にのみ起こる。

もう一方の側に関しては、現行犯で逮捕されない限り、警察がこの先犯人をつかまえる機会はまったくわずかである。負傷した男が犯人を密告するよう説得されることはほとんどない。どんな質問も「俺がやつを片付ける」とすごんでかわし、彼が死ぬか回復するまで、事態はそのまま動かない。回復した場合は、しばらくしてからそこの地域でまたイタリア人同士のけんか騒ぎが起こり、乱闘で刺された男が、死んだか死にかけているという話が伝わるので、警察は「やつ」が片付けられ、借りが帳消しになったのだと承知する。

目立つ欠点があるとはいえ、浅黒いイタリア人移民には欠点を埋め合わせる特性がある。激《げっ》しやすいが正直で、犯罪者写真台帳にはイタリア人の強盗は一人も載っていない。以前山賊だった者たちもどうにかおとなしく、つるはしとシャベルでアメリカの土地を耕している。その子孫は、第六行政区の猛者とわたりあった成果の、スリとして時折姿を現す。殺人を除き、父親が時折手を貸す唯一の罪になる仕事がいかさまの賭け勝負で、蓄えを携えて故郷に戻る、人を信じやすい同国人がそのカモである。女たちは忠実な妻であり、愛情深い母親である。彼女たちの派手で色彩に富んだ衣装は、住んでいるスラムの、他のすべての点でうっとうしい単調さに色彩を添える。

イタリア人は陽気で楽天的で、怒らせなければ子どものように無害である。最悪の罪は、安ビールを売るもぐり酒場《スティル・ビア・ダイヴ》を経営することだ。マルベリー通りベンドのイタリア人地区では、そうした隠れ家が繁盛し、堕落した人類社会の一番下の坂で落ちぶれた人々、不幸な人々、絶望して途方に暮れた人々をみな引き寄せている。そして彼らの不幸から利益を得ているのである。

第六章　マルベリー・ベンド

ファイブ・ポインツというかつての堕落の中心からほどなく、マルベリー通りを曲がったところが、ニューヨークのスラムの腐った中心、「ベンド」である。

昔は、牧草地から戻る牛が、この丘を越えて続く道を歩いていた。ちりんちりんと鳴り響く鈴の反響はまだそこに残っているが、緑の牧草地や夏の野原の思い出を呼び覚ますことはない。鐘の音はぼろ拾いの荷車が戻ってきたことを知らせるものだ。人の記憶の中で、かつての牛の通り道は、人間の作り出した巨大な豚小屋でしかなかった。世界にはたったひとつの「ベンド」しかない。それで十分だ。衛生面での改革を求める一〇年間に及ぶ怒りの抗議に動かされた市の当局は、ここはもう度が過ぎているので取り壊さねばならないという結論を下した。もうひとつのパラダイス・パーク［一八三〇年代、市がファイブ・ポインツの名の由来となった交差点わきのテネメントを撤去して、跡地に作った三角形の公園］が代わりにその場所を占め、次のブロックの角を曲がったファイブ・ポインツで起こったような変化を起こすために陽光とそよ風を通すだろう。これほどまでに変化が緊急に必要とされたことはなかった。

「ベンド」のまわりには、衛生局の楽天主義者たちでさえも劣悪の烙印を押したテネメントの大部分が密集している。絶え間ない警察の手入れもそこを根城としている群衆を抑えることはできない。家畜小屋へ続く通路と秘密の抜け道のある、家賃集金人だけが迷うことのないたくさんの裏通りでは、群衆が今にも壊れそうな構造をした小屋を、市のごみ捨て場と灰の樽から持ち去られた、あらゆる種類の忌み嫌うべき事物と共有する。ここにも、光を避け、不まじめに怠けている不潔なけだものがこそこそ隠れている。「ベンド」はぼろ拾いだけでなく浮浪者《トランプ》の居場所《ホーム》でもある。

「ベンド」地区の人口調査で、六〇九戸のテネメントのうち、わずか二四戸だけが人並みの状態と報告されてからまだ二〇年も経っていない。当時、「血まみれ第六《ブラディ・シックス》」行政区の人口の四分の三はアイルランド人だった。従軍していた軍隊を除隊した後、その兵員名簿を保持している浮浪者の群れが、イタリア人の流入とともに増加し、それ以来、恒久的に改良しようとするあらゆる努力に強固に抵抗している。完全な取り壊し以外、根本的にためにならないということが最終的に明らかになるまで、改善がなされればなされるだけ、ますます真の救済にはほど遠く思われた。汚職によって、より大きな成功が見込まれるとの主張の根拠が好まれなかったのかもしれない。その地区全体が、しばしば存在すら知られていない狭い通路から成る迷路である——必然的にそうなったのだ。というのも、二棟、三棟、あるいは四棟のテネメントが建っていない敷地はほとんどないからで、不健康そうな群衆がうようよしている。「ベンド」の鳥瞰図がどのようなものなのか、ただあれこれと推測するしかない。晴れた日にベイヤード通りの角から眺めた、その日常の様子は、ニューヨークの名物のひとつである。

ベイヤード通りはバワリーの向こう側にあるユダヤ人街への近道で、端から端までイスラエル民族の前哨部隊によって監視されている。ユダヤ人の顔、ヘブライ文字の標識、イーストサイドでユダヤ人に通用するちんぷんかんぷんの奇妙な言葉［東欧系ユダヤ人の話すイディッシュ語］による絶え間ないおしゃべりが、好奇心から、まさにマルベリー通りの角へ足を踏み入れた人を待ち受ける。しかし角を曲がった瞬間、景色は不意に変わる。目の前にはニューヨークというよりは南イタリアのどこかの街の市場と言った方がよいような光景が広がる――ただし家は別として。それらは相変わらずありきたりの、他と全く同じ古びたテネメントである。しかしこの場合に限り、テネメントはアメリカの大都市のスラムの絵で前景とならない。関心はテネメントにあるのではなく、群衆にある。路上が好ましくない時のみ、群衆はテネメントに避難するが、それはイタリア人の場合、雨が降っているか自分が病気の時だけである。太陽が照っている時は、全住民が外へ出て、通りや歩道で家事労働や売買をおこなったり、口説いたり、あるいは、特にすることがなければただぶらぶらする。ポーランド系ユダヤ人が、寒暖計とともにシチューを煮込む熱でむさくるしい小部屋に閉じこもる衝動とは反対である。縁石に沿って女性たちは列をなして座り、老いも若きもそろって、彼女たちの隷属状態――生きている限り女性はその苦しみに耐えねばならない――の印である、パッドだかターバンのような奇妙な覆いを頭にかぶり、サラダ用野菜の一種なのか、薄汚い草や、腐ったトマト、オレンジか何かのかご一杯の値段を交渉している。灰を集める樽が彼女たちにとってカウンターの役割を果たし、灰を回収する役人の荷車が到着すると、樽が空になってもとに戻されるまで、一時的に商売を停止することが往々にしてある。行商人や呼び売り商人の荷車が通りで二列になって売店を作り、家に沿ってさらに別の荷車の屋台ができている――「ベンド」を除いては、アメリカのどの場所でもお目にかかることのないような、独自の奇妙な産物を大変にぎやかに商う市場がいつまでも続く。歩道に陣取っている二人の老婆は、汚い縞の木綿［ふとん皮地］製のバッグから、大きな塊で焼かれたものではなく、やけに大きなドーナツのような大きな花輪の形をしたかび臭いパンを分けている。事実を偽ってもなんにもならない。彼女たちのバッグは、商売の急増に迫られて寄せ集められた古いマットレスのように見えるし、おそらくそうだろう。かび臭いパンは、衛生局の役人が、市場の手入れの後で「健康によくない」と報告したことのあるしろものだ。吐き気をもよおさせるばかりだ。肘まで袖をたくしあげ、陶製パイプを口にくわえた筋骨たくましい肉屋は、フックにひっかけた子山羊の皮をはいでいる。エリザベス通りの警察では、ほんの数日前に起こった笑い話を聞かせてくれるだろう。ペル通りで一匹の死んだ山羊が倒れていたが、それを取り除くためにくず肉を回収する荷車がやって来た時には、不思議なことに山羊は消えていた。その後判明したことには、イタリア人が、裏道のどこかで開かれる、パーティか祭りのために自分の袋に入れて持ち去ったのだという。

　ここらへんで最も悪名高い路地〈追いはぎのねぐら《バンディッツ・ルースト》〉への狭い入口の片側には、「ベンド」における、必要は発明の母ということをよく示す店がある。荷車と灰を集める樽は、群衆の便宜を計るために、保険一覧地図にも載っていない、四列に並ぶ店を提供したが、それでもまだ十分ではなかった。そこで玄関そのものが店となった。幅三フィート、奥行き四フィートで、店主一人の空間しかない。店主は中にいて、商売は外で、品物は、かつては玄関のドアだったものに立てかけた板に陳列された。この変わった店の後方の壁の後ろに、玄関の廊下から路地まで穴が開いており、住人たちはそこを通る。店のひとつは「タバコ・ビュロー」で、黄色と赤で飾られた名前のわからない聖人――どの店にも、屋台にも、カウンター代わりの灰の樽にも守護聖人は必ずいる――によって管理されている。別の屋台は、ぬるぬるした奇妙な姿の生物や、アメリカの水域では泳いでいそうもない、たとえ生息していたとしても、アメリカの魚屋ではついぞお目にかかったことのない魚、それにカタツムリでいっぱいの魚屋だ。食料雑貨商の入り口には、まるきり食欲をそそらない、大きくてぶかっこうなソーセージがかかっていて、まるで買われるのをそこで待っていることを思い出させるかのように客の頭をこづく。それがなんなのか尋ねる勇気はない。通りを行くと、頭の上にたきぎの巨大な束を載せ、エプロンの中には市場の屋台から買った、いたみかけた野菜を入れ、胸には落ちないようにおぶいひもで支えた赤ん坊を抱えた女たちが列をなしてやって来る。女たちが物を運ぶ仕事や、「ベンド」で目につく仕事をすべておこなっている。男たちは通りや荷車の上か、酒場の開いた入口に座っているか立ったまま、黒い陶製パイプをくゆらせて、いつも今にもけんかを始めるかのごとく激しい身振りを交えておしゃべりしている。特に荒々しい一団の近くで、カラスの濡れ羽色の髪の結び目に琥珀《こはく》色のビーズのひもを無造作に巻きつけた、とてもかわいい少女が、老婆と長い時間真面目に商いをしていた。老婆が中古のストッキングと色あせた木綿糸の荷物の入った手押し車を管理していて、自分の在庫の価値をほめそやしながら、こつこつと大きな穴をかがっていた。継ぎのあたったオーバーオールの裾をブーツにたくし込んだ、粗野な若者の一人に少

マルベリー・ベンド

女の目は一度ならずさまよったが、その若者が歩み寄り、いんぎんに彼女に一番きれいな一組を選ぶよう申し出た。すると彼女は笑い、待っているようにとの誘いと彼が解釈した身振りで彼を押しのけた。そこで彼は、明らかに老婆を満足させるためにそうした。老婆は直ちに、少女に気づかれることなく、値段を五〇パーセントつり上げた。

赤のバンダナと黄色のスカーフがいたるところにある。角を曲がったところでロシア系ユダヤ人が話す、のどから出す耳ざわりな言葉よりもはるかに心地よい響きのイタリア語がいたるところで聞こえるように。また〈パスクアーレ〉という名の「リストランテ」が数え切れないほどある。「ベンド」の人々の半分はパスクアーレという洗礼名がつけられるか、別の方法でその名前を得る。警察は逃走した殺人犯の名前がわからない場合にパスクアーレと推測し、非常招集でその名前を発する。一〇件に九件は一致する。また魅惑的な餌として看板を掲げる「銀行」も四方八方にある。一ブロックだけで六軒の、蒸気船の代理店、職業安定所、それとすべてひっくるめた貯蓄銀行がある。いたるところでぶらぶら歩いている若者の半分はがにまたで、すでに母親になった者も妊娠中の者も数限りなく、中にはまだ十代の者もわずかながらいる。通りにいない人々は窓から体を半分乗り出して、下にいる誰かに叫んでいる。太陽が照っている時は「ベンド」の住人全員が、完全にというわけではないにしても、少なくともなかば戸外にいるはずだ。

市がほうきを振り回している通りでは、少なくとも浄化の努力は見られる。そうでなければならない。さもなければ、くず拾いたちが住む路地や狭い裏通りからあふれ出るごみが押し寄せるだろう。暑い日にこのあたりを探検するのは通常よりも勇気を必要とする。そんな時でも葬儀屋はそれをしなければならない、警察は常にそうだ。ちょうどここ、通りの東側にあるテネメントで、児童虐待防止協会の記録によれば「全身傷だらけで、髪の毛には乾いた血がべっとりとついた」幼いアントニア・カンディア、悪魔のような残虐行為の犠牲者が発見された。虐待は「ベンド」では普通のことで、殺人は日常茶飯事であるが、住民に関して言えば、必ずしも犯罪者ではない。ベイヤード、パーク、マルベリー、バクスターの四つの通りに囲まれたこの「ベンド」[*1]地区自体では、前のテネメントハウス委員会が統計比較サンプルの年（一八八二年）に子どもの死亡数を一五五人と数えた（八〇頁の表）。そのブロックにおける全体の死亡率は六八・二八パーセントで、市全体は

＊1　子どもという用語は死亡率の表では五歳未満の者を意味する。五歳以上の子どもは表では大人に含める。

	人口			死者			死亡率		
	5歳以上	5歳未満	総計	5歳以上	5歳未満	総計	5歳以上	5歳未満	全体
バクスター通り	1,918	315	2,233	26	46	72	13.56	146.02	32.24
マルベリー通り	2,788	629	3,417	44	86	130	15.78	136.70	38.05
総計	4,706	944	5,650	70	132	202	14.87	139.83	35.75

パーク通りとベイヤード通りの間の、バクスター通りとマルベリー通り沿いにある住宅における1888年の死亡者数と死亡率

四六・二〇パーセントにすぎない。どこの街でも全体の死亡者数と比較した幼児死亡率は、その場所の全般的な衛生状態を知る格好の指標とみなされる。ここ、〈バンディッツ・ルースト〉の隣にある五九と二分の一番地のこのテネメントでは、その年に一四人が亡くなり、そのうち一一人が子どもだった。六一番地では一一人の死亡者のうち八人が五歳以下だった。人口統計局の記録によれば、一八八八年は五九と二分の一番地では三九人しか住んでおらず、そのうち九人が子どもだった。同年その住宅では子どもの葬式が五件あった。その路地以外では、五九番地で一八八八年に九人の死者が運ばれ、五件は赤ん坊用の棺だった。ここに示したのが、人口統計局の登記官であるロジャー・S・トレーシー博士によってもたらされた、そのブロック全体のその年の記録である。

この年、ニューヨーク市全体の死亡率は二六・二七パーセントであった。

これらの数が雄弁に物語っているのは、同じ階級の人々が、もっとひどい密集状態（記録によれば一六一人）でありながらも、よく管理されたまずまずの住居で暮らす、道の向こう側にあるモデルテネメントの四八番地と五〇番地では、この年に葬儀馬車が呼ばれた

バンディッツ・ルースト

のは二回だけで、うち一回は赤ん坊の葬儀だったということだ。そのテネメントを建てたキリスト教徒の斡旋業者は、イタリア人はよい住人だと言うが、路地の土地所有者は、彼らのことを悪い地区の中でも最悪と主張し、彼の所有物を修繕するいかなる命令にも反対するだろう。彼らそれぞれの立場から見れば、どちらも正しい。違いを作るのは立場——それから住民である。

他のどこよりも一番汚くひどいことで長年悪名高いこの路地と、「ベンド」にある多くのテネメントの資産が、最終的に法律にとってはまずまずの勝利に終わった、その所有者に責任を負わせる長い戦いの間ずっと、財産と影響力に恵まれ市議会で高い地位にある高名な一家と課税台帳の上で関連があったと告げるとすれば、どうだろう? ただの明白な事実にすぎないだろう。そしてまた、アイルランドのようにニューヨークでも、あやうく地主の名前を憎むべきものにしかねなかったのと同じ種類の、衛生局の帳簿に記録されている非常に多くの実例に照らせば、それは唯一の例ではないだろう。

〈とっくり《ボトル》・横丁《アレー》〉はバクスター通りの角を曲がったところにある。しかしそこは、いたるところで見られる、その種の立派な見本である。そこの家のどれかをのぞいてみよう。いたるところに同じような、ぼろと悪臭のただよう骨とかび臭い紙が大量にあるが、それらすべてをごみ捨て場と倉庫に追い払ったと公衆衛生警察は思い込んでいる。ここは「客間」と二つの真っ暗な、寝室と呼ばれる狭苦しい部屋がある「アパート」である。実のところ、空間のあるところすべてが寝床である。家族のやかんがストーブの上にあって、さしあたり洗濯用の湯わかしとしての役目を果たしている。夜にはやかん本来の用途に再び戻っているだろう。いかにして「ベンド」で貧乏な家族が収支の合う範囲内でやっていくか示す実例である。古い箱や腐った藁の山を寝台と呼ぶことが可能であれば、一、二、三台ある。煙がすべての継ぎ目から漏れ出ている、ねじ曲がった管のついた壊れたストーブ、箱を支えにした粗末な板のテーブル、隅にはがらくたの山。息苦しさと臭いがすさまじい。何人の人間がここで寝ているのだろうか？　赤いバンダナをつけた女性はむっつりと頭を振ったが、明るい顔のがにまたの少女が指で数をかぞえた——五、六！

「六人よ！」　六人の大人と五人の子どもである。

「五人だけ」。自分の膝の上で小さい子どもを残酷な巻布で包みながら　彼女は笑顔で言った。もう一人赤ん坊がゆりかごの中にいる——本当のかごである。それで部屋代はいくらか？

九・五ドル、すると「お願い！　彼はその書類を提出しようとしないのです」。

「彼」とは家主のことだ。「書類」はかび臭い切れ端の状態で壁にかかっている。

六月の日にこうしたテネメントのひとつを衛生調査官が訪問した時のことを私はよく覚えている。外の温度計は三二・二度まで上がったが、室内の、そのひどい部屋では六人の人間が、洗濯や炊事、ぼろの選別をしている六人の大人と、ストーブのかたわらに死にかけた赤ん坊が横たわっていた。博士の温度計は四六・一度に急上昇した！　無数の慈善行為にあふれるこの街で、新鮮な空気を吸えないために死ぬとは！〈新鮮な空気基金《フレッシュ・エア・ファンド》〉の理事が、去年だけイタリア教会の司祭に「イタリア人の子どもたちの参加費用は請求されません」と書かなかった[*2]ので、一人も田舎に送ること

＊2　『シティ・ミッション・レポート』一八九〇年二月号、七七頁。

ボトル・アレー

ができなかったのだろうか？

　マルベリー通りから半ブロック北にいったところに、くず拾い屋の集落がある。いわば「ベンド」からあふれ出した住民で、今日ではまったくもとの不潔な状態で暮らしている。五家族を収容するために建てられた、五軒の屋根裏付きの古い二階家に四〇ほどの家族が詰め込まれている。さらに外の中庭にも群衆があらゆる種類の古い板で建てた小屋に収容されているか、ごく最近まで収容されていた。その小屋はイタリア人住人の「仕入品」の乾燥台としても使われている。私がこの記事を執筆している間にこの集落を訪れた時、彼らはいなくなっていた。最後の二人の住人がちょうど出て行ったばかりだった。彼らの運命は典型的なものであった。その「老人」は、ストーブのわきでやっとうずくまれるだけの広さしかなかった隅の狭苦しい部屋に住んでいた──年を取って住まいにふさわしく体が縮まなかったら、眠る場所さえなかったであろう──が、「精神病院」に引き取られていた。彼の隣人で、長年納屋に住んでいた女性はただ姿を消した。斡旋業者とその他の住人たちの、おそらくは正しい「推測」によれば、彼女は「島」〔救貧院などの施設があるブラックウェルズ島。第22章参照〕にいるかもしれないが、どのみちリウマチで弱っていて「あまりよくない」ので、だれもわざわざ彼女の安否を尋ねたりしない。住人たちは仕事に精を出し、家賃をこしらえるためにできる限りのことをしていた。それもそのはずだ。というのも、ひどく古びた廃墟のような建物であるにもかかわらず、表に面した居間と二つの「寝室」に月一〇ドル、奥の部屋と寝室一部屋に九ドル、屋根裏部屋でも広さに応じて三ドル七五セントから五ドル五〇セントという家賃を住人たちは支払っていたからだ。

職業的な──つまり現在では公職にある──公衆衛生の専門家と無給の衛生改革論者の間で、過密状態のテネメントの問題に関するお決まりの論争がある。一方はその数をあいまいに四〇〇ないし五〇〇といい、もう一方は、よい状態のアパートを数に入れずに、二年前の人口調査でテネメントと分類された住居の総数を三万二〇〇〇と主張している。どちらが正しいかはどの視点から見るかによる。とどのつまり過密状態という用語は相対的なもので、役人の評価というのは都合のよいように変わりやすい。イタリア人の流入に迫られて、衛生官による、大人一人あたりに必要とされる休息の場の基準は六〇〇立方フィート〔一六・八立方メートル〕から四〇〇立方フィート〔一一・二立方メートル〕にまで引き下げられている。「現在の状況の必要性」というのが彼らの言い訳で、改革者の側にしてみれば、それ以上に申し分のない論拠は提出不可能だった。

公衆衛生警察官が四〇〇立方フィートという大きさを定めたのが「ベンド」で、衛生改革者は絶望してその任務を放棄した。そこのおびただしいホームレスの群れを人口調査は数に入れていない。光を避けるのは彼らの本能で、数に入れるのに十分なほど長く彼らをひとつの場所に閉じ込めておくのは不可能である。しかし住宅なら可能で、最近の計算によれば、ブロードウェイとバワリー、カナル、チャタムの各通りにはさまれた、「ベンド」の行政区〔第六行政区のこと〕では、全部で四三六七棟の「アパート」のうち目下空いているのはわずか九部屋で、かつての「アフリカ」、すなわちブロードウェイの西では、マルベリー通りからの住人の流入を受け入れ、その特徴をまたたく間に変えていて、「立つだけの余地のみ」という掲示が出ている。そこでは空き部屋が一室もなかった。

一五〇〇人近くの「間借り人《ロジャー》」が二軒の隣接したマルベリー通りのテネメントから追い出された。そのうちの一軒はその人口調査の間「地獄の館《ハウス・オブ・ブレイジズ》」とうまく名付けられた。どれだけの不潔と堕落がそれらの巣穴に存在するか、衛生局の役人は知っている。長い夏の間中、役人たちの手押し車が「ベンド」を巡回し、消毒薬を通りと路地や、台所や地下室、浮浪者が潜伏している隠れた小屋に撒いた。真夜中から早朝までは、不法な過密状態の証拠を集める巡回路で、警官が「戸を開けろ!」とイタリア語で命令する声とともに、閉まった戸を叩く音が聞こえる。ドアはしぶしぶと開けられ

ベイヤード通りの密集したテネメントの間借り人たち――「場所代5セント」

る――だがその命令は厄介なことを意味しており、住人がたとえ英語をまったく理解しなくてもそのことを知っている――それが挿絵の場面である。［挿絵のもとになった］写真はちょうどそんな訪問の際にフラッシュで撮影された。縦横一三フィートに満たない部屋に一二人の男女が寝ており、二、三人は床の間のようなくぼみに設置された寝台で、残りは床の上で寝ていた。そのものすごい環境で、灯油ランプがかすかに燃えていた。おそらくはもっと遅い時間に到着する者に「寝床」の場所を示すためだろう。というのも真夜中を過ぎたばかりの時間だったからだ。赤ん坊のむずかる泣き声が隣接する居間から聞こえる。そこでは、うす暗がりの中、横になった三人の人影が見わけられた。その「アパート」は、半時間で同じような密集状態であることが判明した、二軒の隣り合う建物の中にある三部屋のうちのひとつである。男の大半が間借り人で、五セントの場所代を払って寝ている。

数晩前に調査した、最上階にある別の部屋は、比較的空いていた。部屋には四人しかおらず、二人の男と年老いた女、それと若い女だった。家主がいそいそとドアを開け、手を誇らしげに振りながら、法律に合わせるために彼の個人的利益を犠牲にしたことを示した。われわれの訪問は予想されていたことだった。おそらく警官が去るやいなや、部屋は商売のために再び開けられただろう。

第七章　もぐり酒場の手入れ

エリザベス通りの警察署では真夜中の点呼が終わったが、予備隊員たちは命令で留め置かれた。強制捜査に踏み込むことになっていたが、中国のファンタン〔中国の賭博。茶碗や壺の中に硬貨や豆などを入れ、四個ずつ減らし、最後に何個残るかを賭ける〕賭博か、モット通りとペル通りのアヘン窟か、あるいはもっとたちのわるい巣窟か、手洗い所ではいろいろな推測が飛び交った。最後の巡査が巡回区域から戻ると、短い命令があらゆる疑問を払いのけた。「ベンドへ!」今回はいかがわしいビールを売るもぐり酒場《スティルビア・ダイヴ》が手入れの対象だった。警官たちはベルトをきつく締め、ぶつぶつ不平を言いながらマルベリー通りへ向かって行進した。モット通りの異教の寺院――そこの手入れは楽しみがあった――を通り過ぎ、「ベンド」へ足を踏み入れると、あちこちで、おびえておたおたしている逃げ遅れた浮浪者をもっと健全な地区へ送り、秘密の路地の入り口で止まった。班が割り振られ、そのブロックで有名な浮浪者の隠れ場のすべてに同時に降りるよう派遣された。巡査部長に率いられ、われわれ――私もいわば戦場特派員として随行した――は一列になってぬるぬるした壁の間の狭い裂け目を通り、裏側にあるテネメントまで手探りで進んで行った。われわれが進んでいる間に二回浮浪者を踏んだ。二人とも女で、その通路で寝ていた。彼女らは、道々、何回か突かれたり殴られたりしながら、おとなしく裏へ連れて行かれ、次の隊の一種の先兵の役目をしていた警官につかまれて、警察署に向かって進んだ。暗闇の中を半マイルも手探りで進んだかに思われた後で、ようやく本来の路地へ出た。そこでは両側の、閉まった鎧戸の裂け目を通して漏れ出た光によって、壊れそうな三棟の枠組み構造のテネメントの輪郭が見分けられた。とぎれとぎれに卑猥な歌と下品な笑いのとどろきが、その未知の隠れ場から、私たちのところまで届いた。

「連中は中にいる」。近くの地下室への入り口のすり切れた階段に着いた時、巡査部長がそっけなく言った。彼のブーツのかかとが入口の戸を蹴破った。

大体一二平方フィートほどの部屋は、かつては壁や天井がきれいだったかもしれない——踏みつぶされた泥以外に床があったとすれば。床がきれいだったことを覚えている人物がいないのは確かだ——が、今では茶色の固い表面で覆われている。こん棒の先端で触れると、たくさんのはいずりまわる虫が付着し、その下のもっと黒い汚物をあらわにする。壊れた椅子の残骸にもたせかけたビールの小樽のまわりには、汚らしくみすぼらしい格好の男女が大勢、空き箱やベンチや腰掛けに座っていた。一団の中心で、どうやら宴の支配者らしい、血色の悪いしわしわの老婆が、見るもおぞましいものを分けていた。エプロンの中でジャラジャラ鳴る銅貨の山、その日の午後に施与者《せよしゃ》からたくさんの祝福の言葉とともに受け取った、まさにそのお金である。女たちの中には通りで、「家族を餓死させないよう」一ペニーを求めて常に哀れっぽい声を出している物乞いとしてなじみ深い顔もいた。今や、彼女たちのめそめそした泣き言と騒がしい浮かれ騒ぎはどちらも治まった。おじけづいて押し黙って座った彼らは、どうやら何をすべきか心得ているようだ。開いた戸口にいる制服を見ると、グループの何人か、おそらく前科のある男たちは警官の探るようなまなざしを避けるように顔を背け、そうした場面にあまり出くわしたことのない数人はふてぶてしい様子で凝視していた。

一歩で部屋の中央に達した巡査部長が警棒を一振りし、樽からは蛇口を、親玉の老婆の手からは半分中身の入ったブリキ缶をたたき落とした。どちらの中身も床に跳ねたため、一団のうち六人が、頭蓋骨を守るために頭を低く肩を丸くして、ドアを壊した恐ろしい破壊的な人物に向かって突然突進した。彼らは外にいた警官たちを考慮に入れていなかった。しばらく乱闘が続き、二、三回強く殴る音がしてから、逃亡者たちは押し黙ってうずくまる仲間たちのところへ連れ戻された。

「一三人!」調査を終えると、巡査部長が大声で言った。「連れて行け。一人を除いて全員が『リボルバーズ』だ。島にたっぷり六か月ってとこだ」。除外されたのは、どうみても二〇歳を過ぎたばかりの若い男だが、放埒《ほうらつ》な生き方がしっかりとその顔に刻まれていた。彼は他の者ほどのんきではなかったようだが、できるだけ豪胆な態度をとって取りつくろうと頑張っていた。「早くしっかりしろ」。警官が警棒で彼のことを突つきながら述べた。「こうしなければいけない、こんな生活では長くもたない。ああいう安酒はゆっくりと時間をかけて殺すために醸造されるんだ」。

地下室の階段の一番上で、路地のさらに奥から出てきた同様の行列に遭遇した。奥の路地では別の警官隊が署へ行進を始めようとしているところであった。通りに出ると、すでによく踏み固められた道を通っている多数の足音が聞こえた。新たに加わった男たちとともにわれわれは次の安酒小路へ入った。そこにはひとつの地下室に四つの酒場があった。汚物と悪臭はまったく耐え難かった。巡査部長でさえ頭をそむけ、群衆を警棒で追い散らし、出入り口へ狩り出した後で逃げた。路地にいる本物の犬は、冷たい敷石を息の詰まる地下室よりも寝台として好む。男女含めた七五人の浮浪者が四つの小さな部屋で逮捕された。ナイフで切れるほど空気がどんよりとした部屋のひとつで、生まれたばかりの赤ん坊と一緒に汚い藁の山にいた一人の女を発見した。彼女は死んだようになっていて、病院に運ぶ救急馬車が呼ばれるまで放っておかれた。

この一団と署へ戻ると、建物のすべての窓が冷たい一〇月の風を入れるために開けはなたれて、巡査部長と部下たちが、その場所の消毒と称して買われた一番強い葉巻を吸っていた。二七五人の浮浪者が監房に詰め込まれた。翌朝彼らは警察裁判所で、浮浪罪で認否を問われ、おそらくは「島に」六か月収監される。少なくともその判決に関しては確かだ。収監の期間に関しては、経験を積んだ書記官は懐疑的だった。当時、一か月以内に重要な選挙がおこなわれることになっていた。浮浪者たちには、自分のものだと言えるものがなくても、投票権があり、投票権は現金で安く売りに出される。選挙の時期の頃これが彼らに「コネ」を与える、少なくとも代理権によって。巡査部長は、あたかもそれは世界でもっとも自然なことであるかのように、かつて同じ浮浪者が二四時間以内に二回、一度に六か月間ずつブラックウェルズ島〔現在のローズヴェルト島。かつては刑務所など各種施設があったが、一九七〇年代に宅地開発された〕送りになったのを何回か見たことがあると言った。

泥棒が、どんなに道徳心からくるためらいに欠けていても、相場師と自称するのを好んで、決して自分の職業を白状しないように、「ベンド」については、このまさにスラムの製品であるスティル

「ベンド」にある深夜営業の２セント食堂

ビア・ダイヴ〔「スティル」は「気の抜けた」の意味〕が、二セント食堂という、もっと品位のある名前によって知られている。通常、この場合のように、裏路地に面した地下室にある。混ぜ物をされた無認可のビールがそこの主な売り物だ。時には一杯の「コーヒー」と堅くなったパンが二セントで食べられる。男たちは勘定を払う。女たちはといえば――その意味するところは口に出すのも恐ろしい――場所代はただである。ビールは酒場の主人によって、ビールの醸造者の荷車を待って歩道に置かれた樽から集められ、泡が出るように薬品で仕上げられている。一晩中椅子に座ったり、テーブルの上や樽の中で寝たりする特権は、飲み物をひとわたりおごるごとに通用する。大抵はイタリア人、時に黒人、まれに女がそうしたもぐり酒場を「営んで」いる。客たちは、家もなく、まったくのみじめな境遇に希望もない、職業的な浮浪者で、それしかいない。もっとも卑劣な泥棒でもスティルビアのレベルよりもはるかに上である。その水準に一度でも達したら逃げ道はない。それよりも下に下がることは不可能だ。これまでそこからはい上がった者はいない。一晩をスティルビア・ダイヴで過ごすということは、年老いた浮浪者の不要なぼろ、階級特有の服装を伝統に従って身に着けるようなものである。酒場の回転式木戸をひとたび越えると、その道はもはや曲がらない。そしてことわざ［「曲がることのない道は長いものだ」］と反対で、たいてい道は長くもない。

住所不定のイタリア人店主が、ウェストサイドのかつてのアフリカ人の拠点へ移り住むとともに、スティルビア・ダイヴの顧客の一部は「ベンド」を去っていった。だがその本拠は常に、住所不定な連中の憩いの場である、ベンドにあり続ける。ちょうど、一四丁目の通りが浮浪者の境界であるように。本物の浮浪者は日暮れ以降その境界を越えず、日中だけ物乞いに行く。商売は嫌悪感を起こさせるが、イタリア人酒場店主の利益はかなりのものである。実際、ビールかすに「発泡性」を付与する成分へのわずかな支出を除けば、全部利益である。イタリア人居住地を呪う「銀行家」はその商売に関係することを忌み嫌い、マルベリー通りの尺度でのスティルビア・トラストのようなものがやがては可能性のひとつとなるかもしれない。そうした銀行家の一人は、かつて悪名高きスティルビア・ダイヴの店主として、また他の店主たちを積極的に支援する人物として警察に知られていたが、今では大規模なマカロニ製造業者となり、数軒の大きなテネメントと他の不動産を所有している。しかもその資本は、すべてかつての商売から得られたものだという。どうやらこれは本当のようだ。

暑い夏の夜、「ベンド」のテネメントで最悪の建物を調査している時、列をなす「シッター」に占拠されている玄関を発見するのは珍しいことではない。怠惰や不運のために、一日の「労働」でスティルビア・ダイヴへ入る金を十分に稼ぐことができず、警察署の簡易宿泊所のもてなしを辞退する理由のある浮浪者たちである。空気がむっとするほど何列にも固まって、夜通し、あるいはせんさく好きな警察官が、マルベリー通りで常にのびのびとスイングしている警棒を用いてその集まりをばらばらにするまで、そこでしゃがみこんでいる。この時期は女の浮浪者が目立つ。男たちは、少なくとも何人かの男たちは、夜が暖かくなると鉄道線路へ行き野外で過ごす。秋になると戻って来て、都市を食い物にし、怠け者、無精者、不運な者から新人を補充する。泥がついた天然磁石のように、どれだけ彼らが遠くまで放浪していようと、「ベンド」は彼らを引きつけて連れ戻す。というのも怠けていることに次いで、浮浪者は酒が好きだからだ。酒に次いでスティルビア、貧民街の代用物である。そして最初と最後が一番調和する。

玄関が使用できない寒い冬の夜などは、チャタム通りとパール通りのそこかしこにある酒場で「シッター」としての仕事が見つかることがあり、時には施しの飲み物と、たまにサンドウィッチ一切れが手に入る。バーの主人は彼らをストーブのまわりに座らせ、体を震わせることで通りすがりの客の同情を誘うのだ。そのペテンはうまくいく。クリスマスと選挙期間の頃は特に。しかもシッターたちは彼らの主人のために空席をふさいで快適にしておくことができる。しかしひどくみじめな様子に見せるために、彼らはずっと起きていなければならない。火にあたって穏やかに居眠りしている浮浪者など、同情の対象ではないだろう。起きたままでいることを確認するため、陰険なバーテンダーは、時計の振り子のように常に片足を彼らが揺らしているようにさせる。足の動きが止まると、その怠惰な「シッター」は蹴とばされて起こされ、「追い払われる」。知ったかぶりをする者によれば、その習慣は過度にぼんやりとした浮浪者を救助することとなり、また年老いた飲んだくれは眠っている間もばれることなく手や足を揺らすことができたということだ。酒場の中には、寒い時期、一時間ごとに新たなシッターたちの群れを入れてやるところもある。

「ベンド」へ訪問したある日のこと、とりわけみすぼらしい格好で評判の悪い浮浪者に出会った。彼は、まわりで二〇人のぼろ拾い全員が忙しく働く中、いかにも冷静沈着に満ち足りた様子で、パイプを吸いながらはしごの横木に座っていたので、写真を撮るので座ってほしいとお願いし、その仕事に一〇セント払うと持ちかけた。彼はろくにうなずきもせずその申し出に応じ、私が撮影の準備ができるまで、辛抱強く彼の止まり木に座り、私のことを見つめていた。それからパイプを口からはずし、ポケットにしまい込み、これは契約には含まれていないからな、と静かに言った。写真に入れるには二五セントの価値がある、と。ちなみにそのパイプは陶製の、二束三文の代物であった。しかし譲歩しなければならなかった。まっとうな労働に一〇秒も雇われたことのないその男は、座っている時でさえ、確かに彼はそれに関して熟練していたが、ストライキをしていたのだ。男は自分の権利と「労働」の価値を知っており、だまされてどちらも巻き上げられることはなかった。

こうした浮浪者がいるのはどういう訳なのか、またどうして浮浪の生活を送っているのか？　といった質問は、答えよりも質問を聞くことの方が多い。不適切な施しと怠けというのが最初の質問の答えである。それが由来で、大部分は理由も同じである。ひとたび浮浪者の道に一歩踏み出すと、それが一番楽なので続けることになる。浮浪者とごろつきはどちらも、自分たちは社会から援助をしてもらって当然との信条を公言するが、それぞれ異なる見地からである。年取って健康をそこね

浮浪者

た場合、まれに例外はあるにしても、ごろつきは浮浪者にはならない。そうなった場合でも、通常は浮浪者にならずその他の方法で決着をつける。悪党には自分自身で何とかする方法がいくつかある。浮浪者の大群は特定の階級から補充されるのではない。あらゆる職業とたいていの社会階級が浮浪者の群れに怠惰な一団を引き渡す。時折、何らかの理由で、よい印を持つ新入りが浮浪者の集団にやむなく入る。しかし初めて施しを受け取った時、その健康で丈夫な男に、彼の徳性によってはめったに拭い去ることのできない烙印が押される。一度失われた階級に復帰することはほとんどない。変化は徐々に現れる。洋服は次第にみすぼらしくなり、それに応じて自尊心も失われ、ゆくゆくは「ベンド」でどん底に達する。

社会から援助をしてもらって当然という浮浪者の信条は、ごろつきを泥棒に、浮浪者を卑怯者にする。無防備な女たちとかかわる他は、数だけが浮浪者を大胆にする。街では警官が彼をそれなりにまともに保つ。女たちは誰も見ていなければ、たまに物干し綱から奪ったり、あるいは、警察本署の宿泊所で一晩泊まった後、清掃のために備えつけられているバケツやたわしを盗んだりする。警察本署で浮浪者とごろつきの道が再び近づく。真冬の冷え込みが厳しい夜、公衆衛生警察は浮浪者を警察や彼らの宿泊所に閉じ込め、彼らが暴れながら最近「打たれた」ばかりだと何度も誓っているにもかかわらず、ワクチン接種をする。警察本署は、そこに小麦があるとすれば、小麦からもみ殻をふるいわけるざるである。警察本署の宿泊所に置かれた堅い板の上での最初の眠りから目覚めた男が、出航する蒸気船の甲板員の職を手に入れるか、徴兵募集所へ赴くか、何らかの誠実な仕事に就くか、それとも「落ちぶれるか酒場へ」行くか、「いずれにしても同じことだ」と友人の巡査部長は言う。

第八章　安い宿泊所

浮浪者軍団の数が問題になる場合、もうひとつ、深刻な意味を持つ要素が考慮に入れられねばならない。すなわち安い宿泊所である。チャタム通りとバワリーに沿って並ぶ宿屋では、夜間、多くの繁栄する街と同じくらい多くの人間が宿泊している。そこから浮浪者と泥棒が次々と世に送り出されているため、警察の注目をますます引きつけ、他にたいした仕事をしているとは思えない伝道師に活動の場を提供している。過去一年でそれらの宿屋は、〈秘密警察〉の長官[*1]により、犯罪、ことに破滅的な運命の手に落ちがちな怠惰と詐欺を増長するような犯罪の温床という烙印を押されていた。同じ調子で、警察裁判所の法廷裁判官の一人は拘留判事としての長年の経験から次のように述べる。「一〇セントの宿泊所は、無料の読書室や講演会、その他あらゆる改良活動によって成し遂げられたよい成果を帳消しにしてしまう。そうした宿泊所は私の知る、他のどんな媒体よりも多

＊1　バーンズ警察本部長「宿泊所について」、『ノース・アメリカン・レビュー』、一八八九年九月号。

くの貧困、物乞い、犯罪をもたらしている」。その問題についてほんのわずかでも知るだけで、どの権威も事実を誇張していないことを観察者に納得させるのに十分である。しかし、この二人の役人は、ふたつの異なる等級の宿泊所を指して述べていた。一晩の宿泊にかかる値段は重要である。二五セント請求する「ホテル」と、一〇セントでベッドを備えた「ホテル」――どちらもホテルである――の間には、新婚夫婦用のスイートルームと普通の宿屋で一番安い玄関脇の寝室よりも大きな隔たりがある。

大都市は多くの人々にとり、蛾《が》にとっての火のついたろうそくのようなものだ。何はともあれここでならなんとかやっていけるのではないか、という漠然とした考えで、毎年毎年群れをなしてやって来る人々を引きつける。大勢の人間が集まるところにいれば何かが起こるはずだ、といった具合だ。ほとんど全員が若い男で、人生が定まっておらず、明らかにその多く――おそらく彼らの大部分――は、街に出て自分自身で道を開こうという真摯《しんし》な希望を胸に立派な家から出てきたばかりである。街を見物しながら浪費するお金をたっぷり所持している者はほとんどなく、提示された宿代の安さが重要な関心事である。この街について、ましてやその落とし穴について知っている者はもっと少ない。彼らは群衆、「活気」を求めてやって来たので、当然、街の中ではなはだ大衆的な大通り、すなわちバワリーに引きつけられ、そこで二五セントの宿泊所が彼らを受け入れる。そうした多くのバラックのいわゆる読書室では、お粗末な造りながらも、二〇〇人、三〇〇人、さらには四〇〇人もの収容設備を備えたところが多く、彼らは三種類の仲間に出会う。まず、彼らのように何かが起こるのを待っている大勢の冒険家。それよりはるかに数が少ないのが、ちゃんとした事務員か機械工で、あまりに貧しいか孤独で自分の家族を持つことができないため、年々そんな風にして暮らしている。そして最後が、商売のために新米を求めている泥棒である。若いよそ者が見る光景と彼がバワリーでつきあう相手は、彼が実家から携えてきたかもしれない道徳的信念を強くするたぐいのものではない。そして何の仕事も見つからないまま所持金が尽き、徐々に落ちぶれていき、ついには一五セントの宿泊所まで落ちる頃までには、強盗か窃盗で刑期を勤め上げた後で刑務所から戻った前科者の一団によって気持ちが固まって、そこで彼を待ちうけている誘惑者を受け入れる準備ができている。つまり、それこそが、その若者が到来を待ち望んでいた何かなのだ。警察の報告書にその記録がある。バーンズ警察本部長によれば、「一〇件中九件で、たとえいつか殺人者にならなくても、泥棒、あるいは強盗で終わる」。実際、最近起こった殺人事件の中でもっとも残虐な事件のいくつかは、こうした宿屋でひそかにもくろまれた強盗計画の結果であった。また宿泊所を根城にした泥棒たちの略奪行為は非常に頻繁かつ大胆になってきているため、当局は、いつでも警察の取り締まりの対象となるよう、もっと効力のある法律を政府に要求せざるを得なかった。

バーンズ警察本部長によれば、過去二、三年で少なくとも四〇〇人の若者が、宿泊所でもくろまれたちゃちな犯罪で逮捕されたが、多くの場合、それは彼らが犯罪に手を染める第一歩だった。そのよく知られた事実に加え、裁判所で概して軽い罪を認めるよう求められる若者の四分の三は二〇歳以下で、身なりはみすぼらしく収入もないという。その所見の意味するところは明らかである。バワリーで有名な宿泊所〈ウィンザー〉に刑務所を出ると住んでいた、警察によく知られた泥棒の一人は、洪水の後でジョンズタウン〔一八八九年に上流のダムが決壊し二〇〇〇人以上の死者を出した、ペンシルヴァニア州西部の都市〕へ行き、そこで死体から強奪している間に殺された。

きわめて非道なやり口と組み合わされた、この特殊な堕落の計画が実際にどのように進むのかは、ディヴィッド・スミス、通称「ニューヨーク・フェイギン」〔ディケンズ『オリヴァー・トゥイスト』の老盗賊の名にちなんでいる〕の話から想像がつくかもしれない。彼は昨年児童虐待防止協会の尽力で有罪の判決を受け、刑務所へ送られた。以下が同協会の最終報告書からの記述である。

「一四歳の少年、エドワード・マルハーンは、ニューヨークで職と友人を見つけようと考え、ジャージーシティの家から逃げ出した。彼は少しばかり無謀だったかもしれない。バワリーでスミスと出会い、知り合いになった。スミスが彼に夕飯とベッドを提供した時、彼は大喜びで受け取った。スミスは少年をバワリーのいかがわしい宿泊所へ案内し、そこで彼に自分の『仲間』たちを紹介し、一週間も経たずに彼のことを一人前の男にすると誓った。翌日、彼は疑うことを知らないエドワードをバワリーとグランド通り中に連れまわして、そこの光景を見せ、女性がバッグと財布を不用心な仕方で抱えており、それらを奪うのがたやすいことに彼の注意を向けさせた。彼はエドワードに腕試しをさせようとした。エドワードは試み、やり遂げた。三ドルだけ金持ちになった！ 簡単なことのようだった。『もちろん簡単さ』と仲間は言った。その時からスミスは少年を数多くの窃盗現場へ連れて行ったが、『フェイギン一味』の用心深い目の届かない範囲でも、信頼されるのに十分なほど熟練したようには見えなかった。少年一人で出かけた時はたいがいなんの収穫もなく戻ってきた。スミスはこれが気に入らなかった。この年下の腕の悪い泥棒を優秀な物乞いにしようという考えを思いついたのはこの時だった。彼は少年を自分の部屋に連れ込み、少年の腕を熱いアイロンで焼いた。少年は泣き叫んで懇願したが無駄だった。冷酷な卑劣漢はアイロンを若い肉体に強く押し付け、その後で酸を傷口に塗った。

「こうして準備がととのうと、炎症を起こして腫《は》れ、痛む腕でエドワードは毎日この友人によって外に出された。決して彼から目を離さず、もし少年が物乞いで十分な金を稼げなければ、腕を焼き落とすと脅した。彼は、仕事中に腕に落ちてきた酸によって怪我したと言うよう指示されていた。エドワードは今やその男の強い影響下にあったので、抵抗することも、従わないことも不可能だった。彼は物乞いに精を出し、スミスに忠実に稼ぎを渡した。その見返りに粗末な食べ物とさらにひどい扱いを受けた」。

その報いが来たのは、卑劣漢が、子どもを探す少年の父親とバワリーで遭遇し、子どもの行方について彼が述べた嘘よりも多くのことを知っているのではないかという疑いをかけられた時だった。彼はアジトで、その日に少年が乞食をした上がりで半ダースの仲間とともに酒盛りをしているところを発見された。

二五セントの宿泊所の、簡易寝台と椅子を置き、洋服を脱ぐことができるだけのスペースを囲う頭の高さの仕切りは、あらゆる見せかけの中でもっとも浅はかであるが、寝室のふりをし続ける。一五セントの寝床は、大胆にも目隠しもない一つの部屋に、黄ばんだシーツと不潔な毛布のかかった作り付け寝台が並んでいる。一〇セントになると、洋服を入れるロッカーが消える。もはやその必要はないからだ。浮浪者すれすれの段階に達すると、一般的に、本人以外にしまっておくものは何もない。通常一〇セントと七セントの宿屋は、程度の差はあるが同じくらい忌まわしいものであ

ペル通りにある、7セントの宿泊所の簡易寝台

る。マットレスと毛布の付いた、申し訳程度の寝床は、物乞いで思いがけなく儲けた幸運により、いつもの路上の空き箱か灰の樽で寝る公算を、そうした「ホテル」のひとつの上質な床の上での避難所と交換した浮浪者の高価な買い物である。何の覆いもない、仕上げの施していないフレーム材に張り渡しただけの細長い帆布が、スティルビア・ダイヴのばか騒ぎよりも、肘の近くに灼熱のストーブの快適さを好む、七セントの下宿人の寝椅子の代わりとなる。これは世界でもっとも安全な止まり木ではない。時々、寝ていて転がり落ちる者もいるが、隣の列の寝

台まで落ちることはない。またその結果起こる騒ぎは、宿の支配者とそのこん棒によって鎮められる。すべての寝台が埋まった寒い冬の晩、私はそうした宿泊所に一度ならずたたずみ、エンジンの規則的なストロークのようないびき、たえず動く体の下で梁がにぶくきしる音に耳を傾けながら、自分が船の上にいると想像し、船酔いを本当に体験した。その幻想に都合悪かった唯一のことがその空気であった。その特徴は間違えようがない。

こうした七セント宿のひとつの経営者は、富と立派な社会的地位で評判の人物として私も知っている。彼は三軒のそうした施設を「経営」し、その投資で年間八〇〇〇ドルの純利益を挙げたそうだ。経営者の住む立派な邸宅があるのは、マレー・ヒル［マディソン街と三番街の間の三四丁目と四二丁目に囲まれた地域］の上品な地区のすぐ近くで、そこでは彼の職業の性質は疑われない。

宿泊者の部屋の壁に貼られた掲示が、少なくともスラムで経営者が山の手の身分を保つための努力を示唆している。「九時以降、口汚い言葉や大声でのおしゃべりを禁じる」。九時前はその場所本来の品の悪さに対し不服は唱えられなかった。だがそれが限度だった。

私の知る限り、この細長い帆布を張っただけの寝床でさえ七セントかかるが、それ以下の額で認可された宿泊所はない。もっとも、無許可の宿泊所なら、場所代五セントの床の上で寝るか、三セントで屋根のある玄関でうずくまることができる。警察署の宿泊所は一枚の板の柔らかい面が標準的な寝床であるが、順番ではここが次である。この寝台の組み立て方は、実に簡単で興味深い。土台を作るばらの板はただひっくり返され、脱臭のために水性白色塗料を時々塗って、作業は完了である。もっと簡単な方法も知っているが、私の知る限り、この国に紹介されたことは一度もない。

記事が正確であれば、ヨーロッパのある街で実践されていたその方法は次の通りである。部屋に張り渡された物干し綱が「寝台」となり、宿泊者は一晩一ペニーでそこに脇を吊るされる。朝になると主人が綱の一方の端をほどき、重みにまかせてはずすことで、宿泊者たちを起こした。確かに労力節約の装置で、望ましい結末をうまく得られる。

警察の試算によれば、昨年は、警察署によって備え付けられた一四万七六三四床の宿と合わせ、数にして二〇〇から三〇〇か所あるこうした共同寝室によって四九七万四〇二五床の宿が供給されたが、ホームレスの大群の総数は五一二万一六五九人で、年間で一晩あたり平均一万四〇〇〇人以上のホームレスである！[*2] 職務上の管轄権を侵害する事柄に常に根っからの楽天主義者である衛生官は、その数はそれほど大きくないと主張する。しかし数字のわずかな食い違いは別として、去年の間借り人の記録が、三〇万以上というその前の年の記録よりも全般的に増加していて、それは過去三年間の商業の成長率であったという、もっと重要な事実が残る。バーンズ警察本部長はその時期を、宿泊所の刻印を帯びた非常に多くの若い犯罪者を生み出した時期とこぼす。宿泊所の半分以上はバワリー地区、すなわち第四と第六と第一〇行政区にあり、そうした下宿屋が群衆の四分の三を宿泊させている。九千以上のホームレスの若者が夜ごと市庁舎とクーパー・ユニオンの間のチャタム通りとバワリー沿いで宿泊した計算となるが、それほど間違ってはいないだろう。街の宣教師はそこでは助手を必要とする泥棒ほど若者の姿を見かけない。その場所にふさわしく、市の質屋の五分の一近くと全酒場の六分の一がここにあり、警察の業務日誌によれば、過去二年間の全逮捕者の二七パーセントはこの地区で逮捕されている。

選挙、特に大統領選の時期になると、宿泊所は最大の「政治資金」を有する政界のボスの陣営を強く推す。特に私が先に挙げた三つの行政区では、政治的争いにおける勝利は、疑いもなく、最大の軍勢を率いる戦略家のものとなるので、大量の選挙民のいる宿泊所は彼のお好みの補給地である。有権者の一時的移住はきわめて重大な悪事である。それでもなお民主党と共和党のどちらもそれに手を染めるので、ほとんど希望はない。本拠地にしっかりと足固めをした二つの「派閥」が、投票でもっとも目に余る詐欺にかかわり合うかに関して、バワリーをはさんで公然と張り合うところは、互角の形勢だ。ごくまれに、そう遠くない昔、バワリーの最大の宿泊所のひとつの経営者がそうだったように、勝利した違反者が捕らえられ、罰せられる。しかし、その競争から残存する復讐という隠された動機によって突き動かされたのでなければ、そうした場面はたいてい見世物的である。バーンズ警察本部長が、「通常この仕事は、宿泊所の主人が問題を起こした場合に、主人の力になる地元政界のボスのためにおこなわれる」と述べる時、確信を持って話しているのは間違いない。力になる、の箇所に対しては、犯罪者にあまりに重く司法の手がのしかからないよう、あるいは、大きく的を外すよう、憤った正義の組織を混乱させると読み替える。こんなふうに多くの選挙で連続して儲けを得たとの悪評を獲得した宿泊所のひとつ、ハウストン通りにある浮浪者が出入りする悪名高い場所が最近手放され、いかにもその場所にふさわしく、安酒場に変わった。かくして姿を変えながらも、そのまま「大義」の成功に貢献している。ウェストサイドの「ホテル」に群が

＊2　警察署にいた女性宿泊者六万九一一一人は除く。

る黒人浮浪者は、お仲間の白人浮浪者よりもこの選挙運動の問題ではずっと差別されていることが認められねばならない。黒人浮浪者は少なくとも自分の投票権を、民主党のボスには一・五ドル請求する一方で、共和党の競り手には必ず一ドルで売って本当の忠誠心を示す。周知の事実を顧慮すると、激しく異議を唱えられた結果をめぐる最近の論争の間に投票権制度改革の支持者によって述べられた以下のコメントには大きな説得力があった。真の投票権制度改革は、警察と衛生官が協力してのあらゆる取締りよりも、安い宿泊所を撲滅する方が多くの効果があるだろう。

一冬か二冬前に、有名なストーブ製造業者によってある実験が慈善行為としておこなわれたが、もしそれが首尾よく遂行されたなら、市の浮浪者連中の問題に多くの必要な光を当てたかもしれない。彼はワシントン・スクエア地区で、ぶらぶらして働いていない者たちのために朝食の店のようなものを開き、お金がない者全員に、無料でコーヒー一杯とロールパン一個を提供した。一日目の朝は一ダースの客だったが、翌日は約二〇〇人となった。その数は増え続け、二週間も経つと、実に二〇一四人がテーブルの席に着く順番を待って震えながら列に並んだ。その日で店は閉められた。それは顧客があまりに殺到しすぎて見込みのある事業を台なしにした、まれにみる事例で、大きな問題は解決されないままになった。

第九章　チャイナタウン

ユダヤ人のシナゴーグとベンドのカトリック聖堂の間では、中国人の邪神が偶像が並ぶ異教の寺院を厚かましくも建てたが、そこでの主要な崇拝対象は中国人参拝者自身の金儲けと欲望である。故国で時代に一〇〇〇年遅れている中国人について何と言われようと、ここでは疑いもなく、うまく「儲ける」たくらみで時勢に通じている。彼らの信じる宗教にもとづいて、好きなように下げたり上げたり、儲け話に乗らないことがあるかどうか疑わしい。決して悪気はないのだが、あまりに信じやすい人々を悲しませるのを承知の上で、これまで観察してきたことにもとづいて、あらかじめ次のことを私の意見として述べたい。すなわち、中国人《チャイナマン》ジョンを有能なキリスト教徒とするあらゆる試みは今の世代では失敗に終わっている。次の世代については、どちらかといえば、今よりも望みは少ない。長年にわたるばかげた偶像崇拝、たかるだけの崇拝をしていたために、その目的も利他的な精神も、中国人の理解の及ばない宗教［キリスト教のこと］の寛大な教えの真価を認めるための一番重要な資質が欠けている。中国人には何かに対する強い信仰の取っ掛かり、どんなに間違っていても、彼をとらえる何かが欠けている。情熱が現れた時以外、中国人には強いところがない。政治家であれば隠された動機と呼ぶもので、中国人が近い将来になんらかの利益――洗濯［当時チャイナタウンに暮らす中国人の多くが手洗い洗濯屋を開業していた］、ことによるとキリスト教徒の［白人］妻、彼が大事にしている弁髪よりもさしあたりたまたま高く評価する何か――を見出して、アメリカの服を身に着けるように、ともかくキリスト教を選ぶならば、キリスト教を受け入れると確信する。私はあまりにも厳しい判断を下しているのかもしれない。例外もあるかもしれない。とりわけ民族の評価に対して例外があることを望む。しかし私の希望は熱烈な信仰によっては裏付けられないと言わざるを得ない。

見世物としてのチャイナタウンは案外つまらない。ベンドに隣接しているが、戸外の騒動と活気はほとんどなく、派手な色合いのぼろ、あるいは人目を引く汚物や貧困などもない。モット通りは気も狂わんばかりに清潔で、洗濯屋の特徴が見られる。住宅は主に伝統的なテネメントハウスのタイプではあるが、毎日の陰鬱なわびしさから家々を救うものは、そこかしこにある、さえない赤か黄色のしみ、縦にかかっている、赤いフランネル製の旗で、中国の文字でチェイ・イェン・チョン博士が売る薬草だの、ウォン・ルン商会――奇妙な矛盾――が洗濯物を引き受けます、あるいは、茶や食品雑貨類を売ります、といったことを知らせる看板を除いては何もない。住宅のひとつの二階の非常階段には、偶像か社交クラブがそこに拠点を構えていることを示す安っぽい飾りがついている。あるアメリカの売薬会社はその神秘的な商標で背景を飾る機会をとらえ、その会社内ではその他のものと同じように異国風に見える。おそらくその特権は現金と引き換えに買われた。チャイナタウンでは、神像そのものも含め、実際何でも買える。どうして買えないことがあろうか？神像は海の向こうの故国で現金で買われると、生きている中国人を締め出すが、骨董品にかかる法定の関税を支払えば彼の死んだ神を入れる法律［中国人は一八八二年の排華移民法により移民制限を受けていた］の下にあるこの国へやって来た。赤と黄色はベンド同様、チャイナタウンの祝祭日の色だが、モット通りではマルベリー通りの街角周辺ほど明るさを添えない。むしろ、全体が重苦しく感じられるレベルにまで下がり、戸口や窓から、チャイナタウンの公式情報媒体である電信柱［各種情報が貼り出されていた］から、店の看板から、何も示唆せず、何も尋ねず、何も応えない、表情のない空ろなまなざしでにらみつけるのだ。雨の日でも五番街は、興奮を求める者にとってはモット通りよりも活気がある。ここでは何かが進行していようとも閉じた扉の後ろで起こっている。こそこそしたやり方と秘密主義が、フェルト靴の忍び足と同じくらい、ニューヨークの中国人に欠くことのできない重要な要素である。その商売は、その家庭生活と同じように、光を避ける。隠さなければならないことがあるからというよりも、それが中国人のやり方だからだ。招き入れたよそ者に対するアメリカ文明の態度がそう教え込んだのかもしれない。いずれにしても、事務所や店の入口までが、絶え間なく包囲攻撃の状態に置かれているかのような、風変わりで近寄りがたい衝立によって隔てられている。曲がった入口を通って入るよそ者は、突然の沈黙と不機嫌な凝視、苛立ちと不信を含んだ「なにほしいか？」という荒々しい言葉で迎えられる。

だれも信用しない者を信じるな、チャイナタウンの外と同じようにそれがここでの安全規則だ。孤立状態にあるモット通りが畏怖の念を感じさせないにしても、刺激するようなアヘンの燃える臭いとテーブルの上で銅貨が触れ合う音が伝わってくる、この開け放したままの地下室への入り口を降りるのは安全ではないだろう。実際は、たとえ安全でも、立ち入るのはためにならない。階段に革靴の足底を一歩踏み下ろしただけで話し声はやみ、ファンタンという賭博に身をかがめている中国人グループは賭けをやめ、険悪な目つきで入って来た者を注視する。ファンタンは彼らが情熱を傾けているものである。警察が教えてくれるだろうが、平均的な中国人はいつでも三度の飯よりも賭け事で、それに賭ける十分な経験がある。作り付けの寝台にいる男だけがアヘンを吸い、自分のパイプと自身の享楽以外のすべてに無関心な様子である。チャイナタウンではアヘン「窟」がはびこっていると決め込むのは誤りである。チャイナタウンの中よりも外に大変多くのアヘン窟がある。中国人がパイプを独占しているわけではない。モット通りではその必要はない。中国人は家へ帰ったり身を隠すのではなく、寝床と道具一式を持っているので、地下の賭博場で警察の介入から逃れて愉快に過ごすことができる。白色人種がタバコを吸うように中国人はアヘンを吸い、どうやらそれほど悪い影響はないようだ。しかし嘆かわしいことに無慈悲な麻薬は白色人種を餌食にしている！

腕を肘の半ばまでズボンのポケットに入れ、ゆったりしたシャツを着た行商人たちは、売り物のスイカの種と、客の財布に合わせた長さにカットされたサトウキビの後ろでのんびり過ごし、異邦人に自分たちの品物を売るなんて沽券《こけん》にかかわると思っている。たいていのことを予想外の方法でおこなうチャイナタウンは、両手をポケットに入れていくのを祝祭日のスタイルと決定し、そこの住民たちは青いブラウスを着ていようが、灰色や茶色のブラウスを着ていようが、異彩を放つ編んだ弁髪を膝の下でぶらぶら揺らしながら、あるいは「メリケン風」に上着の襟よりも短く刈り上げて、その風習に従う。あらゆる種類の男たちと遭遇するが、女たちはいない――少なくともアーモンド形の目をした女［中国人女性のこと］は。その理由は簡単である。女がいないからだ［移民制限で中国から妻を呼び寄せられなかったため当時のチャイナタウンの男女比率は二七対一であった］。自分と同じ肌の色の妻を持つ中国商人もわずかにいるが、彼女たちはめったに通りに姿を現さないか、まったく見かけない。チャイナタウンの「妻」たちは、もっと近くの出身で人種も異なる［白人女性のこと］。

左右にぎっしりと並ぶテネメントから、悪の巣窟とその地獄の麻薬のとりこになった白人奴隷たちがやって来て、それまでにステイルビア・ダイヴ、あるいは旧醸造所の「突然の死《サドン・デス》」［質の悪いアルコール飲料］が知っていたよりも狡猾な毒を〈血まみれ第六〉行政区に注ぎ込んだ。モットとペル通りには何ダースもの住宅があり、地下室の「もぐり酒場《ジョイント》」から屋根裏まで文字通りぎゅうぎゅうに、ひとたび習性となるや、飽くことのない欲望に対し良識を保とうというあらゆる本能の犠牲を要求する情熱の哀れな犠牲者がひしめき合っている。モット通りには、チャイナタウンの入り口に教会があり、チャイナタウンとその向こうのテネメントの間の障壁として存在する。教会の若い男たちは何年間も巨大な悪に対し途切れることなく戦っているが、成果はほとんどない。私はペル通りのある家を覚えている。その通りは幾度となく警察の手入れにあっていて、住民はブラックウェルズ島か、矯正施設へ移され空家になっていたが、今ではそこにチャイナタウンでは一般的な家族が多く居ついている。男たちは偶像を崇拝している。女たちは全員白人で、まだ女性に成熟していない少女たちで、体も心もむしばむパイプ以外何も崇拝しない。家という名に値しない家庭から簡単に誘い出された彼女たちはめったに、あるいは二度と家に戻らない。モット通りはその犠牲者をただ慈善病院か無縁墓地へゆだねるだけである。少女たちがどこまで堕落するのか、彼女たち自身より他に詳しく知る者はいない。だれもそのことをそれほど気にかけない。無分別にも、配偶者を裏切らない結婚など虚構だと主張している時の、彼女たちの議論の冷静さには気がめいる。悲惨な境遇ゆえに彼女たちは特につき合いを求め、よそ者にとっては理解するのが困難なほど、そうした世帯ではたくさんの訪問客がある。私はある晩、警部とともに地区内の彼女たちの巣窟をまわっている時、一緒に「アヘンを吸引」している一団と出会った。少女たちは彼のことを知っており、名前で呼んで、パイプを差し出し、雑談をした。知り合いに起こった出来事について、また警部が何回「彼女たちを刑務所へ送り込んだ」か、長く「持ちこたえる」見込みなど。彼女たちの声には後悔の響きはなく、あるのはただ、まったくの無関心と諦念だけであった。

少女たちに関してひとつ顕著なことがある。すなわち、きちんと清潔な点である。それはチャイナタウンのきわだった特徴で、街路も体も清潔である。中国人が洗濯業をその特有の分野として選んだのはまるきり偶然ではない。中国人は生来猫のように清潔好きで、怒りをかき立てられた時の容赦ない狡猾さと猛烈さという特徴でも猫と似ている。他の点に関してはきままに中国人を「あごで使う」少女たちの気まぐれにずる賢く従いつつ、この清潔さという点に関して、中国人は家の中で強く主張する。少女たちは、忌み嫌う束縛状態のもとで、復讐をうかがっているが、ひとたびパイプを口にくわえ、魂を抵当にモット通りに身をまかせたら、決してその束縛を逃れることができないとよくわかっている。その毒が体を破壊すると、助けを求めた牧師に対しては、まだ思いどおりにできるふりをする。しかし牧師はそれが根拠のない自慢で、少女たち自身もまったく信じてい

チャイナタウンのアヘン窟で

ないことを知っている。無縁墓地までの短い階段を数段彼女らと歩く時、牧師は何回も耳にしたことのある、その呪われたパイプのために見限られた父親、母親、故郷と友人たちについての悲しい話を聞く。そして救済方法のわからない、その巨大な悪を前にどうすることもできず、絶望して立ち尽くす。

当局による、少なくともこの中国人の落とし穴で破滅させられた未成年の女子はいない、との度重なる主張は、アヘン窟へ頻繁に出かけていた者たちの証言によって誤りと立証されているが、かりに一番幼い少女に年齢を尋ねたとしても、もっともたいていは質問されないのだが、一六歳と言って、つき合いのある仲間の年齢を主張するだろう。そうした主張はまじめに受け取られない。私が記事を書いている間でさえ、私の手にある管轄区域からの朝の報告書は、「小さな少女たちを自分の洗濯屋へ誘い込んだ」容疑で中国人を逮捕したと報告している。そこは餌食をすばやくつかまえるクモの巣の外側の網として、市全体に散らばる一〇〇の前哨基地のひとつであった。児童虐待防止協会の今年度の事例三九四九九を参照すれば、チャイナタウンへ頻繁につながる道のひとつを発見するだろう。その事例の少女は一三歳で、放蕩《ほうとう》生活を送る父親によって捨てられた六人の子どもの一人であった。彼女は、現金取次係として雇われていた八番街の店から解雇されていたが、そのことを母親に言うのを恐れ、中国人の洗濯屋で雇われるまで放浪していた。判事は彼女の涙ながらの嘆願を心に留め、彼女を母親とともに家に帰したが、改心するとの約束にもかかわらず、しばらくすると少女は再び戻っていた。

彼女の暴君は、彼女が来ることを承知していて、辛抱強くよい時機を待つ。彼女が網の中でもがくのをようやくやめると、もはや彼女のことを優しく支配しない。この時期の、家庭の領域における中国人の論理の一例が、ある晩警官とともに、モット通りの地下室で白人の「妻」をほうきの柄で叩いている中国人を見つけ、その男を止めようとした時、私にはっきりと理解された。彼は私たちの介入に怒り、彼女の方が「悪い」と言いつのった。

「あんたの妻が悪かったら、なぐらないか？」彼はあたかもそんな常識的な事柄による告発などありえない、とでもいうかのように聞いてきた。妻を打ったことはないし、そんなことは起こりえないとの私の主張に驚いた彼は押し黙った。しばらく私のことをぼんやりと見つめると、たらいの中のリネンをつつき、もう一度こっそりこちらをうかがってから、考えをまとめた。彼にはある考えがひらめいたようで、その声には憐れみとさげすみの念がせめぎ合っていた。「では、彼女があんたをなぐるんだな」と彼は言った。

私が神像を撮影するために、二人の巡査に付き添われて出かけた際には、チャイナタウンではいかなる騒ぎも起きなかった。私たちが去った後で、いささか分別の欠けたいたずら者が、神像の写真は警察本部の犯罪者写真台帳のために必要とされたといううわさを広めた。それは神像に対してあまりにもひどい侮辱だったので、なんらかの償いなしにはすまなかった。ローストされた二匹の豚が、モット通りに君臨する傷つけられた主と付添いの僧侶たちとともに事態を収めた。その儀式で僧侶たちは、いうなれば神の胃として仕えることで実際に手助けする。かつて実際にあったように、冒涜的な浮浪者が忍び込んで、彼らよりも前にごちそうを頂戴していない限り、通草紙《ライス・ペーパー》の作品の前に置かれたごちそうを僧侶たちが食べる。こうした人々が、礼拝と商売を結びつけ実際に役立てるやり方は確かに賞賛に値する。お堂の両側の壁を覆う走り書きは、教会やナイトクラブ――寺院は両方を兼ねている――を中心となって支える人物の名前を表していると聞いたことがある。来世でどんなことが起ころうとも、現世でその見返りを彼らは得るのかもしれない。頭上には、通訳の必要のない、別の碑文がある。見慣れた英語の文字で、ドル紙幣からそっくり写された言葉である。「われわれは神を信じる」。僧侶は自尊心をあからさまに示しながらそれを指し、説明しようとしたので、その碑文は外交上の礼儀、すなわち「アメリカの偶像」である、全能のドルに対する国際上の細やかな敬意として掲げられたのだと推測した。

　チャイナタウンは公的な情報をいきわたらせるために電信を取り入れたが、その装置を反対の目的で理解した。新聞製作において電線がわれわれの役に立つように、中国人は、電信柱を同じ目的で使用する。チャイナタウンの真の公式情報媒体と私が言い表した電信柱は、モット通りの寺院からそれほど離れていないところに建ち、チャタム・スクエアからその全景が見える。中国人居留地

チャイナタウンの公式情報媒体

の現実の世界、すなわち賭け事のニュースはそこに集中する。毎日黄色と赤の掲示が見えない手によってそこに貼られ、これこれの地下室でファンタンゲームがその晩おこなわれることを告知したり、敵対する勢力の陰謀により、あれこれのゲームに警察の手入れが予定されていると忠実な支持者に警告したりしている。絶え間なく続くはかりごととその報復が中国人の社会と政治生活の実質を構成する。居留地の正確な政治構造、あるいはその内部の統治を理解していると言うつもりはない。生殺与奪権と、その決定を施行する権限を持つ秘密結社の話を根拠がないと切り捨てたとしても、中国人は、服従せざるを得ない場合のみ、その国の法律の支配下にあると思う。また、強制されない限り、他のいかなる権力も拒否することを本質とする独自の規範によって支配されている。そう考える十分な証拠がある。中国人居留地で時折起こる恐ろしい犯罪、中でも私が今でもはっきりと覚えている、殺人者が被害者（もちろん、どちらも中国人）の背中に肉切り包丁を一七回以上も柄まではまるほど突き刺した事件のような恐ろしく残虐な殺人によって、一般民衆の偏見が、それが「命令」されたものではないかという疑いへ駆り立てられるのであれば、疑わしい人物たちだけが非難されるべきである。彼らは、犯人をかばうために、一人の人間として蜂起したように思えるからだ。犯罪の動機と殺人者を突き止めることは非常に困難で、警察が両方を追跡してつかむ成果のなかでも一番まれである。イタリア人の殺人者を探し出す過程での障害は、チャイナタウンで遭遇する妨害に比べたら何ほどでもない。また追跡の失敗は、単に、白人の目に「中国人はみな同じに見える」というお馴染みの事実に帰せられるのでなく、むしろ、一団となって、どんなことをしても発見を阻止するために彼らが「同じ様に」行動するためとされる。

そのうえ警察は中国人に「そこでは」、つまり騒動が始終起きていることで悪名高い第六行政区では「一番物静かな民族」という評判を与えている。実際そうである。彼らが何よりも願っている唯一のことは、そっとしておいてもらうことで、あらゆる状況を考慮すれば、大変自然な願いであろう。もしそれを刺激するのが、賞賛するに足るか、せめて許容できる野望であるなら、双方にとってプラスに同調するかもしれない。しかし事実はそうでなく、中国人の存在が複雑化させている、産業問題における影響とはまったく関係なく、その排他的性質とよそよそしさのために、彼らが社会に対する不変の恐ろしい脅威であることをあまりにも明白に示している。もっとも厳格な公の監視、もっとも苛酷な抑圧的手段が、ベンドよりも表面上はるかに平和に見えるチャイナタウンで正当と認められており、その実状ははるかに切迫している。そこで迫っている危険にあらゆる感覚が警戒しているが、一方で、モット通りから発する毒は心と体を眠らせ、魂の堕落という致命的な効果を達成する。

これはまたしても厳しい意見とみなされるかもしれない。罪のない民族の迫害をそそのかしていると非難されるかもしれない。そんなことは断じてない。仮に中国人が住民の中で好ましからざる集団で、ここでは何の役にも立たないとしても、以前に彼らがどこかよそでどんなことをおこなっていたとしても、彼らが現在ここにいることが十分な答えで、彼らを中に入れた以上、われわれはできるだけうまく対処しなければならない。この問題に関してははっきりと述べるいい時である。私なら、中国人を追放するよりは、もっと広く戸を開け放すだろう——中国人の妻のために。妻を一緒に連れて来ることを入国か滞在のひとつの条件とするのだ。そうすれば、少なくとも中国人が現在も相変わらず置かれているような状態、私たちの間で家のない異邦人となることはないだろう。とにかくわれわれの街では、私が見てきたように、この点に真の中国人問題はかかっている。中国人の麻薬と卑しい情念の犠牲者はどのみち堕落すると決めつけるのは、問題を棚上げしている。そうかもしれないし、そうでないかもしれない。運は生と死の間の束の間である。他のどんな放蕩な生き方にも立ち直りはある。他のどの悪徳の犠牲者にも希望はある。チャイナタウンを象徴する放蕩と悪徳の犠牲者には希望も回復もない。死以外にない——精神、知性、肉体の死のみである。

第一〇章　ユダヤ人街

バワリーを横切って、チャイナタウンとイタリア人地区を後にして、ユダヤ人地区に入りこむと、テネメントは高くなり、建物の列の隙間が完全に閉じる。古着屋とその客引き《プラー・イン》連中が果てしなく続くバクスター通り——服を仕入れるために巡航した後でそこに停船している水夫に敬意を表してなのか、あるいはこの緯度でたくさん注文されたビール用「大ジョッキ《スクーナー》」[「schooner」には帆船と大ジョッキの意味がある] にちなんでか、この通りは「ザ・ベイ」という名で呼ばれた——と、シナゴーグとそこに集う群衆に満ちたベイヤード通りが、ユダヤ人街が近いことを教えてくれる。ここでは自分がどこにいるか尋ねる必要はない。通りを行き交う人々の話すひどいなまり言葉《ジャーゴン》、歩道の看板、人々の様子と服装、間違えようのないその顔つきから、どの人種に属しているか、いたる所で明らかだ。ロシア系ユダヤ人特有の奇妙な縁なし帽《スカルキャップ》と立派な髭《ひげ》、風変わりな長い裾のカフタンを身に着けた男たちが、国でもっとも醜い女たちともっとも美しい女たちを押し分けて進む。その対比に驚かされる。年老いた女は醜く、若い女は美しく魅惑的だ。一六で妻と母になり、三〇にして老ける。毎年ユダヤ教の大祭日がやって来ると、神に選ばれし民族は第一〇行政区にいる非ユダヤ人を完全に締め出すため、この地区の公立小学校は事実上閉鎖せざるを得ない。何千もの生徒たちのうち、わずか数人しか学校に来ないからだ。他の生徒たちがホッケーで遊んでいるのではないかと疑われることもない。彼らは間違いなく家でお祝いをしている。そのことは間違えようがない。われわれは今ユダヤ人街にいるのだから。

世界でここほど一平方マイルに多くの人々がひしめきあっているところはないと言われる。ラドロー通りでは平均五階建てのテネメントが、高さを一階か二階分と、付属の建物を裏の敷地に建て増しているが、「貸間あり」の張り紙はどこでもほとんど見かけない。ここには七階建ての建物がある。この地区を受け持つ衛生警察官が、そこには三六家族が入っていると教えてくれたが、その言葉はここの界隈ではまったく異なる意味を持つ。天然痘の発症が報告されたこの家では、赤ん坊が五八人と、五歳以上の子どもが三八人いた。エセックス通りでは六階建てのテネメントのふたつの小部屋に、父親と母親、一二人の子ども、六人の下宿人《ボーダー》からなる「家族」が入っていた。下宿人はユダヤ人街の家庭経済において、マルベリー通りのベンドの間借り人《ロジャー》と同じくらい重要な役割を担っている。ここの記録には、一平方マイルあたり三三万人の割合にまで達したほど、住民を詰め込んだ実例がある。前に指摘したように、昔ロンドンがもっとも人口が稠密《ちゅうみつ》だった時期でも一七万五〇〇〇人には達しなかった。狭い裏通りさえも人であふれている。通りと同じように、汚れた子どもたちでいっぱいの、暗い玄関ホールと汚らしい穴倉を通り抜けると、裏庭にある集落にたどり着く。泥棒たちは警察に追いかけられた時にそれらをどう見つけ出すか知っており、肌寒い

ラドロー通りの浮浪者のねぐら

晩に侵入する浮浪者たちは、中庭でパン屋の窯の上にあたる温かい場所をめぐってけんかする。商売にいそしむ人々が住むこの地区では、彼らは場違いで、そのことを彼らの方も承知している。ここには彼ら、すなわち、世間が怠け者の生活を見るのは当然だという彼らの人生哲学と共通するものは何ひとつない。ここでの生活はほとんど幼少時からのもっとも苛酷な労働を意味する。働かなくても世間が面倒を見てくれるはずだという考えはユダヤ人街では信用がない。世間が面倒を見てくれるのを当てにしては、市場の最安値でおこなわれる労働の結果である経済的保証によって支えられない限り、ヘスター通りで呼び売りされる古い帽子のひとつも買えないだろう。しかしここの大勢の労働者はパンを手に入れなければならない。パンは安くて腹がたまるし、パン屋はたくさんある。パン屋がテネメントのどこにあろうと、可能なら、浮浪者はこそこそと入り込む。そんな浮浪者のねぐらが、ラドロー通りの南端近くのテネメントの裏にあり、冬場は常にふさがっている。間隔を置いて石畳の上で寝て、そうして一度に片側を温めるという賢明なるならわしにより、また空箱の中に足を入れることで、雨の晩でもまあまあ快適に保つことができる。この中庭は夏の間、このあたりで公開の共同寝室の代用とならない唯一の場所である。

倹約は、世界中のユダヤ人にとってそうであるように、ユダヤ人街のモットーである。それは長所であると同時に致命的な弱点、非常に重要な美徳であると同時にひどい恥辱である。金銭でのみ自由を買うことができる東ヨーロッパから迫害をのがれ、大挙してここに来るユダヤ人にとっては、圧倒的に情熱を注ぐ対象となったので、逃れてきたところよりももっと金にとらわれている。どんなに乏しくても銀行預金口座と比べれば、生活そのものはほとんど価値がない。ラドロー通りほど、生活が実に味気なく、実利主義的な様相を帯びる場所はない。幾度となく私は、こうしたポーランドかロシア出身のユダヤ人が、少しでも金を貯めようと必死に夜も昼も働くうちに、体が消耗してゆっくりと餓死していく例に遭遇してきた。復讐の女神ネメシスがこの無鉄砲な富への探究につきまとっている。どこであれ、これほどひどい返報を受ける社会集団はない。かつて、その中の一人で、質屋を営み、非常に知的で思いやりがあり、その状況について実地で見ることができた人物に質問をしたことがある。「なぜ、不運から貧困が恥辱となった、そんな労働者の居留地にいる多数のひどく貧しい人々が、厄介者として恐れられるのですか？」

「移民はわれわれに多くをもたらします。五年間で年に平均二万五〇〇〇人に達し、そのうち七〇パーセント以上がニューヨークにとどまっています。その半分は最初から、餓死しないように、各種ユダヤ人慈善団体からの援助が欠かせず、扶助を受けています。それがひとつの原因です。仕事に就けないのとは異なる社会集団がいます。あまりにひどく働き過ぎた人々です。働いて、蓄えて、ごくわずかな、手に入れられる最低限度の食事で豚のように寄り集まって、ぼろぼろになってもう働けなくなるまで、いくらかの稼ぎでも節約して生活していた人々。その後じきに彼らの蓄えは尽きました。それが彼らの身の上話です」。私には彼の言ったことが事実だとわかった。

赤貧と貧窮はどこでも不潔さと病気に結び付けられるが、ユダヤ人街も例外ではない。特に彼らの低い知的状態を考えれば、そんなふうに密集したところでそうならないわけがないだろう。ユダヤ人地区のちょうど真中にあるニューヨーク東部診療所の理事たちが、意見を述べた際に洗いざらい語った。「ここの人々がかかる病気は、不節制と不品行によるものではなく、無知と適切な食べ物の不足、生活と労働の場における汚れた空気によるものです[*1]」。

ユダヤ人地区の住宅は仕事場も兼ねている。彼らが働く経済状況については次の章で触れる予定である。ここではただ事実のみを取り扱うことにする。イーストサイドの通りを一ブロックも歩かないうちに、多数のミシンがブンブン回る音で気づかされる。それらが夜明け早々から、精神と体が同時に疲れ果てる時まで、激しく働いていることを。一番若い者から年老いた者まで家族全員が、かたわらで食事が調理され、服が洗濯されて乾かされる、胸の悪くなるような部屋に終日閉じこめられて、仕事を手伝っている。たったひとつの小さな部屋で一ダースもの人間――男、女、子ども――が働いているのもまれではない。その事実が、ベンドからやって来る観察者を驚嘆させる、両

＊1　一八八九年度のニューヨーク東部診療所の報告。

者の間の著しい相違を説明する。ベンドでは、全住人が通りに出ようという抑えがたい衝動にとらわれているようだが、こちらでは、住人が全精力を傾けて、家に引きこもって、通りに近づかないようにしているようだ。通りが閑散としているわけではない。テネメントからあふれ出た人々がいたるところで群れているほどだ。子どもたちだけがそうする。まだ働くには幼すぎて、遊ぶ部屋がないとのことだ。自宅は、アイルランド人が飼う豚の世話をおこなう――賃貸料を払ってくれる――間借り人に占拠されているため、子どもの居場所はない。通りでは行商人の群れが子どもを押しのける。発疹チフスと天然痘はここで引き起こされるため、子どもをどうすべきかという問題は解決される。どちらも不衛生な状態が原因の病気で、海外からその病原菌を一緒に運んできた群衆の間で自然に発生するが、彼らがとっさにすることといえば、彼らが固く信じているように、当局により病院へ隔離されて殺されないよう、その病気を隠すことである。衛生官は熱病の隠れた温床がないか、絶えず厳しく警戒している。大きな店で売られている既製服の、大部分ではなくとも半分が、こうしたテネメントの部屋で作られていることを考えれば、あながち行き過ぎた警戒ではない。天然痘から回復しつつあり、この病気がもっとも感染しやすい時期にある子どもが、翌日ブロードウェイのある店で売りに出されることになっていた、半分仕上がった服の山の間をはいまわっているところを発見されたことが一度ならずあった。あるいは、発疹チフス患者がある部屋で発見されたために、おそらくは一〇〇着のコートがその週は家に戻され、一着一着に着用者への死の宣告が、気づかれたり疑われたりしないように、裏地に縫い付けられた。

衛生官は第一〇行政区をチフス地区と呼ぶ。死者が記録された事務所では「自殺地区」として通る。その理由を理解するのは難しくない。また警官の間では、込み合った環境を好む「ペテン師《クルック》」連中、すなわちけちな泥棒と、結託して盗品を受取る「盗品売買者」の一味がいるため、「密売地区」と呼ばれている。有名な「泥棒街道」であるバワリーに近接しているため、そうした盗品の供給を維持できるが、ユダヤ人街はバワリーのもぐり酒場を支持しない。警察とのもめごとが、激しい商売競争に特有のものである。抑圧、迫害はユダヤ人から生来の闘争心を少しも奪わなかった。一八〇〇年もの間、権利が奪われていなかったかのように、ユダヤ人は商取引において、自分の権利、あるいは自分の権利と考えるもの——通常は利得と同義——を求めていつでも戦う覚悟はできている。奴隷の身分にあった時代から、ひとつの強い印象がユダヤ人の心のうちに刻まれている。すなわち法の力である。わずかでも気にさわると、保護を求めて急いで法に訴える。疑いもなく、その感覚は目新しく、それゆえ愉快である。エルドリッジ通りの警察署はこうした果てしない戦いをめぐって絶えず騒然としている。誰かが常に他の誰かを糾弾し、敵か自身が刑務所に入れられている。たいていは双方とも入れられる。というのも、警察署へ連れてこられると、被告人は告発者と同じくらいまことしやかな話を語って、同じくらい激しく相手を非難するからだ。その日は対立する利害関係が衝突したまま終わる。別の人間が法廷で被告人とともに現れるが、原告はいない。夜のうちにその事件は商業ベースで解決されており、警察はうんざりしてその被告人を去らせる。

こうした諍《いさか》いは時に喜劇的な様相を帯びる。たとえば、シナゴーグの間に散在する無数のダンススクールによって、同じテネメント内で彼らは交流することが多い。ダンススクールは通常、昼間は仕立て屋、あるいはタバコの製造などで働いている者によって経営されている。ユダヤ人街の

ユダヤ人地区の市場の光景

若者は過度にダンスを好み、昼間熱心に働いた後に、夜の気晴らしとしてこうした「学校」に集まる。しかし彼らの楽しみさえ、厄介ごとが好まれ、入場料の支払いという面倒をふまずに、通りの向こうのライバル施設に急襲をかけるために、一団となって学校が休むことがある。するとダンスは中断して全員がけんかに加わり、その最中に誰かがひどい傷を負う。例によって警察が入ってきて、騒ぎに幕を降ろす。

個人的な争いは激しいが、宗教生活が侵害されて初めて、キリスト教文明の歴史が恐怖と憎しみしか教えなかった、このユダヤ人から真の内部考察が得られた。ここには、第一〇行政区が拒む救世主「イエス・キリスト」の教えを広めようと、無駄な布教をおこなっているキリスト教伝道所がいくつかあり、古代のユダヤ人がイエスの使徒たちの説く新しい教理を聞きに集まったように、引きつけられた群衆が時折キリスト教伝道者の話を聞きに来る。その結果は実によく似ていることが多い。アップタウンの教会のある高名な聖職者がそうした経験をした後で私に語ってくれた。「一度だけ、ユダヤ人に救済を説いたパウロに私自身をなぞらえるのはもっともだと感じました。彼らは私がイエス・キリストを神の息子と言うまでは静かにしていましたが、それを聞くとすぐに立ち上がって、彼らの間で議論を始め、私のことを脅し始めました。私をヘスター通りへ連れ出し、石を投げつけるつもりなのかと思われるほどでした」。エルサレムで千人隊長が手際よく百人隊長と備えたように［使徒言行録二三章二三節］、その時は巡査部長と三人の警官のおかげで、その牧師は助けられた。彼らの慣習を色取る宗教生活にかかわるすべての事柄において、イーストサイドのユダヤ人は自己の見解を守り、カルヴァリ［キリストが十字架刑に処されたエルサレム城外のゴルゴタの丘］で現れた新たな時代［キリスト教の時代のこと］がユダヤ人に差をつけたのに、なおもその光を見ることを断固として拒んでいる。喪に服しているユダヤ人の家への訪問は二〇〇〇年間の橋渡しをするようなものだ。死者を思う、言葉で言い表せないほどの悲しみと悲嘆の叫びは、生活のあらゆる音がかき消された中で高まり激しくなるように、「息子たちのゆえに泣き、息子たちがもういないがゆえに、慰めを拒む」ラケルの声の哀調を帯びたこだまのように、時代を越えてよみがえる［エレミア書三一章一五節］。

もっとも貧しいユダヤ人の間では、裏屋の一部屋に、会衆のための木の腰掛けかベンチが二、三脚と、わずかな家具を備えただけのことが多いシナゴーグだが、その大部分に付属しているのがタルムードの学校で、発育盛りの若者の一部を引き受けている。そこの教師が生活に窮している学識のある人物であることはまれではなく、生来の金儲けの才能は学識ある人間となる過程で抑えられてきた。ある日自分の敵と妻を殺して自殺した悪人なイツハク・ヤコブが管理人をしていたのは、エルドリッジ通りにあるそうした学校だった。しかし子どもたちの大半は公立学校へ行く。そこで彼らは時に、洗面器と石鹸で実演することで、一番不潔な生徒たちに清潔にしておくことを教え込む必要があると感じる一部の教師たちに気遣われることがある。「その生徒は石鹸をまるで動物かなにかのようにつかみました」と、そうした教師の一人が、新しい生徒に対するそうした実験の後で私に話した。「そして顔を三本の指でぬぐいました。彼はそれを洗顔と言ったのです」。アレン通りの公立学校では熟練した校長が、子どもたちがいつも、手と並んで明らかになおざりにしている義務に従うように、ある独特の課題を小学校の授業に組み入れた。毎日質問が教師の机から発せられる。「健康でいるために私がやらなければならないことはなんですか?」すると学校全体が応える。

「肌を清潔に保ち、
清潔な服を着て、
きれいな空気を吸い、
お日様の光を浴びて過ごさねばなりません」。

彼らがそう言っているのを聞くのは痛烈な皮肉も同然に思われる。というのも、彼らのうち相当数にとって、こういったことはすべて言葉の上でしか知らないことだからだ。彼らの日常生活では、それらのうちのどれかひとつでも考えつかせることはない。ただ宗教上の慣習だけが彼らの両親に一定の間隔できれいにさせる力を持つ。若者ももちろん変わらない。学者と同じように、大半の無知なポーランド系ユダヤ人の子どもは、暗算に達するまでは、お気に入りの遊び友達にまあまあ遅れをとらないようにする。暗算に達すると、彼らは一足跳びに友だちを置き去りにする。彼らの中でドルとセントに関する直観力がどんなに鋭いか知るのは驚きだ。彼らは言葉を話すよりも先に数をかぞえる、しかも正確に。

数年前に警察は、イーストサイドで、テネメントの備品にかけた保険目的でテネメントに火をつける商売をおこなっていた放火魔の一味をとらえた。不幸なことに、昨年ももう一件そうした陰謀が着手されている証拠があった。こうした悪い奴らが同胞の住民を危険にさらす行為にはぞっとする。夜間にテネメントで起こった火事によるパニックは、決してニューヨークでは珍しいことではなく、階段と非常階段に押し寄せてなかば窒息した群衆、半狂乱の母親と泣き叫ぶ子どもたち、彼らのすべてである幼い子を救おうとする狂気じみたもみ合いが繰り広げられる様は、人間が経験したことのなかでほとんど匹敵するものがないほど恐ろしい。

一番街で起こったそうした光景については、身震いすることなしに思い出すことはできない。それは真夜中のことだった。火は一階のレストランから突如激しく立ち上り、避難路を絶った。男も女も窓から身を投げるか、意識を失ったまま消防士によって下まで運び出された。近くの石炭貯蔵庫では、明らかにもう生命のない一三人の半裸体が床に横たえられ、救急外科医たちが肘まで袖をまくって調べていた。腕に赤ん坊を抱いた、まだ幼い少女が、ぼうっとしたうつろなまなざしで、おびえた小さな声で赤ん坊に歌いかけながら、死者と瀕死の人々の間を歩き回っていた。医師の一人が彼女の腕をとってその場から外へ導いて、赤ん坊の頬をあやすようになでた。寒い晩だった。その赤ん坊は父親と母親とともに窒息していた。しかし赤ん坊の姉である少女にはそれがわからなかった。彼女の理性はすでに失われていた。

木曜の晩と金曜の朝は「豚市場」の特売日である。その時が、この一風変わった民族の風習をじっくりと観察するいい機会だ。ポーランド系ユダヤ人地区とマルベリー通りのベンドで、他にはほとんど共通することがないにもかかわらず、共通した脈動がうなっている。天気がいい日のイタリア人地区ベンドの生活は永遠に続く祝日で、こちらユダヤ人街はまぎれもなく製造業の単調な仕事である。金曜日はイタリア人の隠れている色と画趣をすべて引き出すが、ここのセム人［ユダヤ人］も同様である。群衆と社会全体の貧困が両民族を結び付ける共感のきずなである。豚市場はヘスター通りにあり、ラドロー通りから両方に広がり、商売の状態に応じて、二、三ブロックの横丁の隅から隅まで店が並ぶ。市場の名前はおそらく愚弄するために付けられたのだろう。なぜなら、豚肉は豚市場で売られていない唯一の商品だからだ。お目にかかったことのないようなワゴンから、行商されないものは他にない。しかも恐ろしく安い値段である。バンダナとブリキのカップは二セント、桃は一クォート一セント、「いたんだ」卵はただ同然、帽子が二五セント、ヘスター通りの戸口の上り段で店を開いている眼鏡屋では、目に合わせると保障された眼鏡が三五セント。首から吊るされて、死んでもなお脚を荒々しく誇示することで暴力への抗議をしている、うすぎたないニワトリと半分羽をむしられたガチョウは市場の主要な商品である。ここではニワトリ一羽丸ごと買えない者たちも二分の一か四分の一羽分だけ買うことができる。衛生局の根気強い取り組みにより、生きている家禽《かきん》を扱う商売を、路上からグーヴェルニュール・スリップにある家禽市場へ追い出すのに一〇年以上かかった。現在そこでの屠畜はユダヤ教の慣習にしたがって、チーフ・ラビによってその目的のために任命された奉仕者［ユダヤ教の法に定められた方法で屠畜する免許を与えられている者］によっておこなわれている。それからずっと彼らは、屠畜の報酬とそれを回収する方法をめぐって、ユダヤ人コミュニティ全体を巻き込んだ、独特の激しい論争を繰り広げていた。そこにいる女性は、誰にも盗まれないよう、歩道の木に鎖でつなぎ、南京錠をかけた機械でセイヨウワサビの根をおろしている。彼女のとなりには肉屋の露店があり、部位ごとに、夢にも思わない価格がつけられている。

「新品と同じくらいよい」古いコートは五〇セントで呼び売りされ、「パンツ」――ユダヤ人街にはズボンはなくパンツだけである――は手に入れられる値段で。通りの真中にはパンツを扱う行商人が半ダース集まり、彼ら自身と同じ人種の男たちが二倍、買い手のふりをして不安そうに詮索するような目つきで商品を指でいじったり、縫い目を引っ張ったりしている。とはいえ、彼らのうちの誰一人、一着買おうという考えは少しもない。そうだ、ストップ！　むき出しの頭と素手で、これね鉢から焼き立てのパンを作る職人が値をつけた。これ一本三〇セントだ。請求されたのは一ドル四〇セントだ。行商人は肩をすくめ、半ば憐れむように両手を上に向け、完全に怒った様子だ。パン屋は彼をどう思っているのだろうか？　たかがパンツ一本だ。パン屋は体の向きを変えて去ろうとした。ヒョウのように一跳びで、行商人はパン屋の袖をつかんだ。八〇セントでどうだ？　六〇？

五〇？　本当に二束三文だ。商売で損をすることになる、一日の行商の利益を全部失ってしまう。パン屋は動かないでいた。それでは四〇か？　なんだと、四〇でもだめか？　では三〇で持って行け、貧しい男の暮らしを破滅させるがいい。そこでパン屋は買い、去った。もし現実にその「パンツ」がその行商人にいくらか要したとしても、三〇セントのうち少なくとも一〇セント、二〇〇パーセントが純利益であることをパン屋は十分承知していた。

サスペンダーの行商人は豚市場の謎で、どこにでもいて、計り知れない存在だ。どこを歩いても肩から商品を前後にぶら下げた彼の姿がある。したがって多数のサスペンダーが一種の仮装パレードをして終日ユダヤ人街を歩き回っている。なぜサスペンダーなのかが謎で、それらはみなどこへ行くのだろうか？　ユダヤ人街の「パンツ」は、あたかもサスペンダーの支えを一度も知らなかったかのように、こぞってぶら下がっている。古くから由緒ある長い顎髭《あごひげ》や安息日のシルクハットのようにユダヤ人独特の特徴と思われる。私は繰り返したずねたが、これまで誰一人としてユダヤ人街のサスペンダーがどうなるか教えてくれなかった。おそらくは骨董品として家で吊り下げられるか、しまわれ、現金と同価値のものとして蓄えられるのだろう。私にはわからない。ただ、毎日豚市場では、もしすべて買われて使われたとすれば、ニューヨーク全体が一年間で供給するよりも多くのサスペンダーが呼び売りされている。

ワゴンや歩道の店に群がり押し合う群衆、歩道では、ふたつの灰の樽の上に置かれた側溝の厚板がカウンターの代わりをしている！　押したり、もみ合ったり、ぺちゃくちゃおしゃべりしたり、外国語で叫んだり、まぎれもなく混乱状態のバベルである。英語の単語が耳に届くと、予期せぬ奇

古着屋――ユダヤ人地区で

妙なことであるかのように驚く。その最中に突然、全員が取り乱して散らばり、品物を通りから暗い地下室や裏庭や横道へ押し込み、ドアをピシャリと閉めて鍵をかけ、即席で作った棚やカウンターの下に隠れる。前後をがっしりした警官たちに付き添われた衛生官の手押し車が通りをやって来て、玄関前の階段や窓から浴びせられるののしりの言葉にはかまわず、警官たちは無造作に食料品——かびたパン、腐った魚、しなびた野菜——をシャベルですくうと、それらをごみ捨て場へ運んでいく。手入れの後でイースト川へ向かう時は、ワゴンに続いて、略奪された行商人たちが、安全な距離から声高に反抗しながら、一列になってぞろぞろとついていく。彼らの叫びは市場の騒音とともに次第に静まる。石を敷いた通りの間に延々とテネメントが続く光景は、北へ、南へ、西へ、見渡す限りずっと続いている。

第一一章　ユダヤ人街の下請け業者

第一〇行政区[*1]に代表される経済問題に関する徹底的な議論に類するものは、それらを取り除こうとする努力にまさに比例して増大する難事によって悩まされる。私はあそこの蒸し暑いテネメントで過ごしてへとへとに疲れた日々を非常に鮮明に覚えている。あのつまらない無益な問題に自分もろとも読者をうんざりさせようとして、増大する怒りとともに「真理とはなにか」というピラトの質問［ヨハネ福音書一八章三八節］を投げかけながら、面倒な質問の真相をきわめようとして、結局のところ、最初と同じくらい真実から遠く離れたところにいるのに気がつくだけだった。ここはそうした議論のための場所ではない。それに関し、ただちに認めざるを得ない、そんなことはやめよう。私は盲人の手引きをする盲人のごとくあるべきだろう［マタイ福音書一五章一四節。あまり知識のない人がさらに知識のない人に助言する場合に用いられる］。個々の人々がいろいろな点で自分たちの利害が関与し

＊1　私は常に典型として第一〇行政区を引き合いに出す。その考察で含まれる地区は実際には第一三行政区も含んでいて、増大しつつあるという意味において第七行政区と隣接地区の大部分も含む。

ているとと考える限り、彼らの実際の明らかな貧困やら、秘密の蓄えやら、躊躇することのない虚言癖やらで、読者と私はともに、以前私が話し相手を見出したところで、疑念と推測のどぶにはまりこむだろう。

表面に現れている事実が、問題の本質と同じくらい明白に原因を示している。実際、どちらもすでに提示されている。服の製造に従事している私の友人が、かつて得意そうに私に語ったことがある。近頃ニューヨークは安い衣類で「世界を打ち負かしている」と。「なにが原因だと思うかい？」と尋ねたところ、彼は「裁断機の長い刃とポーランド系ユダヤ人のおかげだよ」と答えた。そのふたつのうちどちらが労働者の賃金を大幅に削減したのかは明らかだ。実際、イーストブロードウェイとブロードウェイの間の戦いがイーストサイドと低賃金労働者の完全な勝利に終わり、安い衣類を扱う商売の支配がイーストブロードウェイに移って以来、ユダヤ人が被服産業を独占している。それにもかかわらず、その分野で成功したことに満足せず、キリスト教徒の商売がたきと一ドルの利益を求めて戦うばかりか、同じユダヤ人の商売がたきともわずかな利益を求めて激しく張り合っている。たとえ勝利が無益なものであっても、その責任は彼自身が負うのだ。彼がつけた価格は彼の儲けではなく、生活ができて、隣人より安くできる最低の金額である。ちょうどそれが意味するところをこれから見ることにしよう。製造業者はそれを知っていて、すぐにその知識を利用する。しかもできる限り長く労働者からそれを隠すことで仕事に貪欲にする。そうすれば下請け業者ときわめて満足のいく値段交渉ができる。

「下請け業者《スウェーター》」については多くの辛辣《しんらつ》なことが言われているが、実のところ、それは下請け業者が

*2

属すネットワークにあてはまり、そこで下請け業者はなくてはならない必然的なつなぎ役となっている。少なくとも下請け業者については、彼を作り出した事情よりも悪くはないと言える。下請け業者は単に仲介人、下請け契約者、同輩と同じ職人にすぎず、残りの者たちと違うのは、ひとえに彼が英語を少しばかり知っていることだろう。あるいは、英語を知らなくても、二台か三台のミシンをたまたま所有しているか、衣料品を扱う家の間で仕事をかき集める資本家として、同輩を雇うのに十分な信用を持つ人物なのかもしれない。下請け業者は常に職人を十分に得ることができる。ドイツの港から出航した船が毎回、仕事をやかましく要求する労働者を家の玄関までぞろぞろと連れてくるからだ。多数のポーランド系ユダヤ人の到着の日は、太陽が沈むと、イーストサイドのテネメントで仕事にありついたポーランド系ユダヤ人が、ミシンを動かし、「仕事を覚えている」姿が見られる。しばしば二組、時には三組の下請け業者がひとつの仕事についている。彼らは客を集めていない時は、他の者たちと一緒に、機械を操縦するように「手」を酷使して懸命に働き、もちろんたいていの場合、推測されているほどの割合でないことが多いが、仕事で儲けている。たとえば、少年用のズボン一二着につき、五、六セントのマージン、あるいはもっとマージンが減ったとしても、倹約の資質が備わっている請負者を独立させるのに十分である。その労働者は、つらい労働やわずかな報酬に対してではなく、他の者が汗から金に換えているわずかな金額に関して不平を言い、最初の好機に下請け業者を彼自身に変え、ライバルの専制君主よりもぎりぎりの取引をする

＊2　はさみだとわずか数枚しか裁断できない場合でも、多くの服を一度に裁断できる発明品。

ことで恨みを晴らし、かくして彼自身の利益を減らすのだ。

下請け業者は、寄る辺なく無知な状態で労働者が孤立していることが自身の確実な土台だと承知しており、彼の奴隷たちに知性の目覚めのいかなる兆候も消すためにできることを――できる限り無慈悲に手厳しく――おこなっている。専制状態を永続させるためのこの努力において、彼は自身のネットワークの望ましい結果を生み出す援助と、労働者たちを飢餓賃金［最低生活もできないほどの低賃金］に保つ、身を切るような競争を受け入れていた。彼らの本質的な貪欲さについては、どんなにわずかでも、永久的な利益のために、そしてとりわけ、パンを求めての叫びは別として、いかなる主張も興味を持たない多数の飢えた移民について、一時的な利益の犠牲を認めようとしなかった。しかしごく最近、かなりの労働者たちの属す組合と、下請け業者の破滅の前兆となる理性的な指導のもとでの協力した試みによって、労働組合へ部分的に降伏せざるをえなかった。しかし無知な群衆が到来してこうしたテネメントに集まり続ける限り、下請け業者の支配は決して断ち切られない。また海外からの労働力の供給が尽きることはないのは明らかだ。ロシアやポーランドに住むユダヤ人に新たな迫害が起こるたび、さらに大きな群衆をこちらへ移住させて経済問題を引き起こし、下請け業者の集団を補充する。頑固な信仰と無知の呪いがほとんど世界中に達し、イーストサイドのテネメントの豊かな土壌にその苦い種をまいている。ユダヤ人がヨーロッパで招いた敵意の責めを自身で負うべきであるなら、すでに十分罰せられている。ここで成った収穫物の初穂を集めている。

下請け業者の仕事の大半はテネメントでおこなわれており、工場労働者を規制する法律もテネメントまでは及ばない。衛生官が追い払ったよりも多くの群衆を昼間に入れながら、裏屋に代わって急速に数を増やしている工場そのものに対し、法律をうまくかいくぐる埋め合わせとしてテネメントの作業場は役立つ。工場では一日一〇時間が法定労働時間で、遅くとも夜九時には終業しなければならない。また少なくとも四五分間の夕食時間を認めなければならず、一六歳以下の子どもは、英語の読み書きができない限り、雇ってはならない。一四歳以下の就労は一切認められない。そうした法律が制定されて当然というまさにその事実が、これらの人々の窮状がどれほど絶望的かを示している。しかしテネメントはその善意の目的を打ち砕いた。そこでは子どもが、糸を引くのに十分大きくなったその日から働いても、いっさい問題にされることはない。夕食時間などというものはない。男も女も働きながら食べており、「一日の労働時間」の始まりも終わりも延び、夜遅くまで終わらない。職工たちは法律の認める一日が終わると彼らの仕事を持ち帰り、家での残業でわずかな稼ぎを補う。こういった場所では、必要とされる救済をもたらすことができる教育のキャンペーンの可能性はほとんどない。人々は英語を習う意欲があり、しかも切望しているにもかかわらず、実際にはこのイーストサイドの居留地全体で英語が未知の言葉であるのは驚くことではない。「いつ学ぶ時間を見つけるべきなのか?」彼らの一人が私に聞いたことがある。まだ彼に答えられないでいる。

チャタム・スクエアで高架鉄道の二番街線に乗り、苦汁労働工場《スウェットショップ》の地域を通り抜けて北へ行ってみよう。道の両側には、途切れることなく続く煉瓦の壁のように立ち並ぶ大きなテネメントのすべての開いた窓が、電車が通り過ぎる時にそうした作業場をひとつひとつ垣間見せてくれる。自分のミシンにかがみこんだり、窓辺でアイロンをかけたりしている、半裸の男や女たち。イーストサイドでは礼儀作法を期待してはいけない。現金に変えられないものは重きをなさない。その道は、非常に大勢の人々が永遠に働いている、果てしない作業室を貫く大きな通路のようである。朝であれ、昼であれ、夜であれ、違いはない。その光景は常に同じだ。リヴィングトン通りで電車を降り、ここからは歩いていくことにしよう。時は日曜の晩、バワリーの西である。モーセの律法［ユダヤ教のこと］の支配下にあるここでは、仕事の週はすでに始まっており、第一日目の夜はふけた。酒場は「通用口」の貼り紙のある横のドアから喉の渇いた群衆を入れる。店の窓にあるブリキ製の看板が、新しいおきて［キリスト教のこと］の時代からはぐれた子どもたちを集める「日曜学校」を告知している。しかしこうしたものを除けば、キリスト教の安息日を示唆するものはほとんどない。男たちは、まだ縫い合わせていない衣服、あるいは仕上がったコートとズボンがいっぱい詰まった巨大な黒い袋の重みに耐えかねてうめきながら、歩道をふらふらと歩いている。一人の後について家まで行き、ラドロー通りで日曜日がどのように過ぎるのか見てみることにしよう。

暗い階段を二階、三階、四階と昇っていくと、それぞれの踊り場からキャベツやら、タマネギやら、揚げた魚の臭いが次々とただよい、閉じたドアの後ろから聞こえるミシンの回転音が、中で何をおこなっているか教えてくれる。服の束をかついだ男を入れるために開いたドアへたどり着いた。この男は小規模ではあるが下請け業者である。男が五人と女が一人、一五歳になっていない少女が二人、それとこちらが聞かないのに一五歳と言ってうそをつく少年が一人。彼らはミシンでニッカボッカー、ラドロー通りの俗語で「ニーパンツ」を縫っている。床はくるぶしまで縫いかけの衣服で散らかっている。アルコーブ［壁の一部を引っ込ませた所］では、仕上げを待つ何ダースものパンツのかかった寝椅子の上で、やつれた顔をした裸足の赤ん坊が寝ている。積み重ねられた服の囲いが、赤ん坊が床に転がり落ちるのを防いでいる。部屋にいる全員の顔や手や、肘まで袖をまくりあげた腕は、彼らが作業している服の色で黒くなっている。少年と女性だけが入口にいる私たちを見上げた。少女たちは横目でちらっと眺めたが、包みを持った男の警告の目つきを見ると、それまでよりもいっそう精力的にミシンを踏んだ。男たちは見知らぬ者の存在さえも気づかない様子だ。

彼らは全員「弟子」たちだ、と女性が言った。彼女はボスの妻だった。弟子たちはわずか数週間前に「やって来た」ばかりだった。最初のうち彼女はあまり話したがらないようだったが、われわれのガイドが数語話しかけたところ、彼女の恐怖心は、いったいそれがなんだったにせよ、和らいで、かなり饒舌になった。[*3] 彼女の言うことには、弟子たちは週払いで働いている。彼らはいくら稼いでいるのか？　彼女は意味ありげなしぐさで肩をすくめた。彼らの言葉で尋ねると、労働者たち自身が、まるでその質問に何の興味もないかのように、無頓着に言った。「二ドルから五ドル」。子どもたち――四人いる――は働けるほど大きくない。一番上の子はまだ六歳だ。彼らは一週間に一二〇ダースの「ニーパンツ」を生産し、それに対し製造業者は一ダースにつき七〇セント払う。一ダースあたり五セントが純利益だが、絶えず仕事がある時は、彼女自身と彼女の夫の働きで、一家の収入は一週間に二五ドルまで達する。しかしたいてい半分は仕事を探す時間に費やされる。彼

＊3　こうした取材めぐりでは常に、私の取材目的を理解し共感してくれる、住民と同じ仲間を一人同行している。その予防措置がなければ、私の任務は何の成果もなかったろう。一緒でも、ほとんど成果のない時が多かったのだから。

1ダース45セントの「ニーパンツ」――ラドロー通りの下請け業者の作業場

らは夜明けから夜九時まで働く。部屋にはミシンが一〇台あり、六台は月二ドルで借りている。むさくるしい、煙で汚れた二部屋のうち一方は通常よりもやや大きく、部屋代として月に二〇ドル払っている。「時代はかつてとは異なるし、生活するのに何かと物入りだ」が、彼女は不平を言わない。六人の家族と下宿人《ボーダー》二人で週に八ドル。彼らはどのようにやりくりしているのか？ 彼女は料金の請求書を調べながら、ばかげた質問を聞いて笑った。パンは一日一五セント、一クォート五セントの牛乳を一日二クォート、夕食用の一パウンドの肉が一二セント、「四分の一パウンド八セント」のバターを週に一パウンド。それにコーヒーとじゃがいもとピクルスで明細書ができあがる。おそらくこの下請け業者の家族は、ひと月に少なくとも三〇ドルは蓄えているだろう。そして数年以内にどこかにテネメントを所有し、家賃の集金で彼らの大家から示された先例に従って利益を得るだろう。このようにしてユダヤ人街の貯蓄はいたるところに投資され、この民族が生まれつき持っている商売上の投機の才能を利用して、投資は大きな利益をもたらす。

次の階で、プレス加工するアイロンをいつでも使用できるようにするための、大きな灼熱のストーブでかすかに照らされた部屋にいるのは、夫と妻と三人の子どもの家族と下宿人一人である。「ニーパンツ」はここでも作られているが、もっと質が落ちる。夫は、三・五セントが彼の純益であると言うが、おそらくは、少なくとも二セントからだろう。妻は一ドル五〇の仕上げをおこない、夫は約九ドルでミシンをかけている。下宿人は週に六五セント支払う。実のところ彼は外で食事をとる間借り人《ロジャー》にすぎない。部屋代は週に二ドル二五セントで、生活費は五ドル。各階にそうした作業場が少なくともふたつか、時には四つある。今度は若い家族が営む作業場で、彼らにとって生活は約束に満ちて明るい。夫と妻は一緒に働いている。ちょうど今、彼の妻である、顔立ちの整った若い女性が、ひからびたパンと緑色のピクルスの夕食を食べているところだ。ピクルスはユダヤ人街で格別人気のある食べ物だ。ピクルスは腹を満たし、子どもたちを空腹で泣かないようにしてくれる。ダチョウのように「ダチョウは砂袋の働きを助けるために小石などを丸呑みにすることから」胃腸が強い彼らは、ピクルスばかり食べているにもかかわらず成長、しかも丈夫に成長する――ピクルスがすぐれた食品という明白な証拠である。残りの家族は？「ええと、死にました」とガイドはそっけなく言った。早すぎる死の悲しみが前途洋々のこの家族を不安にすることはない。数年もすれば夫は成功した下請け業者となるであろう。すでに彼は、アイロンかけ職人として年老いた男を週三ドル、それに仕上げ工として美しい顔をした小柄なイタリア人の少女を一ドル半で雇っている。彼女は一二歳と自分で言っており、読み書きはできない。学んだことがないのだろう。彼女はどうすべきなのだろう?ここの一家は繁忙期には週に一〇ドルから一一ドルの純利益をあげ、その半分以上を銀行へ預ける。

通路の向こう側も対をなす光景が見られる。下請け業者のために一日一二時間ミシンで働いている男は三ダースの「ニーパンツ」を生産し、一ダースにつき四二セント受け取る。彼とともに働く仕上げ工は一〇セント、アイロンかけ職人は八セントを一ダースあたり受け取る。ボタンホールは別料金で、一〇〇着につき八から一〇セントである。この技術者はスタントン通りの自宅に四人のまだ小さい子どもたちと病気の妻を抱えている。彼の家賃は月に一二ドルで、賃金は一週間懸命に働いても八ドル以下だ。かくして金への強い欲望に圧倒されている彼のような人間が、全面的な「分配」という約束で説得されて、アナーキストの仲間に加わる。すると啓蒙された世論は、始末に負えない外国人を、この豊かな国では彼らのゆがんだ考えが入る余地はないため、ばかにする。

角を曲がったヘスター通りで、繁忙期のさなかの、オーバーコート製造業者が集まった一画に偶然入りこむ。コートの製造業者は一年のうち六か月間は、仕事がまったくないか、ほぼそれに近い。今は刈り入れ時である。完成したコート一枚七五セントというのがこの店での価格である。そのコートは安いフラシ天［ビロードの一種］でできていて、小売の商店では八か九ドルで売れるだろう。妻と二人の子がいるこの男の週の賃金は七ドルで、家賃は月に九・五ドルかかる。下宿人が一人いて、家賃の約三分の一を支払う。週に一〇ドル稼いで自分を金持ちだと思う時もあったが、ここ二年間は賃金が恐ろしく下がっている。考えてもみたまえ、ここまで「落ちぶれる」なんて。別のコート製造業者たちは、雇われている場合、家に仕事を持ち帰って夜中まで縫うことで、週に一二ドルも稼ぐことができると断言する。一人は、ラドロー通りの下請け業者との会計簿を見せてくれた、そこには彼と彼のパートナーが、一番忙しい四週間にブロードウェイのある商店のために最高級の上着に取り組み、午前六時から午後一一時まで一生懸命働くことで、合わせて週に一五ドル一五セントから一九ドル二〇セント、すなわち、おのおの七ドル五八セントから九ドル六〇セント稼いだことが記されていた。[*4] この仕事に従事している下請け業者はおそらく彼らの仕事で少なくとも五〇パーセントも稼いだ。ここの近くの裏庭に工場があり、工場検査官の報告によれば、仕立て屋のチームが男物のコートを平均二七セントで仕立て、ボタンとボタンホール以外はすべて完成させる。

戻って、ラドロー通りで私たちは高くそびえる対になったテネメントを通り過ぎるが、ここの所有者は有名なユダヤ人で、酒の卸売業者で政治家でユダヤ人という、入居者にとっては三重に縁起が悪い取り合わせである。実際、一番安い「アパートメント」である、六階の裏側の三部屋は、そのうちの一部屋しかアパートの名に値しないが、家賃は月に一三ドルである。ここはベンドを思い出させるように、玄関が靴屋の店舗となっている。隣接したテネメントに玄関がふたつ並ぶのは、壁に穴を開ければ玄関がひとつですむ場合、ユダヤ人街では罪深い浪費であろう。しかしこの靴屋は、発明の才能があるイタリア人も思いつかなかった手を知っている。彼はそこに店ばかりでなく「住居」も構えている。狭い通路に置いてある彼の椅子の後ろに一枚のカーテンがかかっていて、

＊4　勝利に終わった、昨年のオーバーコート製造業者のストライキにより、少なくともしばらくの間、彼らの賃金はかなり上がった。

壁から壁まで占める彼のベッドを半分隠している。そこに入るために彼は床板の上をはいずらねばならず、同じようにして出てこなければならない。これよりも奇妙な方策がイーストサイドの密集地域から生まれている。私たちが行った住宅のひとつでは、四階に住む家族の石炭入れが隣のテネメントの屋上に置かれていた。私たちが人々と話している間、そこに四分の一トンの石炭が降ろされていた。

ブルーム通りについた。角に建つこの六階建てのテネメントでは製造業のざわめきから、その内部で日曜日が呈す様相については明らかである。階段を上り、一番近くにあるドアをノックする。一階に店を経営する食料雑貨商が、イーストサイドの語法で一階を意味する「玄関口の階段《ストゥープ》」の上に住んでいる。この部屋ではサスペンダー製造業者が妻と四人の子どもたちとともに夜も昼も過ごしている。珍しいことに下宿人がいない。妻と一八歳の娘が仕事を一緒にしているが、少女の両目は過労のためつぶれかけている。年に三か月間の、仕事がひどく忙しい時は、家族が全員で力を合わせてがんばり、週に一四、五ドルも稼ぐ。その他の九か月間は平均三ドルから四ドルというところだ。一番上の息子は若者で、オーチャード通りの工場で仕事のある時に四ドルから六ドルを稼ぐ。その部屋と、老夫婦の寝室だというみじめなほど狭苦しい場所の家賃は月一〇ドルである。娘は正面の部屋の長椅子に自分のベッドをしつらえ、大きな息子と子どもたちは床で寝る。小さなバケツで一〇セントの石炭、一ポンド一二セントの肉、週に一・五ポンドのバターが三六セント、決まった間隔で紅茶を四分の一ポンド、これらが娘に見せてくれた家計簿の品目である。ミルクは一クォートが「品質に応じて」四セントか五セント。衛生当局はその金額の違いが何を意味するかわかっている。安物のミルクが、水で半分薄めたか、傷んだ牛乳を混ぜた代物で、こうしたテネメントの赤ん坊を毒殺する不埒な輩によって冷酷におこなわれた殺人に対する罰金が五〇ドルか一〇〇ドルというのがいかに不十分であるか、衛生局は承知している。お役人の抗弁によれば、需要が「安いミルク」を求めているということだ。このサスペンダー製造業者が、娘が嫁入りするための持参金をほとんど貯めることができないというのも驚きではない。持参金なしでは、たとえもっと血色が良ければきれいな顔をした娘でも、ユダヤ人街では結婚できる見込みはない。

　上にあがると、屋根裏では三人の男たちが男児用の上着を一枚二〇セントで製造しており、そのうち縫製職人は八セント、アイロン職人は三セント、仕上げ職人は五セント、ボタンホール職人は二・二五セントを稼ぎ、一・七五セントを販売促進、品物の売買と引き取りのために支払う。彼らは月に八ドルの家賃の一部屋で一緒に寝ている。三人全員がここでは独り身である。彼らの妻たちはまだヨーロッパにいて、呼び寄せるのに十分なだけ稼ぐのを待っている。仕事台で取る朝食は一個一セントのロールパンを二個と水一杯、商売がうまくいっている時は牛乳一杯、昼は食堂でちゃんとした食事、夜は再び朝と同じ食事である。このちゃんとした食事というのは、消費者の側に非常に気前よい性質がある証拠で、特記すべき事柄だ。名物といってもいいかもしれない。オーチャード通りの南端にある食堂を二軒知っているが、どちらも、脱穀している牛に口籠を掛けてはならない［申命記二五章四節］という禁止命令を覚えているポーランド系ユダヤ人のお気に入りの場所である。隣り合っているので、当然のことながらライバル関係にあり、割引し合っている。前回私がそこを訪れた時は、一方がスープ、肉の煮込み、パン、パイ、ピクルス、「大ジョッキ《スクーナー》」のビール一杯という夕食を一三セントで提供していた。もう一方は同じような内容の夕食が一五セントだったが、特別なおまけとして、大ジョッキのビール二杯と葉巻かタバコをつけていた。しかし二セントの差が勝利を獲得し、その一三セントの食堂は大勢の顧客を収容できるよう隣の店にまで広がろうとするまで繁盛した。この値段でユダヤ人街の間借り人は、彼自身言うように、一日二五セントで「ぜいたくに暮らす」ことができる。この中には週に三〇セントから四、五〇セントまでの、さまざまな種類の寝床の値段が含まれるので、稼ぎがどのくらいであれ、貯金もできる。彼も、仕事が得られる限りはそうしており、また彼が設ける基準をユダヤ人街は忠実に守るに違いない。

法外に高い家賃を支払う助けとなる間借り人は無数にいる。夜になると地区全体で、一人か複数の間借り人がいない部屋はほとんどなく、中には一〇人以上の間借り人が簡易寝台か床で寝ている部屋もある。こうした「住宅」でプライバシーのことを言うのは無駄である。その言葉は、ホッテントット人の聴衆に社会倫理について講義しても意味がないのと同じくらい意味がない。決して誇張ではない。実際、これらの人々の家での暮らしを紹介する際、私は、平均的な稼ぎという、より信頼できる妥協点で身近な事例を挙げて、極端な窮乏状態を避けようとこれまで多少骨折ってきた。けれどもユダヤ人街でもっともひどい明らかな貧困でさえ、実のことを言えば、純然たる仕事不足によるのでない限り、一〇件中九件で銀行での利ざやという形で裏側は銀に輝いている［ことわざ「すべての打喪には銀の裏地がある」より。どんな不幸の中にも明るい希望を見出せるの意］。

ニューヨークには、製造業に携わっている私の友人が、安い衣類で「世界に勝つ」と自慢できる経済条件がある。彼はその主張を立証するため、去年バワリーのある会社が、平均コストが一ドル一二セント二分の一で価格が一ドル九五セントのスーツを一万五〇〇〇着販売したと語った。彼の話では、一ヤード一五セントの生地で各種サイズを取り揃えた子ども用スーツは、卸売で七五セントで売られ、男児のケープコートも同じ価格であった。それらは、ニューヨークの貧しいユダヤ人の救済のため、ド・ヒルシュ男爵より、月に一万ドルの豪華な贈り物を委託されているユダヤ慈善協会を悩ませてきたのと同じ状況である。窮乏させることなく、また、さらに多くの貧民を引きつけてしまうことで、本来なら解決されるはずの問題を永続させることなく目的を果たすように、その寄贈金をつぎ込む適切な経路を見つけることは、確かにたやすいことではない。従来貧しいユダヤ人に対して［西部への］入植はうまくいかなかった。ユダヤ人の大多数は群れて住むことを好むため農業になじまず、彼らの商売の天分がその試みを阻害する。たとえ計画を成功させるのに十分なほど大規模に建設するために寄り集まった場所で土地が安く与えられたとしても、彼らをモデルテネメントに集めることは、ある程度肉体的苦痛を和らげるとしても、病気の原因をねらい打つというよりは、病気の症状を抑えるにすぎないだろう。手に職をつけるための職業学校は、大人も対象になるほど作られていない。加えて彼らは技能を身につけている間、数か月間は支援されなければならない。若者に関してこの方策は、統一ヘブライ慈善協会、われわれのもっとも公共心のある市民の最善の考えと努力をその仕事のために集めている組織の、賢明なる管理のもとでもっともすぐれていると証明された。これらの計画のひとつ、あるいはすべてが試みられるかもしれない、おそらくそうなるだろう。しかし、その問題で忙しくしていた実利的な考えの持ち主たちの成果に関して私は懸念を述べる。その基本理念は移民について無知のようだ。移民たちは、自分の国として選んだ国の言葉を、何よりも重要かつ必要な手段として、教えられねばならない。どんな結果になろうと、そのことが重要で、絶対に不可欠だ。それがおこなわれれば、状況が変わり、対処は容易になるかもしれない。

家への道すがら、日が暮れて夜になり、もはや辺りは静かではない。テネメントの無数の明かりのついた窓が巨大な石の壁に鈍い赤の目のように輝いている。どこのドアからも大勢の疲れた男と女が、休みなく働いて疲れた目を眠気が閉じる前に、半時間の休憩を取りに戸外へ繰り出す。半裸の子どもたちの群れが、通りや歩道でころげまわっていたり、石の階段で不機嫌そうにぐずっていたりしている。われわれがあるテネメントの前で立ち止まり、そうしたグループのひとつを見ていた時、一枚の短い服を身に着けた薄汚い赤ん坊――垢とぼろにつつまれているとはいえ、かわいらしい人間の小さな赤ん坊――が一番下の段までころがり落ちると、もう一度ころがって、眠ったまま私の足をつかんで、私の靴にその巻き毛頭をのせたまま敷石の上で眠り続けた。

第一二章　ボヘミア人――テネメントのタバコ製造業者

ユダヤ人街でテネメントが演じる役割は、住民に利益を与え、救済するために作られた法律をかいくぐる言い訳と同じくらいたちが悪いが、もっとひどい役割を果たしているテネメントを見つけるのにわざわざ遠くまで行く必要はない。ここニューヨークでは絶えずテネメントが一般の人々の非難と軽蔑のまなざしにさらされるが、それは、いずれにしても、貧しい人々の不幸の四分の三に直接責任があるか、密接に関連しているとされるからである。ボヘミア人地区ではテネメントが、これまで南部諸州の名を汚した誰にも負けないくらい、文字通りの奴隷状態を誇り高い民族に強いるための手段にされている。テネメントの所有者は、ただ居住者から奪うことに満足せず、大家と雇用主という二重の立場で、自分が儲けるのに適当だと思う条件、すなわち自身の儲けも同然の賃金で雇うという条件で、自分のテネメントの居住者にならせることで、住民を事実上農奴の境遇にまで零落させている。この大家兼雇用主というのがほとんど常にユダヤ人で、ちょうど前章で述べたばかりの倹約家のポーランド系ユダヤ人に属す例が多いということは事態の助けにならない。

ボヘミア人地区というのは、実際にはその居留地に与えるのにふさわしい名前ではないだろう。明確な境界があるとはいえ、際立った対照によって堅実なドイツ人住民の単調さを和らげるくさびのように、イーストサイドの広い範囲に散らばっているからだ。ふたつの民族は、ボヘミア山地の丘陵地帯でそうだったように、大西洋のこちら側でもつきあいがない。三十年戦争［一六一八～四八年にわたりドイツを中心にヨーロッパ中部でおこなわれた一連の宗教的・政治的戦争］のこだまが、当時の激しい戦闘と同じくらい強い憎しみをチェコ人の間に育みながら、二世紀半後にニューヨークで響き渡っているのだ。その主な理由が、ボヘミア人移民の完全な孤立状態なのは明らかだ。それにはいくつかの要因が作用している。まず、ひどく耳ざわりで魅力の感じられないボヘミア人の言葉であるが、それをボヘミア人は簡単には捨てることができないし、他の人に教えることもできない。そして民族特有のひねくれた自尊心と、治安のかく乱者で組織労働者の敵という不当な汚名を押し付けてきた世間一般の偏見。こちらに来ているボヘミア人は、ひどく虐待された者ではないかと私は推測する。無政府主義者を持ち出してボヘミア人を中傷する人に対し、ボヘミア人は最新の国勢調査（一八八〇年）で彼の民族が人口比で一番犯罪者が少ないことを示して言い返す。それほどニューヨークでボヘミア人犯罪者はまれなので、数年前の二人の放火魔の事件がひどい差別とともに記憶されている。不当に安い仕事で賃金を下げさせ、「スト破り《ラット》」のように暮らしているとの非難を、ボヘミア人は、労働組合が労働問題に対する自分の態度の第一の理由だと反駁《はんばく》して、労働組合を非難した。

ハウストン通りから北へ少し歩くと、五丁目のあたりで最初のボヘミア人居留地に出くわす。その後三八丁目に達するまでの一マイル半はボヘミア人をほとんど見かけない。今度は五四丁目と七三丁目がボヘミア人が多く住む居留地の中心である。ボヘミア人が生計を頼っているタバコ工場の場所が彼らの住居の選択を定める。もっとも住居に関しては、おそらく黒人を除き、社会の他のどの集団よりも選択肢は少ない。おそらくこの街にいるすべてのボヘミア人の半分以上がタバコ製造に携わっており、彼らの最大の苦難と彼らに対する他の労働者の主な恨みの両方を形成するのが、最低の仕事が最低賃金でおこなわれる、いわゆるテネメント工場に大勢の人間が群居していることである。たとえば、店に隣接しているテネメントを三、四棟から一ダース以上も所有する製造業者は、それらのテネメントをこうしたボヘミア人で埋め、法外な家賃を課すうえ、しばしば「保証金」五ドルという予備の手付金までも要求する。そして彼らに週決めでタバコを与え、そのエネルギーの残りを、賃借人がすてばちになって反発するところまで賃金の切り詰めに当てる。賃借人が実際に背いた場合、屈服か、職を完全に失って立ち退くかの選択が与えられる。賃借人の要求が結末を定める。通常、長いことためらうような立場にない。疲れを知らない勤勉さの例でボヘミア人と匹敵するポーランド系ユダヤ人と違い、ボヘミア人がまさかの時に備えて蓄えることはめったにない。一杯のビールを好み、収入が許す限りぜいたくに暮らすのを好む。店側が勝利を収めると、それまで以上に賃借人を苦しませる足枷が課せられる。逆の場合には、新聞が、数は少ないながらも住民の一団が路上に追い出されたことを、貧困と家族の苦難という痛ましい事例とともに報じなければならない。

一家の生計を立てるため、男も女も子どもも一緒になって、こうした陰気なテネメントで週に七日間、夜明けから夜遅くまで働いている。たいていは故郷にいた時から妻の方がタバコ製造に携わっていて、夫の方はアメリカに来てから、英語を理解できず他の仕事に就けないため、必然的に妻の職業を選ぶことになった。労働組合に対する激しい敵意の原因は、彼らが述べるように、ボヘミア人が移民してきた当初は、妻が、組合との闘争の最初の争いの種であった。組合が女性の受け入れを拒んだので、ほとんど妻に頼っていた家族を支えるため、提示された賃金を受け入れざるを得なかったのだ。製造業者は以来、自分に有利になるよう、組合と職人との間の反目を熱心にあおっている。数年前に可決された、テネメントでのタバコ製造を禁じる法律が憲法に違反していると控訴審裁判所が判断し、その争いに終止符を打ったため、勝利は製造業者のものだ。争いが続いている間、あらゆる恐ろしい話がこれらのテネメントに住んで働く人々の置かれた恐ろしい状況、特に衛生的な観点について語られていた。今日でもなお、すさまじくひどい状況にあるという世間一般の印象は残っている。衛生局が注意深く調査したにもかかわらず、当時そうした状況は見つからなかった。もっと後になって、私が個人的に、組合のタバコ製造業者たち自身に案内されて、彼らが最悪とみなしたテネメントを何回か調査した結果、そうした話はひどく誇張されていると確信した。人々が貧しいのは確かで、しかも多くの場合困窮しているが、彼らは不潔ではなく、むしろ反対であった。第一〇行政区の衣類製造業者よりもはるかに暮らしぶりはよく、完全にしみついたタバコの臭いによるものなのか、顔色こそ悪いが、他の室内労働者よりも不健康には見えない。調査で回っている時、肺結核にかかった病人を数人見かけたが、そのうちの一人は医者からタバコの煙を絶えず吸っているためだと言われていた。しかし衛生局の死亡記録は、ボヘミア人タバコ製造業者が特別この病気にかかりやすいという主張を支持しない。逆に、ボヘミア人が肺結核で死ぬ割合はきわめて低いようだ。しかしながらこれは科学的な調査の分野で、時にボヘミア人居留地でひどく顕著な子どもの数の減少が、これまで言われているように、果たして両親の仕事の種類によるのかどうかという複雑な問題と合わせて、追求するのは他の人に任せることにする。私が発見したはなはだしい悲嘆の原因は、乏しい賃金と、最小限の設備に対して取り立てられる法外な家賃である。それだけでもひどい苦痛を意味するのは間違いない。

例として東一〇丁目の家々を挙げよう。そこにはタバコ製造に携わる三五家族が住んでおり、その多くが生涯の半分をこの国で過ごしてきたにもかかわらず、子どもは別として、おそらくこのうち六人しか英語を話せる者はいない。通りに面したふたつの窓があるこの部屋と、慣例上寝室と呼ばれる、窓のない奥の付属部屋は月に一二ドル二五セントで借りられている。手前の部屋で夫と妻が朝の六時から夜九時まで作業台で働いている。彼らは協力してタバコの葉をすべて細長い形に切る。それから夫がフィルターを作り、妻が包み紙をそれに巻きつけ、巻きタバコの仕上げをする。一〇〇〇本につき三ドル七五セント受け取り、一週間で合わせて三〇〇〇本生産できる。暴動が始まる段階に達していて、そこのテネメントに住む労働者たちはちょうど現在ストライキ中だったので、彼らの労働に対する報酬として五ドルと五ドル五〇セントを要求していた。工場主が拒んだので、彼らは立ち退き要求が送達されるのをいまかいまかと待っていた。そこへわれわれよそ者が現れたものだから、来訪の目的が説明されるまで、彼らの怒りはおさまらなかった。私たちが家にいる間、「親方」の最後通牒が届けられた。彼は一〇〇〇本につき三ドル七五セント、それ以上一セントも支払わないとのことだった。私たちを迎え入れた主人は聡明そうな男だが、ニューヨークに七年間いるにもかかわらず、英語もドイツ語も理解しない。三人の元気な子どもたちは床でじゃれ合っていた。

同じ階に住む隣人はここに一五年間いるが、英語を話せるかと聞くと首を振った。ドイツ語で話しかけられると、たどたどしく片言で答える。設備と同様に家賃に一一ドル七五セント支払いながらも、彼には作業台での妻の労働に加え、一番の上の息子の労働という利点がある。三人がきちんと協力し、一〇〇〇本あたり三ドル七五セントの賃金で、週に四〇〇〇本生産できる。このボヘミア人一家は大家族で、働くにはまだ幼く、世話が必要な子どもが四人いる。一〇丁目とラドロー通りでの一家の食費の比較から、ボヘミア人肉屋の週あたりの請求書は、ラドロー通りと同じ一パウンド一二セントの肉で、二ドル五〇セントから三ドルということが判明した。ポーランド系ユダヤ人は同じくらい大きな家族を一日一パウンドの肉で養っていた。その差が両民族の特徴を示していることがわかる。三部屋あるうち二部屋が暗く、階段を三つ上がる。部屋のひとつは天井板が一部下がっている。「大家に修繕するよう頼んでから三か月たちます」と一番上の息子が言った。彼は聡明な少年で、夜間学校で英語を学んでいる。彼の父親にはそうした恩恵はなかったため、六年もの間、家族を除いては世間に耳を傾けず、自分のことについて口をつぐんだまま、作業台に座っていた。彼はその時間を活用して、その職業で熟練者となった。父親、母親、息子が協力し、一丸となって、週に一五ドルから一六ドル得ている。

次の家では、立派な顎髭と鋭い目の夫が通訳を介してわれわれの質問に答えた。一日中アメリカの職人をたずね歩いたとしても、彼ほど晴れやかな顔をした者にお目にかかるのはきわめてまれだろうが、九年間彼は英語を一語も学ばなかった。おそらくドイツ語も学びたくはないだろう。彼の話が、他の人々の話がそうであったように、その説明になる。彼は金を稼ぐために、九年もの間仕事であくせく働いてきた。妻と彼が休みなく働いて週に三〇〇〇本のタバコで、材料が欠けていなければ、一一ドル二五セント稼ぐ。冬は工場主から二〇〇〇本分だけタバコを受け取る。二部屋とはいえ、事実上窓のない暗い小部屋つきの一部屋で一〇ドルの家賃だが、一度も全額を払ったことはなく、養わなければならない家族は六人いる。故郷で鍛冶屋だった彼だが、ここでは「えいご《イングリスカ》」を理解しないため、その職で働くことができない。彼は朗らかな顔で、もし英語ができたなら、ここでおこなわれているよりもいい仕事ができると話す。彼にとっては、今しばしばそうしなければならないように、真夜中まで働くよりも、六時に仕事を終える方が幸せのようだ。だがどうやって？　彼は自分の言葉を理解できるボヘミア人鍛冶屋を知らない。彼は餓死するだろう。ここでなら妻とともに、少なくとも生計を立てることができる。「ええ」、と話を聞いていた妻が家事に取り掛かりながら答えた。「確かに、父親に自分の職で働いてもらえれば申し分ないでしょうね」。その時どんな家庭を彼女は家族のために築き上げるだろう、そしてどんなに彼らは幸せであろう。世界でもっとも豊かな街の労働者が抱く、実際のところ、ここでは実現不可能な理想である！　たとえ口に出さなくても、妻が半分噛み殺した小さなため息とともに仕事に取り掛かる時、夫の手を軽く叩く音には本物の悲哀があった。

七一丁目と七三丁目に立ち並ぶ大きなテネメントの前にある灰を集める樽そのものが、中で営ま

自宅のテネメントで作業中のボヘミア人のタバコ製造職人

れている商売を宣伝している。細長く切られたタバコの葉の茎が樽の縁まであふれている。ブロックの角にいる私たちを待ち受ける鼻につく臭いが玄関ホールの中に入ってもつきまとい、家のあらゆる隅や隙間に入りこむ。もっとダウンタウンに近い居留地のように、ここのどの部屋も、太くて短いナイフと、不要なくずを受け止めるために作業台の幅いっぱいに前に固定された、茶色く、べとべとにすり切れた、ベッドの皮でできた奇妙な袋が備わった作業台がある。ここの家主兼雇用主は、三部屋を一二ドル五〇セントで貸していて、たとえ二部屋が暗く、うち一部屋は完全に真っ暗で、もう一部屋は正面の部屋からの光でいくぶん明るいだけでも同じ値段だった。階段で私たちと会った三人の裸足の子どもたちの母親は、先日、もうそれ以上働けなくなって病院へ運ばれた。彼女が生きて出てくることはないだろう。こうしたテネメントには無駄なものはない。衣類のように生活はすり減らされ、片付けられる前に使い尽くされる。作業台で彼女がいた場所はすでに他の者が引き継ぎ、その世帯の主人と週に一五ドル五〇セントの稼ぎを分け合っている。世帯主はちょうどストライキの結果、タバコ一〇〇〇本につき四ドル五〇セントまで、これらのテネメントの賃金を引き上げることに成功したばかりだった。雇用主が予想される家賃の損失に驚いて譲歩するのを決断した時は、彼らに対する立ち退き通知がすでに送達されていた。どのくらい働くのか聞かれると、その男は言った。「明るくなってから就寝時刻まで」。就寝時刻は午後一一時と判明した。一日一七時間、週に七日、一時間二人で一三セント、一人六セント半である！ テネメントハウスのタバコ製造職人にとって、夏場は平均して稼ぎがよい。冬場は少なくとも四分の一減る。いずれにしても、部屋は清潔に保たれている。母親の仕事を引き継いだ女性が、一番奥の寝室から細長く切られた湿ったタバコの葉の束を持ってくる。タバコの葉は、乾燥して砕けないよう、覆いをしてそこに保管されている。人々はそこでも眠るが、慣れていない鼻には不快な臭いも彼らは気にかけない。その臭いに慣れているのだ。

角を曲がったところにある、工場テネメントではない住宅に、前に触れた、医者からタバコの煙が原因と言われた、肺病病みのタバコ製造職人が現在住んでいる。健康によい運動が不足していたことも病気と関係があるのかもしれない。彼の境遇は独特の立場から興味深い。彼も――ボヘミア人にしては――大所帯を抱えている。六人の子どもたちが食卓を囲む。職業は靴職人だが、一三年間、妻が工場主のテネメントでタバコを作るのを手伝った。彼女は非常にすぐれた腕の持ち主で、二年前に夫の健康状態が悪くなるまでは、仕事の開始と終了の時間を延長することで、彼らは週に一七ドルから二五ドル稼ぐことができた。夫がもう働けなくなり、医師の命令を受けた一家がタバコの臭いから逃れて引っ越した以上、家族の生活費という重荷は妻だけにのしかかっている。子どもたちは誰一人母親を助けられるほど大きくないからだ。彼女は作業場で週に八ドルの仕事をしており、これで切り盛りしなければならない。それがあるだけだ。幸いなことに、現在住んでいるテネメントにいるのは収入のためだけで、タバコとは関係なく、家賃は以前よりも安い。最上階の明るい二部屋で七ドルである。炊事はしない。七二丁目に住む女性が、一家の食事を調達してくれ、それを、衰弱している夫に代わり、妻であり母親でもある彼女がバスケットに入れて取ってくる。コーヒーと堅いビスケット、あるいは黒パンの朝食が六人分で二〇セント。その小さな女性はりりしく、忍耐強そうな笑顔で言った。かなりたくさんある。それにあまり余裕はないけど……。病人が耳をすましているので、彼女は最後まで言わなかった。昼食はどうだろうか？　子どもの一人が料理を作ってくれる女性のところから持ってくる。なんと！　肉、スープ、野菜、パンの立派な食事が全部で三〇セント。家族の重要な食事だ。妻は食事をとりに帰宅するのだろうか？　いや、彼女は作業場を離れられない。だが自分の作業台で軽食をとる。どんな軽食？　と聞いたのは、外科医のメスと同じくらい残酷だったようだ。肉体的な痛みにひるむように、彼女はその質問にたじろいだ。その時はパン。だけど夜に全員で一緒に夕食をとる――ソーセージとパンの夕食だ。一〇セントで食べたいだけ食べられる。食べられなければ？　膝の上で男の子の髪をなでつけながら言った。彼が母親を支持して激しくうなずいた時、彼の目はその考えをむさぼるようにキラキラ輝いていた。ただ、と彼女は付け加えた。家賃の支払い期日のある週は、大家に支払うために食料を切り詰めなければなりません。

しかし誰かがこのボヘミア人——不信仰者——のことを無政府主義者と言うのを聞いたが、それについてはどうなのか。ほとんど誰でも今ここで挙げたような事実——それらはありふれた事実で、空想ではない——を知れば言い返すかもしれない。どんな状態が彼らの本来の姿に近いのか？かつてボヘミア人が住んでいた国でも、新しい、待ちに待った自由の国でも、自分に向かって誰もが手を振り上げるのであれば、ただ抑圧するために存在するかのような社会に背く以外にどうすれば理にかなうというのか？しかし無政府主義者との非難はまったく正しくない。本来ボヘミア人は、音楽と歌を愛するように平和を愛する。誰かが述べていたように、ボヘミア人は戦争を求めていないが、攻撃されたら、どう降伏すべきかよりもどう死ぬべきかよくわかっている。チェコ人は、非凡な創造的才能と激しい情熱を持つ、中央ヨーロッパのアイルランド人で、地主の強奪という同じ苦難の伝統を持ち、忘れようとしたはずのこの地でもその伝統から逃れられない。アイルランド人のように、これまで主義として反対派勢力にいて、どこへ行こうと「政府に反対」の立場をとる。抑圧者たちを呪う中で彼らの歌が消え去るまで貧困に打ちひしがれ、絶望して孤立し、われわれの言葉も法律も知らない、そんな人々の間で、少数の人を惑わせるのは、悪人にとっては難しくないことであろう。そしてそれがこれまでにおこなわれてきていることなのだ。それでも、たとえ少数の人によって時折騒ぎ立てられたとしても、犯罪統計がすでに、彼らが騒乱と暴動を起こす傾向があるとの非難が正しくないことを示している。したがってそれは不信仰者のプロパガンダと関係があり、おそらくはボヘミアの地におけるカトリックとプロテスタントの間の何百年間にもわたる激しい闘争と間違った信仰、そしてキリスト教の歴史を貶《おとし》める、キリスト教の神の名における野蛮な迫害の遺産であろう。二年前にチカリング・ホール［五番街と一八丁目が交わる交差点の北西の角に当時あったコンサート・ホール］で開かれたキリスト教の会議では、ボヘミア民族を代表して、ボヘミア人聖職者がもっと確かな根拠を挙げた。「ボヘミア人というのは生まれはローマ・カトリック信者で、必要に迫られて不信仰者となり、歴史と性向によりプロテスタント信者なのです」。しかし彼は同時に、次のことを付け加えた。自由思想家たちが、教会の影響を打ち消すために彼の教会のすぐ近所に二つの学校を設立したにもかかわらず、最初はひとにぎりの人数にすぎなかった信徒が、数年のうちに彼の望みをはるかに超えるまで増え、無政府主義者と自由思想家の両方の間でも増加して、教会のよきメンバーとなったと。

したがって、またしてもすべての事柄は教育の問題に帰着する。しかもこれらの人々は貧しく、ほとんど一人残らず悲惨なほど貧しいため、事態はますます切迫している。彼らの一人は、何について話しているかを十分に理解したうえでこう言った。「持っている財産をすべて明日売るとしても、田舎に家と土地を買うのに十分な金を持っている人は一人もいません」。

第一三章　ニューヨークの人種境界線

人種境界線《カラー・ライン》は全体像に適度な陰影を施すため、テネメントの間に引かれるだろう。家主がその線引きをおこなう。ごまかすことなく、この上もなく残酷な、あからさまな専制でそれをおこなうのだ。ロシアのどのツァーリも、自分の領土で、黒人《カラード》入居者との取引におけるニューヨークの大家ほど専制的ではない。家主が入居を許可すれば、彼らは住む。家主が拒否すれば、入れない。家主の情けにより、彼らはどうにか決まった場所で暮らしていくし、家主の出す勅令が彼らを他の場所から遠ざける。責任をなすりつけられれば、家主は冷静に愛想よく受け入れる。これは商売だ、と家主は言うだろう。そうとも。家主は偏見を利用して自分がうまく利益を得られるようにしている。そしてそれを人に話すなんてまったく無駄と考えている。そのことが、唯一彼がたよりになる点である。

家主の鉛筆が以前ほど黒い印をつけないこと、鉛筆を用いる手がわずか六年間足らず前ほどいきんでないことは、一般の人々の良心を呼び覚ます希望に満ちた徴候で、人々の良心の圧力によって境界線は変化の徴候を示す。しかしこれは家主の功績ではない。家主の存在にもかかわらず変化の兆しは生じたし、今も変化しつつある。その境界線は、ニグロという名前が世界の人種の中だけで唯一、小文字のnで綴られる間、完全には消し去られないかもしれない。自然淘汰が、多かれ少なかれ、どんな時代でも人種の隔離に関与しているのは疑いないだろう。ことによると、それがゆえに、さまざまな人種がその最高の運命をともに開拓できるのかもしれない。しかし、無防備な黒人《ブラック》から強奪する目的で故意に最低のレベルに割り当てる専制にそのことは何の関係もない。主人の意のままに売られるか交換取引される奴隷として黒人を所有したような奴隷制度とは程度においてのみ異なる、そうした奴隷制度については、たとえ痕跡は消えないにしても、今世紀はその終焉をニューヨークで見るだろう。

戦争［南北戦争］以来ずっとニューヨークは、南部諸都市からあふれ出た黒人人口を受け入れている。過去一〇年間南部からの移住者たちは増え続け、第一〇回国勢調査以来、ここに住む黒人の数は事実上倍増したと推計されているほど、その割合を増している。

その取引が黒人に有利なのかどうか疑問視されるのももっともだ。南部の故郷で従事していた職業も、ニューヨークではまだ門戸が開かれていない。肌の色による産業の規制は存在しないと言い返されるかもしれない。それは選択の問題であると。おそらくそうだろう。いずれにせよ、黒人はその場合選ばない。ニューヨークで働く黒人の大工あるいは石工を何人見たことがあるだろうか？南部ではそうした職人はたくさんいる。しかも、彼らの中でもっとも聡明な人物の証言が一考に値するなら、黒人の職人の多くがここに来ている。

実際黒人は、ニューヨークでは戦うことなく、おそらくは過去の伝統と安楽さを好む生来の性質のためにまだ一番ぴったり合う、召使い奉公という低いレベルに身を置いている。黒人の床屋さえ急激に過去のものとなりつつある。海岸で、熟練を要しない仕事なら何でも、黒人は悠々と働く。しかしその仕事を好きなようには見えない。かくして社会的地位は限定され、生まれてからずっと貧しい人々の間、しかも貧者の場所で立場を定める。

ごく最近――ある変化が引き起こされてから片手で数えられる年数――まで、黒人は事実上、家の選択の際にはウェストサイドの狭い地域に限られていたが、それにもかかわらず、そこには社会階層が存在した――最上位は七番街のはるか北三二丁目の境界にあるテネメントで、そこでは、警察が住民を一掃したためにきちんとした白人の賃借人が住まなくなっていた、評判のよくない住宅を黒人が占用することを認められた。最底辺はトンプソン通りと南五番街の堕落した貧民窟で、現在では急速に現代イタリアとなりつつある、かつての「アフリカ」である。

今日ではヨークヴィル［セントラルパークの東にある、かつてのドイツ人居留地］とモリサニア［ブロンクス］に黒人居留地がある。商売と下位のイタリア人の侵略と、上位の人口の増大が、第二の黒人解放を解決する主要な作用因であった。これはきわめて現実的なものであるが、それというのも、黒人が古いテネメントから解放されるとともに、その居住者にめざましくも喜ばしい改善をもたらしているからで、人間の品性を低下させる堕落した環境の影響を、理屈やうわさよりもはっきりと示している。

今年の国勢調査員が、受け持ち地区である九九丁目《ブラック・アンド・タン》の「アパート」で見た黒人市民は、先任者がトンプソン通りとサリヴァン通りの黒人と白人が混住するスラムで数えた「ニガー」とはまったく異なる人物である。ニューヨークでは、イーストサイドでヨークヴィルからハーレムまで増えつつある新しい黒人居住区よりも清潔で整然とした地域は他にない。

清潔さは、かつての環境でもそれが黒人の美徳であったように、新しい環境に住む黒人《ニグロ》の特徴である。この点で、白人の中で一番低い階層に属し、かつては賃借人の等級で黒人の次に低かったイタリア人とポーランド系ユダヤ人よりもはるかにすぐれている。

それでも黒人は常に、もっとも粗末で切りつめられた部屋でさえ、彼らよりも高い家賃を支払わなければならなかった。私が見つけた例外では、家賃は高いとはいえ、平均的なテネメントでそれと同じ数と大きさの部屋に要求される金額よりわずかに多いくらいであったが、他にはだれも住もうとはしないような、今にも倒れそうな貧民窟で、例外なく、大家が修繕したことは一度もなかった。大家が自分の儲けを「慈悲」で減らすことなどほとんどないとすぐわかる。

この計画的な強奪のために挙げられた理由というのが、白人は黒人の住民と同じ家には住まない、それどころか、最近まで黒人に占拠されていた家にも住もうとしない、またそれゆえ、家の売却価格がそこなわれたというものである。偏見は確実に存在するが、家屋周旋人によって軽減されることはない。というのも業者は「一度でも黒人が住んだ家は、永遠に黒人の家」という主義を掲げているからだ。

昨年『リアル・エステート・レコード』によっておこなわれた調査によって示されているように、その主義には手順がある。その調査が明らかにしたところによると、事実上不動産業者たちは異口同音に、黒人を清潔できちんとして、「儲けになる」賃借人と認めている。

ニューヨーク市最大の不動産会社のひとつの証言によれば、「われわれの所有する最下層のテネメントには、低い階級の白人移民よりも黒人を住まわせます。黒人の方が貧しい白人移民よりも清潔で、建物をそれほど傷めませんから。しかももっと高い家賃が手に入ります。われわれは一九丁目にテネメントを所有していますが、以前は白人から七ドル五〇以上も得られなかった二部屋に対し一〇ドル得ています。帳簿に載っている、六番街と七番街の間の三三丁目にある四階建てのテネメントは、各階が四部屋――居間、寝室二部屋、台所の間取りです。一階は二〇ドル、二階は二四ドル、三階は二三ドル、四階は二〇ドルだから全部で八七ドル、つまり年間で一〇四四ドルになります。建物の広さは二一フィート×五五フィートしかありません」。

別の会社は、実例を具体的に示して、入居者を白人から黒人に変えて以来、全体の家賃収益が一五から二〇パーセント上がったことを示した。さらに別の会社は、次頁の表で示した、以前は「下層ヨーロッパ人」が居住していた通りに面したテネメントと裏屋の事例を挙げた。そのヨーロッパ移民は、不潔な慣習と家賃の支払いが滞ったために追い出されていた。黒人はもっと清潔で、好ましく、家賃の支払いがきちんとしていることが判明した。しかしながら、だからといって彼らの家賃が下がることはなく、家賃を比較した結果が次頁の表である。黒人住人のおかげで、家賃は月に一七ドル、年間で二〇四ドル増え、家賃収益全体で一三・五パーセントの増収である。確かに利益になる！

私がこれらの事例を長々と引用してきたのは、こうした、故意に世論を混乱させ、自身の利己的な目的のために、薄れつつある偏見を支え続けている家主の圧制の本質を明らかにするためである。

白人住人に課した家賃（月額）			黒人住人に課した家賃（月額）		
通り側	1階（店、その他）	$21	通り側	1階（店、その他）	$21
	2階	13		2階	14
	3階	13		3階	14
	4階（と裏側）	21		4階	14
裏側	2階	12	裏側	2階	12
	3階	12		3階	13
	4階（通り側参照）	—		4階	13
裏屋	1階	8	裏屋	1階	10
	2階	10		2階	12
	3階	9		3階	11
	4階	8		4階	10
総額		$127	総額		$144

もしついにその時が来たなら、喜ぶだろう。黒人市民の状況によく通じた理解力ある人物の一人から、ダウンタウンの値段の安いテネメントからの黒人の集団移住と、法外な家賃を下げる運動について耳にしてからまだ一年も経っていない。しかし人間性の名誉のために、この記録に、この場にふさわしい私自身の経験を一頁書き加えずにはこの問題から離れられない。それが極端な例であればいいのだが。

私が一六丁目に住む年配の黒人女性の家を訪ねたのは去年のクリスマスのことだった。市外に住んで社会福祉係をしている高潔な友人から、彼女のためクリスマスのディナーを買うよう頼まれたからだ。その女性はみすぼらしい掘立小屋の、はしごとしか言いようのない「階段」を昇りきったところにある荒れ果てた二つの部屋に住んでいた。その部屋を借りるため、彼女は雑役婦として骨折ってかせいだ賃金の中から月に一〇ドルを払っていた。

部屋に彼女はおらず、「斡旋人のところに」いると告げられたため、彼女を探しに出かけた。斡旋人の妻が現れ、アンは出かけたと言った。とっさに、友人から渡された賄いの代金を雇用主に払えば、時間を節約できるかもしれないという考えが頭に浮かび、アンお婆さんのために使ってくれるよう、彼女に二ドルのお金を預けると申し出た。彼女はただちにその提案に同意し、感無量の面持ちで、「通常は私が自分で彼女にクリスマスディナーを買ってあげている」から、その案は素晴らしい、彼女は自分の旦那である斡旋人の何某氏に借りているお金がたくさんあるのだ、と打ち明けてくれた。ただちに計画が変更され、アンが、女性の慈悲心が彼女の前でまきちらしたであろうクリスマス気分から救われたことは言うまでもない。

チキンと「付け合わせ」とともに、ストーブの炎が明るく照らす老人の住まいで、彼女を席につかせてくつろがせると、私は、家賃をいくら滞納しているのか尋ねた。彼女の答えは、期限までまだ間があるので実際には借りはないが、まだ納めていない分があるとのことだった——その額は二ドルだった！

黒人は、貧困、虐待、不正を一様に、動じることなく快活に受け入れる。その哲学とは、愚痴をこぼす余地はない、である。第八行政区のバラックに住んでいようとも、ブラウンストーンを建物の正面に用いて「アパート」と銘打ったテネメントに住んでいようとも、人生の明るい面を見て楽しむ。銀行預金口座よりも、立派な洋服といい暮らしを大いに愛する。黒人の観点からすれば、いわゆる不慮の時《レイニー・デイ》は、ひどい恩知らずのようなもので、澄み切った空に明るく太陽が照る日を待ち受ける。

完全に堕落した場合を除き、自宅の環境は彼らの陽気な気質を反映している。ニューヨークでもっとも貧しい黒人家屋管理人の部屋は、彼が敬愛する「エイブ・リンカム〔第一六代大統領エイブラハム・リンカーンのこと〕」、グラント将軍、ガーフィールド大統領、クリーヴランド大統領夫人他、国民的な有名人を描いた派手な色彩の肖像画が飾られて明るく、花々やさえずる鳥たちでにぎやかである。できるだけよい印象を与えようとし、少しのものを長持ちさせることで貧しさを覆い隠す技能において、ここの黒人にかなう者はいない。幸福の正当な分け前が彼のものである時、まわりの人々の暮らしと家庭を快適にする方法を彼は知っている。ピアノと居間の調度はアップタウンの黒人住民の家にたくさんあり、大変幸せな雰囲気をかもしだしている。しかし狼が戸口で吠えているようなところでさえ、不敵にも華美な態度を装う。黒人行楽客によって、六番街と七番街で晴れた日曜日に誇示される流行の型は、悲観主義者の血相を怒りで変えさせる。

　黒人の大きな野望とは、肌の色のためによそ者、のけ者にした社会階級の中で上昇することであり、彼が手に入れられる最善のことであれば、実と引き換えに影を受け入れることもまったくいとわない。一流の避暑ホテルでウェイターが身に着ける燕尾服と白いネクタイは、冬の六か月間くつろぐ機会とともに、彼が仕える社会的地位の高い白人たちと仲よく平等に付き合うことに次いで最善のことである。黒人の陽気な集まり、とりわけ、砂糖を白くまぶしたケーキがもっとも優雅なステップと身のこなしをしたカップルがもらう誇り高い賞品である、ケークウォーク〔19世紀末に流行したアメリカ黒人起源のダンス〕は、手の込んだ儀式と未開人の喜びに満ちあふれた奔放さが混ざり合った滑稽なものである。

　ばかげたちぐはぐさ、好色、道徳的責任の欠如、体質と何世紀に及ぶ奴隷状態の結果である迷信その他の欠点があるにもかかわらず、黒人には際立ってすぐれた特徴がある。骨の髄まで忠実で、アメリカ人であること、そして最近得た市民権に誇りを抱いていることである。彼は少なくとも悪と同じくらい善に影響を受けやすい。黒人の教会は、黒人居留地が礼拝へ出かける日曜の晩、入口まで混み合う。白人の信徒からは比較的わずかな援助しかないのに、黒人の信徒は貧しさのどん底から五〇万ドルを支払って、この街に教会の地所を所有している。黒人は学ぶ意欲があるだけでなく切望しており、教養の状態も著しく向上している。その感情がそれほど根深くなくても、感情が続いていて、再び誘惑に負けるまでは、少なくともその感情に偽りはない。

黒人を悩ますあらゆる誘惑のなかで、黒人と警察をもっとも苦しめるのが、ギャンブルへの情熱である。数当て賭博［引いたくじの番号を当てる不法な賭け］は、非合法的な一ペニーのくじ引きの一種で、黒人の収入に一番見合ったギャンブルだが、貧しい白人の間でも広くひいきにされている。ペテンのなかでも一番せこいが、黒人たちが集まるところはどこでも、後援者たちは大もうけする。

占い師と数当て賭博の賭場は常に手を組んでペテンを働いているが、この二つの間で、黒人は苦労して稼いだ一日の賃金を浪費する。しかしその損失をほとんど悔やまない。ひどく貧乏ではあるが、最高の「つき」へのゆるぎない信念とともに、「数当て賭博に勝つ」ことにもう一度仲間入りできる時を楽しみに待つ。

定期的に黒人のラッキーナンバーである四―一一―四四が、遠く離れた西部の街で毎日催されているとかいうくじ引き券に現れると、常に当選者を出している、トンプソン通りと南北の通りに沿って、激しい興奮が支配する。結果として、相当に狡猾なバワリーの「黒幕」の会計部門を除けば、

「アフリカ」にある、黒人と白人の両方が出入りするもぐり酒場

法の網を逃れるためのタバコ屋と酒屋以外に実在しないいんちきビジネスが大いに勢いづく。その会計部門でくじ引き券が印刷され、後ろ盾の利益を十分に考慮して「賞金」が毎日割り当てられているからだ。

「アフリカ」が、マルベリー通りのベンドから足音を響かせてやって来たイタリア人の出現によって改善されたかどうか問題である。何年もの間、トンプソン通りの道徳的に堕落した行為は悪名高く、三つの要素が混じり合って、改善への変化をもたらしたようには思えない。白人と黒人が共通の乱痴気騒ぎで集まる境界地、ブラック・アンド・タン・ダイヴとうまいこと名付けられた、黒人と白人が出入りするもぐりの酒場が道徳的見地から論争点となったことは一度もなかった。それは常に、どうしようもなく悪いものの中でも最悪のものであり続けた。そうした場所で、完全に堕落した黒人と白人の男女が混じり合うこと以上に忌まわしいことはないだろう。通常それはかなりいかがわしい地下の酒場で、おそらくは、警察に「顔がきく」、その地区の政治的「リーダー」によって経営されている。とにかく、そこはおのずとあらゆる犯罪者と落伍者を勢力範囲内に引き寄せる。

踊りの最中にけんかが起こると、一ダースのかみそりが、同じ数の長靴の脛に準備され、外科医と救急馬車の出番が絶えることはない。けんかで黒人の「ごろつき」は、かみそりを使うまっとうな仕事を求めている温和な黒人同胞と同じくらい巧みにかみそりを操る。中国人が袖にナイフを、またイタリア人が懐に短剣を隠し持っているように、黒人は長靴の脛の部分にかみそりを携えてダンスパーティに出かけ、時にはその両方を合わせたのと同じくらいの威力を発揮する。ニューヨークで黒人がからんだ警察沙汰の四分の三以上は、今や肌の色をはっきりと象徴していない、黒人と白人《ブラック・アンド・タン》の入り交じった地区で起こっている。

私は、ニューヨークの黒人の社会的状況に光を当てる役目となるような、黒人の生活に関する事実に簡単に触れてきた。その収支決算書が人種間で補われる場合、二五年間の自由から期待される成果に及ばないと言われるのであれば、出納簿の別の頁をめくり、ほとんど耐えられないほどの重責のもとで、黒人が立ち上がることをさまたげてきた偏見と貪欲によってどれだけの責めが負わされるか見るがよい。そしてこの見解に立てば、彼は以前推測されていたよりも早く、またはるかに先へ進歩したように見えるかもしれず、また結局のところ、同胞である私たち白人市民同様、黒人は正当に取り扱われる権利があったのだ。

第一四章　庶民たち

人種境界線ほど常にたやすくテネメントで引かれるわけではないが、向こう半分とこちらを、現実に隔てる境界線がもうひとつ存在する。すなわち、「アパート」を特徴づける境界線が。法律は、その線を引くことなく、区別なしにすべてのアパートをテネメントとみなしている。衛生官が観察によってその線を引き、彼の判断でアパートの名前で呼ばれるに値しないか、十分ではないものすべてを、民衆とともにひとまとめにしているが、概して、彼の方法が一番確実ですぐれている。建物の外観は評価可能な手がかりをもたらさない。真鍮《しんちゅう》とブラウンストーンは過密状態や暗くてみすぼらしい部屋と調和することがあるが、まずは中に入ろうと試みることで、まあまあ明確な線を引くことができる。鍵のかかった扉がアパートに有利な強みだ。プライバシーを確保するための最初の手段が取られていることを示しており、それが欠けているのがテネメントの主な災いのもとである。鍵のかかった扉の向こうでは、それを監視する門番の代わりに看守がいるのでない限り、ならず者がくつろいでいることはない。門番と呼び鈴が絶対確実というのではない。閉じた扉の後ろにテネメントがあるかもしれない。しかし閉じた扉のないところに「アパート」はありえない。昼夜を問わずあらゆる人々が行き交う道となっている玄関が、テネメントの本来の印である。向こう半分はいついかなる時でも開いたドアで客を迎え入れる。

この手引きがあるので、われわれは街のどこでもそれを長く探し求めるべきではない。今の時代、ハウストン通りより南では、呼び鈴はドードーと同じくらいすたれている。北はセントラルパークまでの、二番街より東と九番街より西では、ほとんど未知の慣習である。川と大きな工場に近づくにつれ、テネメントの数は増える。どこの地域でも、おこなわれている仕事の種類がその地区の性格を大いに定める。熟練し、稼ぎのいい労働は、たとえ開いた戸口であってもテネメントにその跡を残し、通常はすぐになくなってそのままにされている呼び鈴を補充する。もっとも荒っぽい連中を引き付け、もっとも恥ずべき酒場を支えるガス工場、屠畜場、造船所といったものが常にスラムの中心を形成する。一四丁目の線［マンハッタンを東西に端から端まで一直線に貫く通りとしては最南端にある］を、小麦をもみがらから分け、美徳を悪徳から隔てるために設定された境界線と考える者もいるが、それは誤りで、一四丁目の線より北にもそうしたものは多くある。一四丁目より南には、不道徳において、三セントのウィスキーの地域である〈地獄の台所《ヘルズ・キッチン》〉、あるいはそれに匹敵する、悪名高い〈ぼろギャング《ラグ》〉の本拠地である、三九丁目のイースト川沿いの地域に勝るところはない。チェリー通りは東六三丁目の〈けんか通り《バトル・ロウ》〉、あるいは、二九丁目と一番街の「ザ・ヴィレッジ」ほど「タフ」ではない。そこでは、夜間に警察と衝突した時の戦闘手段である壊れた煉瓦の蓄えが、どのテネメントにも通常装備されている。マルベリー通りのベンドの汚なさはハーレムのリトル・イタリーとそう変わらない。ハーレム川の対岸でさえ、〈蛙の谷《フロッグ・ホロー》〉は地元のギャングの図太さと破壊的な活動のゆえに初期のスラムと比べても驚嘆に値する。そうしたひどい場所はいくらでもある。いつか、そうした場所の社会状況を調査する機会があるだろう。もしここで現在そうした地域が置かれている状況を描こうとすれば、その主題はこの本の範囲と読者の忍耐の限度をどちらも超えてしまうだろう。

本書で扱う内容が話の一面しか伝えないのは事実である。他にも伝えるべきことはある。よいことをするわずかな機会を最大限作るためにまじめに働いている、無数の信仰深い人々の暮らしについての話や、ひどい不平等と辛抱強く戦い、真の勇気によってテネメントとの戦いで勝利者となる英雄的な男女についての話や、純粋で汚れのない女性たちの話など。そんな環境で花開かねばならないのは、測りがたい人生の神秘のひとつである。それでも、文字通り「豚の鼻面に宝石のごとく」、悪名高い掘立小屋の中でも一番ひどいところで、不思議にも周囲の悪

出入り自由な入口

に染まっていない、愛らしく無垢な少女たちや、忠実な妻、献身的な母親を見つけるのはまれではない。それが、大都市で人生のこの面を理性的に観察したきたすべての人々が実際にそこで経験することである。それについて――マルベリー通りのベンドで牧師をしている私の友人による、生来の清らかさはスラムで見られるような悪徳のむき出しの獣性を本能的に受け付けないという見解は別として――論理的な説明はなされていないが、他には希望のない不毛の地における一筋の希望の光として喜ばしく受け止められている。

しかし大きな慰めとはならない。テネメントハウスという最底辺で生みだされる単調な暮らしには、なぐさめとなるようなもの、すなわち不安を静めるようなものはほとんどない。社会に対しては、賃金労働者を提供するより他にない。辛抱強く努力することで、その状況を我慢できるようになっても、そうした努力が成功することでかえって、わずかな可能性によってこの先どのくらい成功できるのかを示すことになるので、よりはっきりとその状況全体の絶望感を引き出すのに役立つだけである。

「立派な」テネメントが立ち並ぶ地区――酒場が、曲がり角に二軒以上、ブロックに三、四軒以上なければまずまず基準に合う――のいずれかに足を踏み入れてみよう。そこでは大勢の働きもののアイルランド人移民とドイツ人移民と、生まれつきテネメント生活の状況を受け入れている彼らの子孫が暮らしている。彼らにはニューヨークで他に代わりはないからだ。彼らの習慣と目標、野心の特色を理解するまで、彼らと一緒に過ごしてみるがよい。そうすれば、貧しい人々はいつも私たちとともにいるという聖書の約束、あるいは、食べ物を与えられているなら、不満の理由などない

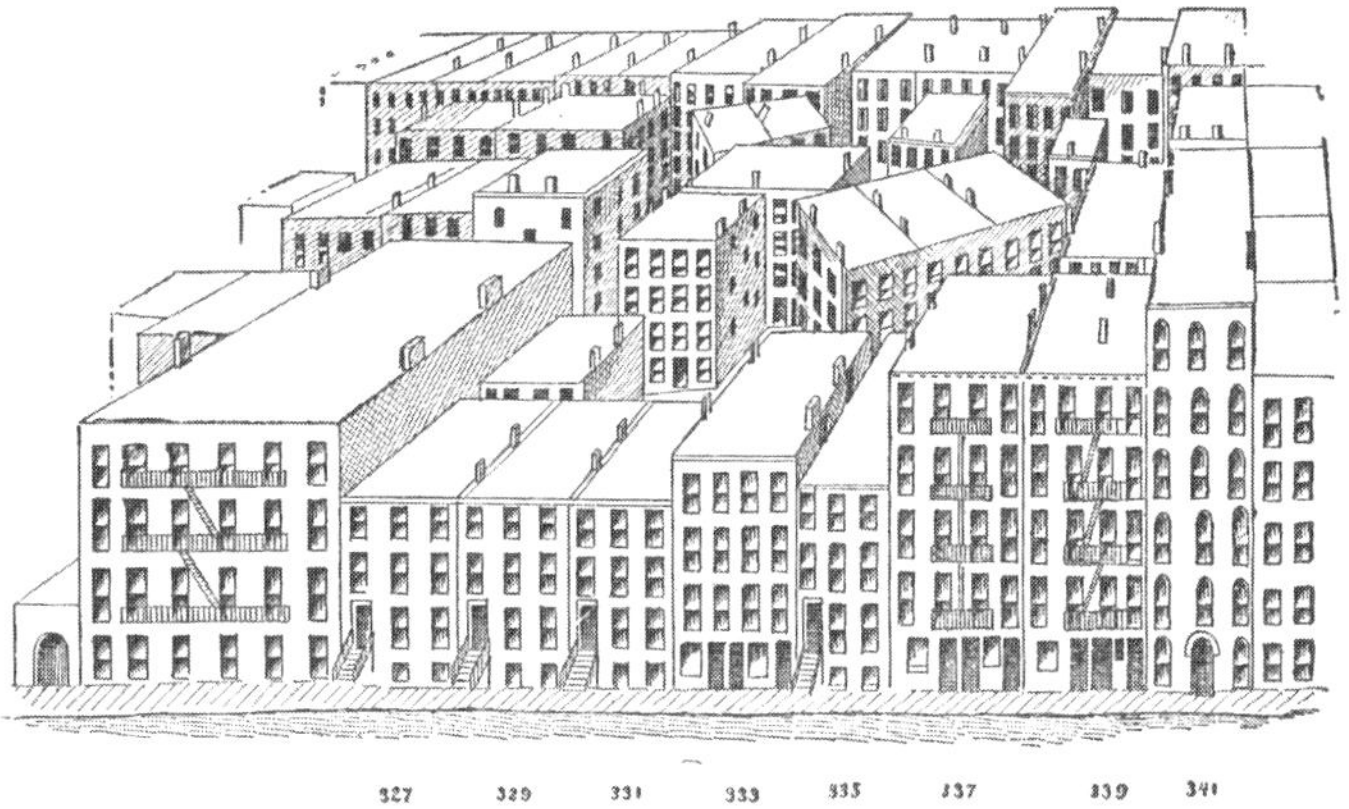

イーストサイドのテネメント街区の鳥瞰図
(チャールズ・F・ウィンゲイト氏のドローイングより)

といった見世物用動物的な見解に満足できるということにならない限り、人間の立場から言えば、そこでの生活は暮らしに価しないように思われるという私の見解に同意するだろう。

それらアップタウンのテネメントのブロックの中から、一番ひどくもなく、新聞が「洗練された住宅地」と呼ぶようなところに近い、一番暮らし向きがよいわけでもないところを無作為に選んでみよう。そうした住宅は、この前のコレラ騒ぎによって人々が道理に従うようになってから建てられたものだ。そのブロックは、かつて私が実際に道に迷ったことがあるイーストサイド一帯のブロックとは異なる。

イーストサイドでは、各敷地に三、四棟、ブロック全体で三〇から四〇の裏屋が、ブロックの中心部にあらゆる向きに建ち並んでいた。裏屋の間には奇妙に曲がりくねった通路があるか、まったく通路がなくて、ただ近所の泥棒と悪党たちのための「獣道」だけがあった。

ここ、アップタウンのテネメントの中庭にはさえぎるものがない。そこには空気があるが、あるものといえばほぼそれだけだ。外壁の煉瓦の間から見えるのは石で覆われた通りの光景である。内側は、ペンキの塗っていない板塀が連なり、物干し綱を張るために建てた柱と物干し綱が迷路となってまごつかせる。足元は、固く乾いた土の荒野があり、そこから出てきた芽も雑草もわずかな緑もすべて踏みつぶされている。ちょうど、そうした家庭環境が育むことになる人間の道徳的な性質の中で、肉体がただ必要としているものより先に、あらゆる優しい思いやりや向上心が必ずや踏みつぶされるように。

自己防衛のため、あらゆる生命はやがて環境に適応するが、人間もまた例外ではない。家の内部には、こうして満たされないまま欠けているものを埋め合わせるものは何もない。テネメントハウスには美的感覚を育むようなものは何もない。たとえ何らかの気晴らしがテネメントに向けられることになるにしても、外部からくるに違いない。ここにあるものといえば、聞き慣れない足音が階段で聞こえたとたんにそっと開くドアが並ぶ共有の廊下と、常に下からの悪臭を外に出すために忙しいために、新鮮な空気を下にもたらすことができず、その名にふさわしい働きをする暇のない通気孔、まったく水が出てこないでキーキーきしむポンプ、四人家族の一週間の賃金よりも少ないことはなく、しばしば一家の収入の半分に及ぶ家賃。以上である。

どうしてテネメントの描写を完成させるのか？　すでにいやというほどおなじみだ。テネメントとは、ただ口を満たし、体に服をまとうことができるように、労苦の日々が、何週も、何か月も、何年もやむことなく設定されている枠組みのようなものである。そんなものだ。それが世のならわしで、疲れ果てた労働者が、工場のベンチや店で肉体を消耗した後で、夜間に活力と知力を養うために戻ってくるところでしかない。そこへ、切なる思いを抱えた若者がやって来る。おそらくは罪を犯した娘の家を訪れるために。警察が娘たちの罪の巣窟を急襲した時、そのテネメントまで追い詰められたのだ。娘は日中を怠惰に過ごした後でシルクのみごとな衣装をまとってさっそうと街に出かける。下品な衣服をまとった彼女たち――美しいものへの若い情熱と、目の前にあるこうした苛酷な生活を送る少女たち――誰が彼女たちを誘惑者から救うべきなのか？　通りの先には酒場があり、いつも明るくにぎやかで、ブロック中の歓声を集め、少年たちをおびき寄せる。多くのそうしたブロックで国勢調査員は、そこを故郷と呼ぶ二〇〇〇人以上の大人と子どもを見出した。

その光景は、アイルランドなまりが聞こえる東西両方の川に沿ったどの地域でも、その階級を表すのに十分なほど正確である。すでに述べたように、ケルト人は、貧民街とその最初の自由土地論者が過去のものとなってからというもの、テネメントの影響の犠牲に一番なりやすい。たとえ彼がつましく抜け目なくても、そこからテネメントの水準に沿って成長し、じきに事態を改善することなしにどうにかやっていこうと考える。

ドイツ人はケルト人の隣人よりも花を熱烈に愛好することで優位に立っているが、花はイーストサイドのすべてのテネメントを覆い尽くすほどの力はない。ドイツ人はどこへ行こうと庭を作る。庭はその人間の高い道義心を表すわけではない。むしろ道徳を受け入れる能力を表しているのだろう。ドイツ人は裏庭と同じくらい早く自分の客間を植え込みに変える。しかしドイツ人がテネメントのブロックに花壇を整えたところはどこでも、それが警官のこん棒一ダース分の仕事をする。花が広がるのに応じて、近隣地区がそれまでよりもきちんとした特徴を帯びる。

一方、緑が風景から消え、政治的な重要性が増すにつれ、警察の仕事も増えていく。視界から花が完全に消え、いつしかただの感傷になると、警察の巡回区域は狭くなり、巡察隊が夜間は二倍になる。このことに人間も感傷もまったく責任はない。責任があるのは飾りのない殺伐としたテネメントである。

トンプキンズ・スクエアは砂だらけの空き地から美しい公園へ変貌したことで、永久に、「パンか血」暴動に終止符を打ち、危険な扇動者たちの巣窟を、ビール好きの無害なアナーキストの一団へと変えた。その時以来彼らについての消息をほとんど聞かない。テネメント地区の密集した人口を解消する手段として小さな公園を整備する方式に反対する人々よ、どうかこの事実に注意を向けてほしい。

六月に入って暑い晩が続くと、眠っている間に屋根や窓台から転がり落ちて死亡する事故の増加を示して、貧しい者たちの間で最大の苦難の時が差し迫っていると警察が発表した。テネメントが何も遠慮もなく膨張するのは、全員が狭い部屋に押し込められて、屋内の生活が調理や睡眠や仕事にほとんど耐えられない暑い季節である。その時、奇妙で珍奇な暮らしが平らな屋根の上に移る。昼と夕方にはここで母親たちが赤ん坊たちを外気に触れさせ、少年たちは警察の取り締まりにひるむことなく屋根から凧を揚げ、若い男女は一緒になってグラウラーを回し飲みする。壁そのものが吸収した熱を発するため、大きなバラックの建物がすさまじい灼熱地獄のようになる、息詰まるような七月の晩には、男も女も、空気と眠りを渇望して、寝苦しく落ち着かないまま並んで横になる。

その時、通りのすべてのワゴン、人でいっぱいの非常階段が、建物が提供するどの場所にもまして望ましい寝室となる。そんな晩の暑さを和らげるにわか雨は、神から贈られた恵みとして何十万もの家庭で歓迎される。

七月と八月のテネメントでの生活は、医師の腕で救うことのできない大勢の子どもたちに死をもたらす。喪を示す白い飾りがひとつおきにドアからひらひらとはためく時、眠れない母親たちは薄暗い夜明けに通りを歩き、涼しいそよ風を起こして病気の赤ん坊のひたいをあおごうと試みる。絶望的な状況にあってわずかの可能性を求めて懸命になっている、こうした辛抱強い献身的愛情よりも悲しい光景はない。その後、特別にこの任務の訓練を受けた五〇人の「夏期訪問医師団」が、衛生局によりテネメントに派遣され、貧しい者たちのために無料で診察と治療をおこなった。献身的な女性たちは病気の子どもの看病と世話に関して医師たちの指示に従う。野外の遠足は、毎日ニューヨーク郊外の陸上と水上で催されている。だがあらゆる努力にもかかわらず、カルヴァリ墓地の墓堀人の作業は時間内に終わらない。市営墓地へ週二回の往復をする時、慈善委員会のボートのデッキには、小さな棺桶が山となって積まれている。

もっとも有利な条件下にある裕福な人々が、相応な治療で克服されるか避けられるものとして軽んずる余裕がある伝染病は、テネメントでは患者の隔離が現実的には実行不可能であるが故に、貧しい家庭の子どもたちの間ではまさに致命的となる。通常は無害な病気であるはしかがよく知られた例である。どんなに慎重に取り扱っても、テネメントではいたるところで子どもたちの命を奪う。この前の冬は、そうした伝染病がインフルエンザの流行のすぐ後に続いて発生し、エリザベス通りの三つの密集したブロックに大きな被害をもたらした。そして伝染病の猛威が収まった時、統計局の死亡分布図は、あたかも悪魔の手がそのブロックの全域にわたって置かれたかのように、モット通りの隣接するテネメントは一部分暗く覆われ、マルベリー通りで特に密集している六件の住居の入った居留地はその親指で覆われていた。これらの密集したバラックのあちこちに残る伝染病の痕跡は、森林地区を通り抜けた竜巻の痕跡のように図にはっきりと示された。

五か月間で八人もの幼い子どもたちが亡くなった共同住宅があった。記録によれば、インフルエンザとはしかの共通の遺産である呼吸器疾患がほとんどの場合で死の原因となっており、そのような密集地では感染を食い止めることがほとんどできないという事情の次に、両親の貧困と、病人に適切な治療を施すのを不可能にする不幸な家庭状況に問題点があることを明らかにしている。その事実は、ジフテリアとしょう紅熱が原因の死亡例が数件散発的にここかしこで起きていることによっていっそう際立つ。公衆衛生にとってより危険なこうした病気の場合、衛生官は、適切な治療が与えられる病院へ移送する略式の委任状を執行する。そしてその結果が低い死亡率である。

これらは最新の高層テネメントであった。わずか一年前、テネメントの人口調査がおこなわれ、死亡表と比較された時、建物が高くなるにつれ、死亡率が下がるという発見により、少なからぬ驚きと祝福の声が挙がった。ほとんどの人は逆のことを予想していたが、その理由は単純である。最高層のテネメントは、衛生改革条例が適用された過去一〇年の間に建てられており、密集状態以外はその法律の下に置かれている。

個人の住宅からテネメントへ作り変えられたり、道徳と構造に関するあらゆる法律を公然と無視して最大の群衆を収容するために急いで改造されたりした古い家屋は、解体しきれず、どのような手段を講じても改良することはできない。それらは今後も最悪の住宅であり続ける。

貧困と劣悪な衛生環境だけでなく、無知も命の犠牲にその役割を演じることは当然避けられない。通常それらは関連して起こる。

この前の春のある日、原因不明の病気で死にかけている子どもが寝ているモット通りのテネメントへ私を呼び出す伝言が届いた。「慈善医師」とともに、おそろしく窮屈な最上階の部屋で、二脚の椅子の上で寝ている病人と出会った。腹膜炎の苦痛にあえぐ彼女の青ざめてやつれた顔にはすでに死刑宣告が記されていた。父親、母親、ぼろを着た四人の子どもたちの家族全員が彼女のまわりにすわり、ずっと前に運命に対する無益な戦いをあきらめた様子で、どうしようもない絶望感で無表情に眺めていた。そのみすぼらしい部屋を見渡せば、その子どもの病状の原因について疑いの余地はなかった。「不適当な栄養状態」と言った医者の言葉は、その場にふさわしいように、餓死を意味する言葉に翻訳された。父親の手は鉛の毒でそこなわれていた。彼はこの一年間働くことがで

ポヴァティ・ギャップにて、東28丁目のイングランド人石炭運搬夫の家[*1]

＊1　ビール瓶が原因で一日夫とけんかした挙句、体中あざだらけで死んでいる女性が発見された。この殺人とおぼしき事件の取材のために、私はノース川の埠頭近くのどん詰まりにある、崩れそうなテネメントへやって来た。女性の遺体はネズミが駆け回る部屋で藁の寝台に横たわっていた。写真の家族はすぐ上の部屋に住んでいて、女性の家では日常茶飯事だったけんかについて聞き出そうとしたが、証言者としてはまったくたよりにならなかった。壊れた部分に板があてがわれたぐらぐらする階段を昇ると、彼らの一部屋だけのみすぼらしい住居に着くが、その部屋に比べれば、しっくいの塗られた刑務所の部屋が宮殿に思われるほどだ。赤ん坊が静かに寝ている古いぼろきれの山は、父親と母親と子どもたち――元気なかわいらしい少女たちで、粗末でも、周囲にそぐわない清潔な服を身に着けている――の共同の寝台として使われている。のんびりとした、正直なイングランド人石炭運搬夫である父親は、波止場での「仕事がまあまあ忙しかった時は」週に平均5ドル稼いでいた。しかし、ひどい「不景気」の時が長く続いている、と彼は不安げに言った。それでもその見通しは彼らをくじかせていないようだ。人好きのする母親は快活で、楽天的でさえあった。彼女の笑顔は人を元気づけるためのもので、実際元気づけてはいたが、その場所のひどいみじめさにおいては何よりもいたましく絶望的に思えた。いずれ失望する運命にあるように思われた――まだもっと悲惨な状況を知らないだけで。

きなかった。あまりに長いこと放っておかれていた目の伝染病が原因で、母親と息子の一人はほとんど目が見えなくなっていた。子どもたちはお腹が空いて泣き叫んでいた。彼らはその日まだ何も食べていなかった。その時は昼近かった。

何か月もの間、その家族は、牧師からもらう週二ドルのお金と、毎週土曜日に修道女たちが届けてくれる少しのパンとひとかけらのコンビーフで生活してきた。医師は、子どもの苦痛を軽くするには、死がそれを終わらせる他ないとわかっていながらも、病気の子どもの手当の指示を与え、残りの家族のために食べ物を買うお金を置いた。一時間後に私がその家に戻ると、彼らは死にかけている子どもに、二セントで下の通りの行商人のカートから買い求めたジンジャーエールを与えていた。同情する隣人が、その子どもに苦痛を忘れさせるかもしれないと思いつくことができた唯一のこととして提案したのだった。瓶の中には残りの家族に十分いきわたるだけの量があった。事実上、通夜はすでに始まっていた。そして夜になる前に本格的に始まった。

時折、明らかな餓死の事例が新聞に載ってセンセーションを巻き起こす。しかし新聞で取り上げられるのは例外である。もし本当のことが知られたなら、たまに思い出したように財布のひもを緩めることよりももっと真剣な努力を起こさせるような衝撃を与えて、社会にはっきり理解されるであろう。私は自分の観察から、何百人もの大人と子どもが、友人の医師が嘆いた「不適当な栄養状態」で、毎日ゆっくりと飢死していると確信する。

今年私は、一週間も経たない間に三件の、貧困と困窮が引き金となった精神錯乱の事例を経験した。ひとつは、真夜中に起き出して、食べ物を求めて泣き叫んでいた自分の子どもを殺害した母親の事件である。もうひとつは、エリザベス通りの荷車の御者が起こした事件で、この人物について新聞は一度も伝えていない。彼は扶養家族を抱えながら何か月間も働くことができなかった。食べ物はなく、金を工面できるようなものも家には残っていなかった。肉体的苦痛と精神的苦痛とが合わさって彼の精神は壊れたのだ。

三番目の事例では、私はちょうど警察とともにその場に居合わせて、男が家族全員を殺害しようとするのを阻止した。われわれがとらえた時、彼はポケットに鋭利な手斧をしのばせていた。彼はアイルランド人の労働者で、有毒なガスで健康をそこなわれるまで、下水道で働いていた。その後解雇されると、冬の間その一家には、長女がお店で現金取次係として働いて得た週二ドル五〇セントの賃金以外にほとんど収入はなかった。扶養する子どもたちが七人いて、一家の住むマルベリー通りの屋根裏部屋の家賃は月に一〇ドルであった。誰かが一セントを貸してくれる間は借りていた。ようやく夫が子どもたちにパンを買うことのできるわずかな仕事にありついた時、その週の賃金は彼らの窮状の深刻さを測るのに役立つだけであった。「万事休すでした」。妻はいきさつを語っている時に何気なくもらした。その見通しが眠れない夜じゅう彼を苦しめ、理性を破壊するにいたった。気が狂っていても、ひとつだけ理性的な考えを保っていた。市が子どもたちを奪うべきではないと。彼は手斧の刃を研ぎながら、「俺が自分で子どもたちの面倒を見る方がいい」と繰り返し独り言を言っていた。

彼の逮捕によって一家の絶望的なまでの窮境が明らかになると、彼らと同じくらい貧しい多くの人々からの援助が次々と寄せられた。

貧しい人々が、自分たちの持っているわずかなものを、もっと困っている人々と分け合おうとするのは、テネメントに見られる数少ない美徳のひとつである。テネメントに住む巨大な群衆は、外部の人間にはほとんど理解できない親密な思いやりの心で付き合っており、それに匹敵するものは、世間がのけ者として軽蔑する不幸な女性たちの間で見られる関係以外にない。そこには理想主義的な博愛主義者の目から感傷的な涙を誘うための、見せかけの感傷はまったくない。自己保存の本能により、彼女たちは共通の不幸に対して一致団結せざるを得ないというのが厳然たる事実なのだ。

過度の飲酒が大部分その責めを負っているのは疑いない。いや、警官の立場から判断すれば、その責任はもっと大きいかもしれない。この前の三月に二日連続で警察の記録で読んだ二件の事件は、ウェストサイドのテネメントの母親たちが酔っぱらって寝込んで、赤ん坊の上に横になり殺してしまったというもので、そうした見解を支持するのに役に立つ。しかも彼女たちのような例は少しも珍しくない。

しかし自分自身の経験から、私は別の見解を抱いた。貧民状況改善協会の先の報告は、半分以上を「大酒が困窮の原因、あるいは困窮が大酒の原因」としがちで、協会が対処するよう求められた事例の四〇パーセントにあたる。もしそれが事実ならば、今まで通りテネメントに最大の責任を負わせるのだが。ただひとつの要因、一〇〇万の賃借人の渇きがいやされなければならない暑い夏に言語道断とも言える水不足が、何か他に原因がなければ、他のどんな原因よりも過去数年間で貧しい人々を酒浸りにした。しかし私の考えでは、テネメントの労賃と、そこに住む人々の悪習とその日暮らしの間には、テネメントについてのわれわれの責任とともに、私たちが自分たちで認めようとする以上に密接な関係がある。

乾いたパン一片と薄いお茶は精神力を育む食事ではない。けれども、次に述べる「非常に活発で賢い七人の子どもを抱えた未亡人」の家族にその食事が期待できればどんなにいいだろう。再び貧民状況改善委員会の報告書から引用すると「長女は洋服店で徒弟としてわずかな賃金で雇われ、息子はある店で現金取次係の職を得た。他に新聞を売って時折一ドルの収入を得る二人の弟たちがいる。母親はズボンの仕上げの仕事で一日に三本を完成させることができると三七セントを稼ぐ。これが貸室に住んで週六ドル以下の収入の八人家族である」。

それでもまだ彼女は賃金の点で次の六丁目の母親よりも恵まれている。その母親は「一本七セントで仕上げるパンツを四本持ち帰ったところだった。彼女の仕事は、裾に芯地を当て、仮縫いをして三回縫い合わす、ウェストバンドに裏地を当てる、ポケットを三つ、それぞれの三辺を縫い付ける、二本の芯地と八個のボタンを付け、ボタンホールを六つ作る、バック・ストラップにバックルをつけ、ラベルを縫う、これら全部の工程が七セントである」。

それでも彼女は夫を病気で亡くした「規則正しく教会へ行く六人の子どもの母親」よりも恵まれている。この母親は家族を支えるためにワイシャツを作っており、平均して週に一ドル二〇セントの収入で、一三歳の長女は「ダウンタウンにある工場の婦人服の裁断で週に一ドル半——二セント半の一〇時間労働——で雇われており、一家の総収入は週に二ドル六〇セントである」。

それでもハーレムの女性よりも恵まれている。この女性は「石炭や石鹸や糊をあてがって自分を青く染めながら洗濯する仕事を、大きな洗濯物一五枚につき三五セントで引き受けることで、いかなる慈善行為にもたよらずに、病気の夫と二人の子どもを支えるために奮闘」していた。

こうしたテネメントの労賃の例は、将来への備えがないその日暮らしという非難と矛盾しているようだ。

しかしよく考えれば、関連は明らかである。わずかな生活必需品を得るための苛酷で絶え間ない戦いを予想して、将来への備えを促進するものは何もなく、骨折りをくじくものばかりである。その日暮らしと無駄遣いは自然な結果である。分割払いはその日暮らしの賃借人にわずかな安心をもたらす。憂鬱な支払日は絶対に来ないかもしれない将来まで延ばされる。支払日がやって来るとそのたびに、支払いの不履行と骨折って稼いだ収入の損失を伴うのであれば、そうした出来事によって幼少時から評価される人生にさらなる困難を付け加える。子どもたちはじきにこうした事態の真意をつかむ。

かつて私がイーストサイドのテネメントに住む、洗濯を職業とする貧しい女性の家に立ち寄った時、そこのドアに鍵がかかっていたことがある。廊下にいた子どもたちは遊びをやめ、私がノックしている間、注意深くじっと見ていた。一番年かさの女の子がスミス夫人は外出していると教えてくれた。しかし私が夫人に言付けを残す方法を考えている間に、その子どもが自分から質問してきた。「あなたはスプリング・マン、それともクロック・マン?［分割払いの集金人を示す名称か］」自分はそのどちらでもなく、君のお母さんに仕事をもってきたのだと少女を安心させると、分割払いの集金人から隠れていた当のスミス夫人がすぐさま現れた。

利他的な思想と努力の人生をこの大きな重荷をかつぐことに献身してきた人々、その数は一般に

明け渡し

思われているほど少なくないのだが、そうした人々を落胆させる経験の中でも一番彼らを当惑させるのが、おそらく、彼らが援助しようとする相手の無関心であろう。そういう者を助けることはできない。精一杯の力で悲惨な状態から引っ張り出しても、機会があり次第こっそり戻ってしまう。どうやら以前からの生活で十分なようだ。

知り合いのエリザベス通りに住む二人の女性がその訳を話してくれた。彼女たちの場合は、市の宣教師が、みすぼらしいあばら家から、ニュージャージーのどこかに連れて行き、きちんとした住居と仕事を提供してくれたのだが、三週間もすると、田舎の切株小屋より暗い裏の部屋の方がいいと言って戻ってきていた。しかし、年長の女性は、私につらそうに打ち明けてくれた。彼女は、娘の夫が通りの事故で亡くなり、市が孫たちを引き取って以来一二年もの間、娘とともにマント一着につき半ドルの賃金でどうにか生活してきた。「私たちはこんなふうにひどく滅入るような生活をしているので、ここみたいに毎日なにかが起こっているところにいなければならない、そうでなければわびしくて耐えられない」と。貧困との苦闘についての話よりも、彼女の言葉にいっそう悲哀を感じた。というのも、無意識に彼女は、もっと幸せな世間の人々によって、人間らしく欠点があるために堕落していると不当に評価される、無数の人々の苦難を言い表したからだ。

「アイルランド全土よりも」毎年ニューヨークのテネメントで起こる立ち退きの方が多いというのは、もっと刺激的なことが世間の注目を必要としない時に、あらゆるたぐいの誇張された話によって元気づけられる、世間一般の思い込みである。この誤った考えをくつがえすのが、はたしてテネメントの住民の役に立つかわからない。私の考えでは、テネメントから追い出されることは、幸運の極致であろう。しかしながら事実は、ニューヨークでは想像されているほど立ち退きは一般的ではない。それというのも、判事が各地区で選出される民事裁判所では、賃借人である選挙民が最後に主張する確固たる論拠があるからである。とにかく賃借人の味方をする法律は通常、極力賃借人に時間を与え、余計な支出をしないですむよう、捻じ曲げられる。もっとも忙しいイーストサイドの裁判所では、そこはまったく適切にも「貧民の裁判所」と呼ばれていて、一年で五〇〇〇件もの立ち退き礼状が公布されているが、その地区で立ち退きは五〇件も起こらない。大家には一票しか投票権がないが、その建物には部屋を借りている選挙民が四〇人いるかもしれない。その全員を判事は、その事例に直接の関係のある要素として注意深く考慮に入れる。というわけで、当事者である賃借人たちは——干渉する。嘆かわしい事例はある。ちょうど、大家の金で他のテネメントへ移されることや家賃を節約することを好む「常習犯」がいるように。だが少なくとも常習犯は注目を必要以上に引きつけるほどまれである。

もしまさしく貧困がその賃借人に、ヴァンダービルト家〔コーネリアス・ヴァンダービルトを祖とし、その子孫によって継承された財閥の家系〕の一員を貧乏にするほどなくても、家賃と石炭から家計費の中のごくわずかな品目まで、必要なもののすべてを四人分の値段で支払う暮らしを強いるなら、大通りと同様にテネメントでも容赦ないしきたりが、厳しく取り立てて、最終的に完全に破滅をきたすやり方で賃借人は死ななければならない。

高価な葬儀の習慣——アヘンの常用癖と同様の嘆かわしい人間の病——はアイルランド人に特有の伝統であるが、すでにあらゆる階級のテネメント住人の間に定着している。不思議なことに、葬儀馬車に驚くほどたよるイタリア人住人の間で一番しっかりと根付いているが、それはイタリア人の人生で一度限りの、堂々とした馬車にただで乗る機会をもたらしてくれるからかもしれない。生涯にわたる重労働と無私の蓄えのすべてを、生前のつつましい暮らしにそぐわない、こっけいな葬儀の行列と花飾りという愚かな虚飾に浪費されるのに出くわすことはまれではない。その通夜を「そんな幸運などない」残された者たち——そのうちの一人、おそらくは異教徒の悲観論者がかつて私にそう言ったように——への一種の激励の杯として理解する方がまだ容易である。報道機関と宗教界は、そんなふうに華やかに埋葬された故人の親族に重い負担を課すことが多い、この無駄な習慣を非難してきたが、ほとんど、というよりまったく効果はない。むしろ、政治の天才が、死者を有益な「力の誇示」と頭数の勘定の手段にすることで、生きている選挙人と同様に、亡くなった選挙人をも利用して以来、葬儀屋の仕事はテネメントでこれまで以上に成功している。

老若を問わず、生前ひどく貧しかったため、死後の住居の選択というわずかな権利さえ生きている間に与えられなかった全員に、無料の遠足が用意されている。すなわち、慈悲深いことに市営墓地と呼ばれる、無縁墓地《ポターズ・フィールド》への入り江に向かう旅行である。しかしそこでも貧乏人は宿命から逃れられない。貧民埋葬地の共同の墓穴で、彼らは生前と同様に、「場所を節約する」ために死後も肩を並べて押し込められて、上下に三層に詰め込まれて横たわる。というのもそのさびしい島でさえ、その土地は、地代を支払う余裕のない人々が独占的に所有することなどできそうにないものだからだ。この点に関して奇妙な一致が存在する。すなわち、毎年貧民街

無縁墓地の墓穴

に生まれ出た命、警察が見つけ、市がその被後見人として受け入れる、年少の名無しの浮浪児たちは、その川で殺されるもっと絶望的な命によって埋め合わされるということだ。単なる偶然以上のことが、どのようにして、あるいはなぜ起こるのか、私にはわからない。しかし実際に起こっている。毎年——わずかに多かったり少なかったりするが——記録がまとめられる時は大体同じ数となる。

第一五章　子どもたちの問題

テネメントにあふれる子どもたちの問題は、きわめて厄介なことになっている。その数そのものが人を茫然とさせる。私はすでに、テネメントにぎっしり詰まっている子どもの人口についてはイーストサイドの例を挙げた。どんなコミュニティもぎょっとさせるのに十分なほど、その数は無限に増えるかもしれない。というのも、このことは覚えておいてほしいのだが、われわれの政治論が一考に値するなら、成長する時に親から受け継いで吸収した素質と、成長過程で受けた——あるいは受けなかった——しつけを身につけた子どもたちが、われわれの将来の支配者となるからだ。現在、選挙民のうち、法案を通過させるのに足りる過半数以上はテネメントから登録している。

先日、ベイアード通りのテネメントで、一〇歳くらいまでの子どもたちの数をかぞえてみた。そこは中庭として三角形の土地が中心にあり、側面は一五、六フィートの長さで、三角形の底辺に悪臭のただよう便所が並び、頂点の部分に給水栓があるだけの空間である。この「中庭」には普通の地下室とだいたい同じくらいの光しか差し込まない。四〇家族中一二八人までかぞえたところで私は絶望し、自分に課した任務をあきらめた。一三家族を見落としたか、見つけられなかった。四〇家族の平均を五三家族全体に当てはめると、その住宅には一七〇人の子どもがいる。

そうした人口調査をあきらめざるをえなかったのは一度だけではない。ある小路――というよりは裏屋街への入り口――を覚えているが、そこは、古いゆがんだ建物の壁が出っぱったり引っ込んだりするのに応じて、三フィートか四フィートの幅になる。私はそこで群がっている子どもたちをかぞえようとしたが、できなかった。

時々、何人の子どもがそこにいるのかを正確に知る者が果たしているのか疑わしいと思った。夏になるといつも溺死《できし》した子どもの遺体が川に浮かぶが、その子どものことを誰も知らないようだ。この前の春にノース川桟橋で材木を動かしていた労働者たちが、最後の板の下で小さな子どもが圧死しているのを発見した時は、しばらくしてから両親が見つかったが、当初はだれも少年がいないことに気づいていなかった。

教室が不足しているために何千もの貧しい子どもたちが学校から締め出されていることを、無断欠席生徒補導員を雇う部署が認めているので、生活を生徒の捜索に費やしているにもかかわらず、いささか筋が通らないが、無断欠席生徒補導員が知らないのは確実である。

第六行政区に大きなテネメントがあり、幸いにも今や、ニューヨークの非常に多くの不潔な場所――役所の報告書で「まぎれもない豚小屋」とされたのはそう昔のことではない――を取り壊す慈善事業に割り当てられているが、四年間で四七八人の住人のうち一〇二人が逮捕された記録が残っていて、そのうち五七人が酔った上での治安を乱す行為が原因だった。そのテネメントに何人の子どもたちがいたのかわからないが、警部はその住宅全体で学校に通っていると認めた子どもは七人にすぎなかったと報告している。残りは彼らが受けた命令をすべて集めて、年長者のためにビールを調達に走っていた。彼らのうちの何人かは自分たちの住宅を外観の点で「アパート」と主張した。夜になると彼らは路上で寝た。通路では役人がミルク缶で隠しながらビールを飲んでいる子ども四人組に出くわした。彼らはセブン・グッド・ボーイズの一員で、その役人にビールを勧めることでその称号に対する主張を証明した。

若者をどうすべきか、という古くからの問題は、テネメントにおいて新たな、そして深刻な様相を呈している。そこでよく見られる状況の下では、簡単には答えられない。

少年が早いうちに職業訓練を受ければ、頭も動作も鈍くないのだから、十中八九優秀な職人になれるであろうが、先見の明のない労働組合の専制が事実上その道を閉ざしている。どんなに優秀でも、そんなふうに彼を拒んだ機会を職業学校は与えることはできず、最初からその少年は、彼を向上させるために努力すべき人々の手によって抑えられ、まともに支払われない低賃金の骨折り仕事につくことを余儀なくされる。

若者の訓練において何よりも最大の要因である家庭は、彼にとっては他の多くの人間という動物とともに詰め込まれたおりの中の巣箱にすぎない。何かしらの影響を及ぼすにしても、向上させるような影響ではない。彼が路上で参加するまさにその遊びが周囲の堕落した環境に染まっていく。少年を導くしっかりとした手がなければ、自然と怠惰な道に行くことになる。

通りで無断欠席生徒補導員か児童協会の職員につかまえられても、家計を補うために行商か、おそらくは物乞いを少年院へ送られる危険を冒しておこなう。そして少年院に入ると、年上の堕落した少年たちとの付き合いによりすぐに、彼のうちに隠れていた悪の道へ進む可能性が発現する。市には学校へ通わない少年を保護してくれる施設はなく、そのために学校への出席を主張する慈善団体のあらゆる努力を無にする。

少年院のリスクはあまりに高い。結局そこでおこなわれることといえば、少年を運に任せることである――すべて彼に不利な形勢で。その結果が、通りから慣れ親しんだ、荒っぽい残忍な若者である。どんなに彼が荒々しくとも、もし誰かが、われわれと同じ肉体を持つこの子どもには、その内面に美の本能、彼の人生では具現化することのない理想への愛を求める傾向はないのかと疑念を抱くなら、事の真偽を少年に試してみよう。少年を地面からひとにぎりの花が生えるテネメントの一画に連れて行き、明るくなった顔と、ゆとりのないところで常に関連して起こる遊びやけんかを突然やめ、「花束」を夢中で求め、その小さな平和の使者を守る切なる愛情にひとたびとらえられた様子を見るがいい。それから彼が心を入れ換えるようにすべきだ。警官一人と警棒よりも、両腕一杯のヒナギクの方がブロックの平和を保ち、まさにその存在により彼らが育つ土壌をまがいものに見せる、花の持つ優しい魅力のもとで、子どもたちの生まれながらの素質が呼び起こされる様子を私はこれまで見てきた。

ある朝私の事務所をノックした、マルベリー通りの路地からやって来た浮浪児の代表団のことを私は忘れない。彼らはわけがありそうな様子で、自分たちのためではなく、「ある女性」に贈る花を得るために、わざわざやって来たのだった。望んだものを手に入れると、それを贈るために、ぼろを着たうすぎたない小さな一団は、珍しくまじめくさった様子でぞろぞろと出発した。翌日ある老人が花のお礼を言いに来て初めて、彼らが暗い裏側の部屋で、市の葬儀馬車が来るまで松材の棺に安置されていた貧しい女性の棺台を、その花で覆ったことを私は知った。

けれども、私が知っていたように、むき出しの煉瓦に囲まれた、これまで太陽が昇ったことも沈んだこともない、陰鬱な路地がその子どもたちの世界であった。それが彼ら若者の生活を占めていた。おそらく彼らのうちの誰一人、これまでそこの風景から出たことはなかっただろう。子どもたちはあまりに不潔で、ぼろぼろで、たいてい性質《たち》が悪く、その上スラムにうまく隠れているため、慈善団体主催の夏のキャンプ参加者とは調和しない。

永遠に満たされないで、その後の人生でも付きまとって苦しめる呪いとなる、そんな人間的な本能と欲求を抱えたまま、決して満たされることのない空腹によって極度に弱められた食欲を抱えたまま、貧しい子どもたちは喜びのない家庭で成長する。そして彼らよりも幸せな子どもたちがちょうど遊び始めたばかりの年齢で、退屈な骨折り仕事を負わされる。それが彼らの送る人生だ。中庭に芝生が敷かれ、彼らの手の届く範囲にブドウの木が育つようにしたならば、彼らは天国にふさわしくないとされているように、中庭から追い払われ締め出される。

しばらく前に私はマルベリー通りの中庭で、柵にチョークで、初めて受けた「さくぶん」の授業を書いている一組の若者に出会った。彼らが書いていた文がこれである。「Keeb of te Grass〔正しくは「Keep off the grass（芝生に入るな）」〕」。彼らは暗記していた。というのも、実際、一マイル四方に緑の芝生はなかったからだ。

彼らにとって家庭とはそらぞらしい名前だ。楽しみ？　かつてある紳士がこの点に関して、ダウンタウンの公立学校の、ぼろを着た生徒ばかりのクラスで細かく質問をして、その結果を記録した。四八人の少年のうち二〇人は、そこから徒歩で五分もかからない距離にあるブルックリン橋を一度も見たことがなく、セントラルパークへ行ったことがあるのはわずか三人で、馬車に乗車する楽しみを体験したことがあるのは一五人だった。灰の樽とごみのある通りと、泥と汚れでいっぱいの川が彼らの領域である。彼らが受けるいかなる訓練もすべてそこで身につけられる。しかも彼らは利発な生徒である。泥や汚物がたやすく彼らの生活にもたらされるなら、なんの不思議があろうか？まだ成長しきらないうちにこうした子どもたちは、あまりに長いこと与えられずにおかれた、当然与えられるべきものを彼らに与えるよう世間につきつける、さもないと――。われわれの刑務所がその答えを与えてくれる。

去年の夏のある日、一枚のぼろきれをまとっただけの子どもが、警察本部に足止めを食った浮浪者の中にいた。だれも彼がどこから来たのか、どこに住んでいるのか知らなかった。その少年自身もほとんどわからず、女性看守の託児室で一晩を過ごした後でそのことを明らかにさせることに少しも心配していなかった。そこで眠る少年たちにはベッドが与えられ、「卵一個まるごと」と三枚のパンを朝食にもらえるという発見により、彼はくつろいだ様子になり、警察本部を「いかした場所」だと考えた。彼は警察のために「マギンティ〔当時流行した歌か〕」を一〇番街ヴァージョンで全部通して歌い、それから、自分自身について説明するという重大な仕事に取り掛かった。それはこんなふうにしておこなわれた。

「君はどこで教会に通っていたのかい？」

「教会に行く服はないよ」。実際その時の彼の姿は、ニューヨークのどこの教会の入り口でもセンセーションを巻き起こしただろう。

「では、どこで学校に通っていたのかな？」

軽蔑した様子で鼻を鳴らしながら、「学校には行ってないよ」。

「どこでパンを買っているのかい？」

「パンは買わない。ビールを買うんだ」、と少年が言ったので、結局、彼の「自宅」を知る目印として警察を導いたのは酒場だった。そこはその少年にふさわしかった。彼が述べたように、彼の唯一のベッドは床においた汚い藁のかたまりで、日々の食事は朝の堅いパン一片だけ、他には何もなかった。

児童援護協会の部屋に、父親によって「家庭を崩壊させ」られて、母親の死後路上に捨てられた二人の幼い娘たちが連れて来られた。別の子どもは、「自分の子どもが五人いて彼女のことまで養う余裕がないために」継母によって追い出され、これまで教会か日曜学校に通ったことがあるか思い出せず、ただ人々が神に誓う時に口にするイエスの名前だけを知っていた。彼女はそれが何を意味するかまったくわかっていなかった。

これらは、今日テネメントからあふれ出て、ニューヨークの路上で育っているわが国の不信心者の実例であるが、心の優しい人々は、何千マイルも離れたアフリカに住む、栄養の十分なホッテントットの子どもの身なりと将来のことで忙しい。ヨークのキャノン・テイラーによれば、ペルシャとパレスティナ、アラビア半島、エジプトの四か所では、一〇九人の伝道師が、異教徒の幼い少女一人を改宗させるのに一年という月日と六〇〇〇ドルを費やしているそうだ。その伝道師たちに何の問題もないならば、はるかに成功の見込みの高いニューヨークに来てもよさそうなものだ。

いずれにしても、今日のニューヨークには、家がなく長いこと顧みられていない、貧民街のいとけないこどもたちはいないと知って一安心している人々は、どれだけの努力によってこの災いが回避されたか、よく憶えておくべきである。三七年前、若者のテネメントの悪影響に対する明確な異議申し立てとして設立された児童援護協会は、実に三〇万人の寄る辺のない子どもたちや、家や親のない子どもたちをその宿舎に保護し、七万人の孤児たちのために西部諸州で里親を見つけてきた。疑いもなく、一団体の資金として、そうして使われた五五〇万ドルは、彼らが泥棒や悪党になってしまうよりも賢い投資であった。

過去一五年間の、国の安全のためのこの不断の戦いにおいては、児童虐待防止協会の介入が一三万八八九一人の子どもたちのために求められた。協会は二万五〇〇〇人以上の寄る辺ない子どもたちを保護し、一万六〇〇〇人近くの卑劣漢を、子どもを殴ったり虐待した罪で有罪にしてきた。それに加えて、ニューヨークの養護施設やホームに依存している一万五〇〇〇人もの子どもたち。さらに、日々テネメントで集められる大勢の子どもたち、われわれの社会生活への彼らの侵入を食い止めるために用いられる途方もない力、そして決まって現われる不安の種についてだいたいわかると、彼らの努力はいつでもまたたく間に関心をひかなくなった。

今日ではわれわれの解決法のために提示されたように、子どもたちの救出より他に、市の貧困問題への解決策はない。改善すべきところで性格が形成されるのは、絶望的な課題であろう。もっと後の段階、子どもたちが成長してからその課題に取り組まねばならない関係者全員による一致した証言とは次のことである。すなわち、若者は、通りの悪い影響を除けば、生まれつき凶暴でも無情でもなく、ただもろく未成熟なだけである。そのことは、この任務に望みを抱かせてくれるが、同時に急を要することでもある。いろいろな方面で援助の手が差し出されている。市は、民間の慈善団体に市内に住む年端のいかない無産階級《プロレタリアート》の全面的な世話をゆだね、責任を引き受けるためのたっぷりの支出金で良心をだまして警戒を怠る。実際、意見が重んじられてしかるべき人々は、会計担当官が自分自身とその行政区の人々のためにあまりに気前がよすぎると考える。市は見捨てられた赤ん坊を通りから拾い集める際、いくぶん種の中に含まれる悪い種に対応する。成熟した果実に対しては、刑務所、矯正施設と軽犯罪者用労働刑務所が年中門戸を広く開けている。その行く末がどんなふうになっているかは、賢明な慈善団体が荒廃に至る道の向こうに造った――日々築いている――防御壁がなければ、一度きりの人生という期間では、先程挙げたような施策の成果によって見当をつけられるかもしれない。

第一六章　市のスラムの捨て子たち

破滅へ至る道の最初に慈善団体が建てた防御壁が捨て子養育院である。二〇〇万人近くの人口で起きる、命の浪費のまさに初めにある。夜も昼も見捨てられた人々を集めるにもかかわらず、それを防ぐ力はない。二〇年間、こうした捨てられた浮浪児二万五〇〇〇人の群れが、ニューヨークの通りから、母性の本能さえ貧困と困窮で消されたキリスト教文明を非難して叫びをあげている。

貧者のみが子どもを捨てる。時おり新聞でまことしやかに語られる、立派な服を着た捨て子の話はまったくの作り話である。身なりのきちんとした幼児が通りで拾われたという記録など一件もない。彼らはぼろに包まれてやって来る。新聞紙だけに覆われている者や、ごくまれに優しい気遣いを示す清潔なペチコートに包まれた者もいる。一枚の紙切れが留められていれば、そこに私がかつて目にした次のようなメッセージが、女性の震える手で書かれているかもしれない。「後生だから、ジョニーの面倒を見てあげて。私にはできない」。しかしこれさえ、全体からすればきわめてまれである。

市は捨て子を集める任務を愛徳修道会と分担している。本当の捨て子、警察によって見つけられた貧民街の子どもたちは市の保護下にある。貧しい人々が家の中で震えている真冬や、テネメントにこもるすさまじい熱とよどんだ空気が無数の赤ん坊を窒息させる猛暑の時期は、一晩で三、四人の赤ん坊が、金持ちの家の玄関や敷地、玄関先の上がり段で発見される。

不幸な母親は、どういうわけか彼女自身の不幸のもとを豪華な家での快適さと結びつける。もしかしたら、溺れる者が藁にもすがるように、彼女よりも幸せなそうした人々なら、彼女の子どもにも愛情を与えてくれると期待するのかもしれない。この点において彼女は間違っている。正式な婚姻によらないで生まれた赤ん坊は特に金持ちの家では人気がない。見捨てられた赤ん坊が家庭と友人を一度に見つけるといったことはおとぎ話の本の中でしか起こらない。

捨て子はその後正式な手続を経ることになるが、小説のようにはいかず、その生涯は概して短い。警察本部で一晩を過ごした後、朝にはランドルズ島の乳児院へ運ばれ、番号と哺乳瓶があてがわれるが、新たな赤ん坊に代わられるまでもつことはめったにない。見捨てられた赤ん坊で長く生き延びるのはわずかしかいない。一〇件中八件で、母親の犯した本当の罪名は殺人である。去年ランドルズ島の乳児院に収容された赤ん坊五〇八人中、六五・五五パーセントにあたる三三三人が亡くなった。しかも五〇八人中、路上で拾われたのはわずか一七〇人だが、その死亡率ははるかに高く、実を言えば、九〇パーセント近くに達するかもしれない。残りは病院で産まれた。

捨て子の高い死亡率を不思議に思うことはない。むしろ不思議なのは生き残れる者がいることである。天候が激しい晩であればそれだけ、警察の託児室に捨てられた赤ん坊たちの弱々しい泣き声が鳴り響くのは確実だ。捨てられた赤ん坊たちはたいてい半ば死んだ状態でやって来る。生きている赤ん坊が松材の棺に入ってやって来たが、それは冷酷な卑劣漢がアップタウンの地面に埋めようとしているところを警官に発見されたものだった。しかし多くの赤ん坊は、州に委託された子どもとして正式に登録されるまで生き延びない。

昨年は七二人の死んだ赤ん坊が路上で発見された。そのうちの何人かは、ひどく貧しい両親が葬儀の費用を節約するために外に置いたに違いない。景気が悪い時には生死を問わず孤児の数が著しく増加する。しかし死体保管所と乳児院のどちらを経由するにせよ、浮浪児の小さな群れは無縁墓地の穴に集まり、すぐに再会させられる。そこでもし医学生が解剖用死体を必要としなければ、彼らは一二人一組で横たえられる。

捨て子の大半はイーストサイドから来る。結婚指輪もなければ、自分自身の名前以外赤ん坊に授ける名字のない若い母親たちは、島の病院から戻ると、彼女たちの不名誉の証拠である赤ん坊ともに無慈悲な世間に直面し、その子を捨てるのだ。赤ん坊はたいてい公共の慈善施設のカバー地の制服をまとっているため、素性は簡単に突き止められる。多くの場合、光線は暗闇に差し込まず、罪と不幸の秘密を解き明かす努力はなされない。

これは六八丁目にある、イレーネ修道女の養育院として世界的に有名な、最大の愛徳修道院付属捨て子養育院で取られている方策でもある。何年も前、現在は表玄関の下の、通りに面した入口のすぐ内側にあるベビーベッドは、夜間は外に置かれていた。しかしベッドはすぐに満員になってしまった。赤ん坊たちは一人ずつではなく、何人もいっぺんに来るようになったので、自己防衛のために修道女たちはベビーベッドを中に入れざるをえなかった。

今では母親は子どもを中まで連れてきて、当番の修道女に見られる場所でベビーベッドに置いていかなければならない。母親に質問するとか、子どもの身元を突き止めるといった試みはされないが、しばらく滞在して、自分の赤ん坊と他の赤ん坊に授乳していかないかと母親は依頼される。もし彼女が断れば、邪魔されることなくそのまま立ち去ることができる。もし応じれば、彼女はただちに、二一年間にわたって何千人もの家のない赤ん坊を受け入れてきた善良な修道女の大家族の一員となる。

私がその養育院にこの前行ったのは七月の半ばだったが、一人の赤ん坊が連れて来られ、ベビーベッドで二〇七一五という数字がつけられていた。もちろん子どもの遺棄が予防されたところでは死亡率は大きく低下した。昨年は、養育院の一一〇〇人の子どものうち、一九パーセントをやや超えるくらいであった。しかし昨年一年で実際に受け入れた子どもたちの間ではその数は約二倍に上る。一九パーセントという死亡率さえ、捨て子養育院にしてはきわめて低いが、コレラが流行った時のゴッサム・コートの驚くべき高さの死亡率に匹敵した。

昨年は、自分の赤ん坊を育てることができないか、育てる気のない四六〇人の母親が、彼女自身の赤ん坊とともに見知らぬ宿無し児に、生存の戦いで運をつかむのに十分なだけ強くなるまで授乳することで、自発的にその罪の償いをおこなった。

一一〇〇人よりもはるかに大きな数なのは「ペイ・ベイビー」で、養育院の外で「母親たち」によって授乳されるために外に出される。こうしてもたらされたお金が何百もの貧しい家族の家賃を支払う。ささいな額ではなく、年間実に一二万五〇〇〇ドルの金額が市によって養育院の援助のために寄付される。こうした乳母たちが、毎月第一水曜日に報酬を受け取り、修道女たちに赤ん坊を調べてもらうために養育院にやって来る時の行列は市の見もののひとつである。厳しい監督下にある乳母たちは、しだいに彼女たちの小さな預かりものを愛するようになり、子どもたちが四歳か五歳になって西部の家庭に養子になって送られる時は涙を流して別れることになる。修道女たちは、子どもの精神と道徳心を高める際に彼女たちの最大の助力者として、注意深く子どもたちのうちに家庭的な感情が発達するように励ますので、子どもたちははるか遠くに住む知らない家の「パパとママ」と一緒になるのを喜んで出発する。

うわべだけ見れば、子どもの遺棄ほど故意ではないにしても、もっときわめて残酷な子ども殺しの計画が、託児所［妊娠した未婚女性のための出産施設］経営という名目の下で何年もニューヨークではびこってきた。その名称をわかりやすく言いかえるなら、赤ん坊を餓死させることを意味する。法律はすべての託児所を登録させることで、犯罪の中でももっとも憎むべきこの犯罪と戦ってきた。殺人をもくろむすべての人間に、違反すれば見せしめとなる罰金を科すとの条件で、そのおこないの場所と時間とともに彼らの目的を登録することを要求するのも無理はない。殺人者たちは看板を掲げない。

かつて、彼の尽力により成立した法の執行を任されたニューヨーク児童虐待防止協会理事のエルブリッジ・T・ゲリー氏［弁護士。一八七四年、ニューヨーク児童虐待防止協会を設立するきっかけとなる児童虐待事件を担当した］がこう語った。

「託児所は、たいてい評判のよくない人々が、二人から四人の赤ん坊を引き受けることで生計を営む手段と関係があります。彼らは捨て子や、結婚していない女性から生まれた子どもを請け負っています。赤ん坊たちには酸っぱいミルクがあてがわれ、彼らを静かにするために小児用下痢止め「アヘン安息香チンキ」が与えられ、亡くなれば、経験のない若い医師がその子どもが飢餓性衰弱で亡くなったと衛生局の証明書にサインをするために呼ばれるのです。その赤ん坊は亡くなっているため、苦情を申し出る者はいません」。

過去五年間、児童虐待防止協会の承認とともに、衛生局により、少数の託児所が登録認可されたが、どれもこうしたたぐいの施設ではなかった。悪魔はどこにでもある申し分のない記録しかつけない。彼らの痕跡は警察の検死官によって発見されることが一番多い。時に新聞の広告欄で密かに企まれていた計略が発覚することがある。もったいぶって養子を装い、無力な子どもたちを扱う、冷酷としか言いようのない——現金での——売買に見せかけている。この計略がどのような仕組みなのかは、一、二年前の、とある有名な離婚訴訟で発覚した事柄を通じて理解できた。協会の集めた証拠の中には、新聞を使って生後一週間の赤ん坊（「青い瞳」の赤ん坊）が売りに出された——売人は養子縁組と称した——きわめて最近の事件[*1]がある。一ドル値切った後で係官が赤ん坊を買い、その奴隷商人の女を逮捕した。しかし法律にはその女の罪を罰する権力はない。望まない妊娠をした不幸な女性一二人が女の家で発見された。

子どもたちの命を、お金目当てに意図的に保険に掛けることを教唆するだけで、無知と貧困が生み出した強欲によってゆがんだ人間の本性がはまりこむ、恐ろしい堕落の淵を垣間見ることができる。昨年この街である女が、養子に対する信じられないくらい残虐な仕打ちにより告発された。わずかな金額で子どもに保険を掛けることがその女の残虐な行為の動機のひとつであったのではないかという疑いが、証拠から濃厚となった。少し調べただけで、最低一七ドルから、さまざまな金額で子どもの命を保険に掛ける商売に携わる三つの会社が、そうした保険証書を一〇〇万通も発行していた事実が明らかになった。その掛け金は週五セントから二五セントの間であった。この一件で明らかになった言語に絶するおぞましいこととは、「子どもの生命保険における投機をふせぐ目的のため」、いくつかの会社で結ばれた正式な契約書がこの商売の動機となったことである。この契約条件により、「一〇セントより高い掛け金は六歳以下の子どもに関して認められない」。実に野蛮な行為である！　この法的な文書の言外の意味以上に残酷なたくらみを、かつて残虐な異教徒は考案しただろうか？

このように悲惨な有様から、若者と無力な者たちを救うためにあらゆる方面に差し出される救助の手という、もっと明るい話に移るのは喜ばしくほっとした気持である。ニューヨークは世界で一番思いやりのある街だと私は確信している。ここほど、救助が明らかに必要とされている場合に、進んで助けることに熱心なところはない。ここほど、大勢の献身的な労働者がいるところはない。ここほど、豊富な手段が、要望されるものと、どのように適切にそれを供給すべきかわかっている人々の手元にあるところはない。ニューヨークの貧困とスラムと苦難は、前例のない成長とそれに

＊1　ニューヨーク児童虐待防止協会、事例四二〇二八、一八八九年五月一六日。

ファイブ・ポインツ・ハウス・オブ・インダストリの子ども部屋でのお祈りの時間

ともなう混乱と密集の結果であり、大都市の巨大さの共通の代償である。たとえその構造が不安定な徴候を示しても、忍耐強い賃金労働者たちが下部組織の間で協力して働いている証拠に事欠かない——それは日に日に増加している。

保育所、貧しい地区にある無数の幼稚園と慈善学校、フレッシュ・エア・ファンド、こうした、なんとかして貧者の家庭と人生にやさしく手を差し伸べようとする無数の慈善団体が存在することは、たとえまだ多くがなされていなくても、要望が努力とともに増大するだけであったとしても、これからますますそれをおこなう心と援助の手が見出される証拠である。

今日のニューヨークは一〇年前の状況と比べても一〇〇倍公正で、親切で、高潔な都市である。

この心と体の再生の仕事における先駆者たちの中にいた二つの影響力ある組織が、今日その困難で骨の折れる道における一里塚としてパラダイス・パークに立つ。オールド・ブルアリ［ファイヴ・ポインツの中心地にあった、ビールの醸造所を改造したテネメント。荒廃し犯罪の温床となっていたため、一八五二年に取り壊された］の子どもの犠牲者を救うために、そこの堕落しきった悪行をものともしなかった少数の女性たちが、立法府と市議会がこれまで取り組んできても効果のなかった、最初のもっとも重い巨石を転がした。

ファイブ・ポインツ伝道所《ミッション》とファイブ・ポインツ・ハウス・オブ・インダストリ［どちらもルイス・N・ピース宣教師が一八五〇年代に開設］が、どの政府組織もできなかったことを成し遂げたのだ。六万人の子どもたちが路上から救い出され、その小さな足はもっとまともな道に置かれた。彼らの仕事はなおも続いており、規模を拡大して浮浪児を集め、彼らを教えて食べさせ、彼らの両親を助言や物質的な援助で助けている。彼らの博愛は宗教的信条も国籍も区別しない。

ハウス・オブ・インダストリは、平均四〇〇人以上の通学生と一定数の寄宿生――「外部生」と「内部生」――を有する巨大な保育園である。その影響は市の密集地区の周囲の多くの地区で感じられる。酔っぱらいの悪態より他に何ひとつ感謝の祈りがこれまで聞かれたことのない、暴力が振るわれる荒廃した家庭から救い出された二〇〇人の赤ん坊が、子ども部屋で就寝の時にお祈りを唱えるのを見るのは、世界でもっとも感動的な光景のひとつである。たいてい、彼らの白いナイトガウンが、非人間的な手で残酷に傷つけられた、虐待された小さな肉体を覆い隠している。この組織のシェルターでは彼らは安全であり、なかなかお目にかかることのできない幸福な子どもたちなのかもしれない。

第一七章　浮浪児

社会が下層の生活に対して建てたすべての防御壁、見捨てられた浮浪児の救出と救援のための無数の慈善団体の努力が、まさに家庭とは名ばかりのところから発する浮浪児の流れをせき止められるわけではない。浮浪児はニューヨークでは新聞社通り《ニュースペーパー・ロウ》［パーク・ロウの別名］と同じくらいおなじみのものであり、その通りへ彼らはボヘミアンの本能に従って自然と引きつけられる。自分でやりくりするようテネメントから押し出され、また十分その覚悟ができている彼らは、そこで、世界のあらゆる場所から大人の移民を引きつけるように、奇妙な魅力で引きつけられて、合衆国の各州や海外から大胆にも逃亡してきた大勢の子どもたちと出会う。どの晩に〈ニュースボーイ寄宿舎〉［ニューヨーク児童援護協会を設立したチャールズ・ローリング・ブレイスが一八五四年に開設した、家のない子どもたちに宿泊、食事、風呂、教育を提供する施設］で人口調査をおこなっても、他のどこの場所でもまず寄せ集められないほど、雑多な子どもたちが入り混じっていることがわかるだろう。彼らがこの世で孤独だからといって、同情や慈悲の対象とすべき、無力な小さな者たちと考えるのは間違っている。

そんなもくろみで彼らのところにやって来る善良な人は、彼らから残酷な「あざけり」を受けるとすぐに、そうしたたぐいの同情心など無駄だと確信し、宣教師の努力がまったく及ばない、タフな小さな悪党たちだという考えを抱くかもしれない。

しかしそれはその善良な人の二番目の間違いにすぎないだろう。浮浪児は彼が送る放縦な生活のあらゆる短所とあらゆる長所を備えている。何の権威も認めず、誰にも何にも忠誠を尽くす義務もなく、社会が抑圧しようとする時はいつでも、社会に対し垢で汚れたこぶしを挙げる気ままな生活をしているとはいえ、あらゆる肉食動物の中でもっともよく似ているイタチのように利口で抜け目ない。その強い独立心、自由への愛、絶対的な自力本願は、浮浪児の小さなコミュニティを支配するのを可能にする粗野な正義感とともに、常に市の法律や条例と調和するわけではないが、多くの場合「己の欲するところを人に施せ」［マタイ福音書七章一二節、ルカ福音書六章三一節］という救いに導くひとくだりにきわめて近い――それらは、どのようにすればその少年をつかまえて役立たせられるか知っている人々にとり、有力な接近法である。国中の成功した銀行家、聖職者、弁護士たち、いくつかの例ではアメリカで名高い政治家が、浮浪児の人生における、そうした宣教師の努力の有効性を物語っている。過去二〇年間でニューヨークの路上の貧困と闇からそのもっとも輝かしい才能を取り入れなかった知的職業、あるいは名誉職の支部はほとんどない。

夜中、無限に続く白い紙のロールの上に、過ぎ去ったばかりの二四時間の世界の出来事をインクで紡いでいる、大きな印刷機がうなる音で満たされる時間に、仕事か好奇心からパーク・ロウかプリンティング・ハウス・スクエアを通り抜けた者は誰でも、新聞社のあたりをうろついている、これらの少年グループを見たことがある。雪が路上に積もっている冬には、地下の印刷室からその騒音と喧騒とともに熱と蒸気を排出する、鉄格子のついた通気孔のまわりの温かい場所を求めて戦い、夏には縁石の上で、骨折って稼いだ小銭を、常習的なギャンブラーを虜にするクラップス〔二個のサイコロを使うばくち〕に賭ける。これが彼らのなわばりである。ここで児童虐待防止協会の職員は、「商売」をするにはまだ幼すぎると思われる子どもたちを見つけるが、いつも彼らをつかまえるわけではない。巣穴の中にいるウサギのように、ぼろ服を着たその子どもたちは少なくとも片方の目は開けたまま眠り、あらゆる感覚を研ぎ澄まして、危険の接近、すなわち、主な仕事が彼らを移動させることである警察とか、彼らの大事にしている自由を奪うことに専心している役人の接近を察知する。最初の警告の叫びで彼らは散り散りになって離れる。彼らを追いかけるのは、足の速いシロイワヤギ〔ロッキー山脈に住むカモシカに近縁の動物〕をその岩だらけの砦で追跡するようなものだろう。彼らの知らない鍵のかかっていないドア、あるいは秘密の曲がり角や逃げ道などなく、他にも、誰もこれまで見たことのない、たくさんの通り道と近道がある。彼らをひそかに出し抜くのが唯一の方法である。歩道から郵便局の地下二階のボイラー室へつながっている石炭シュートがあるが、そこで協会の職員が、肌寒い天候の日にその少年たちがリュージュのような滑り台に入りこんで居心地のいい寝床にしていたのを発見した。彼らは通りにある蓋をこっそり持ち上げて、一列に滑り落ち、温かいボイラーまで無事に収まっていた。しかしそれは罠であることが判明した。ある寒い晩、その職員が滑り落ちて行き――それ以外そこへたどり着く方法はなかった――、眠っている集団のちょうど真中に着地し、彼の意のままにした。彼らの拠点を幾度となく急襲された後で少年たちは前年の夏にそこを見捨てたが、次にイースト川のバナナ埠頭の支柱の下で群がっているのを発見された。そこで彼らは三、四〇人の浮浪児たちと約一〇〇万匹のネズミとが共存する常設の集会室を備えつけていた。

ニュースペーパー・ロウは単に浮浪児の活動の中心にすぎない。こうした浮浪児は、日中は生計を得て、夜は奇襲に対する防御の保証つきで「寝る」ことができる機会を提供してくれる地域ならどこでも、街のいたるところで見出される。暖かい天候の時は、路上の荷車、便利な屋外便所、あるいは埠頭にある干し草を運ぶ荷船の丸木舟が格好の寝台となる。かつてハーレム橋の近くの大きな鉄パイプの端を住みかにしていた二人が発見され、イースト川の古いボイラーは別の一組によりエレガントな住居として使われていたが、彼らはそこを警察が長いこと探していた泥棒とともに住まいにしていた。警察はその男が自分たちの目と鼻の先で何か月間も隠れていたなど、少しも疑わなかった。

児童援護協会が初めて寄宿舎を開設し、なんとか少年たちに、自分たちの慈善団体は彼らをだまして背信的な「日曜学校の策略」に閉じ込める「偽善的な稼業」ではないことを納得させた時、寄宿舎の管理人は、めったにないほど快適なベッド——おそらく彼らの中にはそれまで一度もベッドで寝たこともなかった者もいただろう——の中で少年たちの間で繰り広げられた、彼らがいつも寝ていたさまざまなスタイルの寝床の優劣に関するこっけいな議論を小耳にはさんだ。ひいきの寝床は蒸気の噴き出る格子戸と機関車の砂箱の間で意見が分かれた。しかし証言の重要性は砂箱に有利とされた。というのもその支持者が述べたように、「そこで体を丸めることができた」からだ。しかし新たな「掘り出し物」は、以前のどの経験にもはるかに勝っていると認められた。「信じらんねぇ、すげえ！」と、あごまで毛布にくるまった、少年の一人が言い、部屋いっぱいの少年たちがそれと同じ感想を言った。その晩浮浪児と彼らをもてなす側との間で静かに結ばれた約束は決して破られなかった。彼らはそれ以来忠実な友人である。

　この大勢の浮浪児はどこから来たのだろうか？　とはよくされる質問である。その答えは、行方不明の少年を探しに一年中警察本部を出入りしている母親の行列が教えてくれる。彼らがいなくなってから何週間や何か月も経っていたり、しかも時には、少年の運命に本当に関心を抱いているからではなく、儀礼上のこととしてやって来る場合もある。検挙された者の帳簿の中にその少年の名前を見つけられない事務官の「お腹が空いたら戻ってきますよ」という型にはまった保証が常にあたるとはかぎらない。むしろ少年はお腹が空いていたからこそ家出したのかもしれない。少年たちの何人かは、両親が島かシンシン刑務所〔ニューヨーク州オッシングにある州立刑務所〕に「送り込まれた時にこの世に放り出された、事実上の孤児で、「キリスト教団体」によってどうにか世話された

「どこにも住むところはない」

が、以来その慈善団体は、体の成長と泥と、少年を早くに老けさせる路上生活の困難さによって、「一六歳」と言い逃れる見込みが得られるまで、少年にとっては遠ざけられるべき敵となった。警察に連行された一〇歳と八歳のジョンとウィリー〔前頁の写真の少年たち〕のような場合、飲んだくれの父親がその問題の説明となる。彼らは「どこにも住んでなかった」し、一度も学校に通わず、読むことも書くこともできなかった。彼らの一二歳になる姉は父親のために家事を切り盛りしたが、父親は息子たちを外へ物乞いか盗みに行かせるか、凍えさせた。少年の経験した何年にもわたるひどい貧しさとつらい務め、三度の食事のかわりの平手打ちとののしりの言葉、これらすべてがホームレスの群れへ新人を補充する力である。家庭での病気、食べさせなければならない家族があまりに多すぎること。

「おれたち六人だった」と、ニュースボーイ寄宿舎で出会った一二、三歳の浮浪児《アーチン》が語った。「それに親父もいなかった、おれたちの何人かは出て行かなきゃいけなかった」。それで彼は家を出て、ブーツを磨くことで生計を立てた。家出は実に簡単だ。テネメントの自宅以外何も知らなかった少年を引き留めるものなどほとんどない。すぐに路上での自堕落な生活が彼をしっかりとらえ、それ以降彼自身から逃走を試みることなどない。彼一人だけで放っておかれるなら、すぐに彼は警察の名簿に定位置を見出すことになる。そして「その少年はどうなるのか?」という二番目の質問に対する答えは、平日に毎日刑事裁判所の判決によって与えられる解決策以外にないだろう。

しかし家を出た少年は放っておかれない。現在の社会にそうした危険な意図はない。ちょうどその道が分かれるところで、社会は社会そのものと少年にとってあらゆる防御施設の中で一番力強い

路上のねぐらで眠る
浮浪児たち

施設を生み出した。児童虐待防止協会は捨てられた赤ん坊のため、児童援護協会は、その生涯で本当の転機にある家のない子どものために存在する。児童援護協会がもたらした成果はどんなに評価してもしすぎることはないだろう。協会の寄宿舎、学校、宿泊所は、総じて安く、少年が妥当なものとしてすぐに受け入れる値段で住みかを申し出て、あらゆる脱走手段をさまたげる。新聞売り子《ニュースボーイ》のためのドゥエーン通りの大きな寄宿舎では、簡潔にドアの上に次のように書かれた「通告」が掲げられている。「乱暴な口をきき、かみタバコを噛む者はここで寝ることはできない」。その他に口頭で伝えられる規定がある。すなわち、少年というものはいかにも家庭なしでいるべきではない、と。しかしこのことに関し、管理人は賢明にもあまりしつこく主張せず、適切と思う場合には、彼自身の話をあまり詳しく調査することなく受け入れる。そうした少年たちを送り出した家庭が、本来少年たちに与えるべきものも与えず、とうてい家庭という名に値しないことをよく知っているからだ。

これらの予備段階を経て、寄る辺のない少年が入所する。ぼろきれはどうでもよい。無視するためにドアが広く開け放たれるだけだ。汚れは、寄宿舎の中に入れば、長く持たない。石鹸と水は、説教と同じくらい彼らの特定の領域における強力な道徳的主体である、というのが彼らを管理する人々の確固たる信念で、それを裏付ける経験をしている。行儀よくふるまう限り、少年は好きな時に出入りできる。彼の独立心にいかなる種類の束縛も加えられない。ホテルの宿泊客のように自由で、宿泊客同様、稼いだ金で支払うことが求められる。この偉大な援助活動を設立した人々がいかに賢明な計画を立て、さらには実行しているか、本稿よりも詳細に描いた記事はない。こうした宿泊所内で、これまで乞食になった者はいない。そうした人材にとって乞食になるより楽なことはないし、また破滅的なこともない。しかし貧困に陥れるような慈善行為は彼らの計画から一番かけ離れている。自助努力がその重要な基本方針であり、少年のためになされる努力とともに、彼をただちに標準まで引き上げる、少年の不屈の特性に反応を起こす。彼は自分の面倒を見る能力と義務のある、独立した商人として認識され、もし商売がうまくいかず、「食い物」とベッドのための金を支払うことができない場合は、信用貸しを頼み、質問されることなくそれを得られる。さらに、靴磨きの道具一式、あるいはもし彼がそれで認められているか保証されているなら、一抱えの紙で彼が商売を始めるために必要とされるわずかな資本の融資を得られる。しかし何百ドルもの金が援用される取引であるかのように、一セントたりとももらさずきちんと勘定につけられ、融資なしでやり続けるだけの金ができたら、すぐに返金するよう求められる。少年が自分にかけられた信頼を裏切ることはきわめてまれである。まさにその反対に、このようにして促進される、自助努力というしっかりとした中核をとりまいて、多くの場合、倹約と野心的な精励の習慣が育っていくのが見られる。少年は人格を「発達」させており、彼にとっては多額の金を見つけるよりも役に立つことになる一人前の男の仕事につこうとできるだけ努力する。

ベッドに六セント、パンとコーヒーの朝食に六セント、豚肉と豆の夕食を好きなだけ食べて六セント。これが時には一〇〇台以上の寝台を収容する大きな共同寝室で一緒に寝る少年たちの「ホテル」の価格で、鉄製の寝台は二段で、清潔に整えられている。早くから仲間たちを先導する若き資本家の「上位十人衆」は仲間を雇って賃金仕事をさせ、彼らの利益の分け前を彼ら自身のものに加える。商売を学んでいて週払いで賃金を得ている少年のためには、ロッカーとカーテン付の一〇セントのベッドがある。夜間学校と日曜夜のミーティングが同じ建物で開かれ、常に出席者が多いが、特に宿泊所が混み合う冬場はそうである。夏は川沿いの引き船道と郊外が年上の少年たちの役割を引きつける。「日曜学校の試練」は次第に彼らをおじけづかせなくなった。彼らは生き生きとした関心で一連の活動に従事し、いかなる種類であれ口先だけのお説教をすぐさまかぎわける。部屋いっぱいの少年たちが袖をまくりあげて、「谷間のユリ」［聖歌］に取り組む様子を目の当たりにするまで、だれもその会衆の合唱がどんなものか考えも及ばない。最上階の屋内競技場で揺れるブランコは、このすばらしく鳴り響く礼拝式ほど少年たちに人気はない。浮浪児は、意地の悪いいたずらを年下の少年にしかけたライヴァルをぶちのめすことであれ、毎日曜に「ゴスペル屋」［メソジスト派の礼拝堂］に参加することで

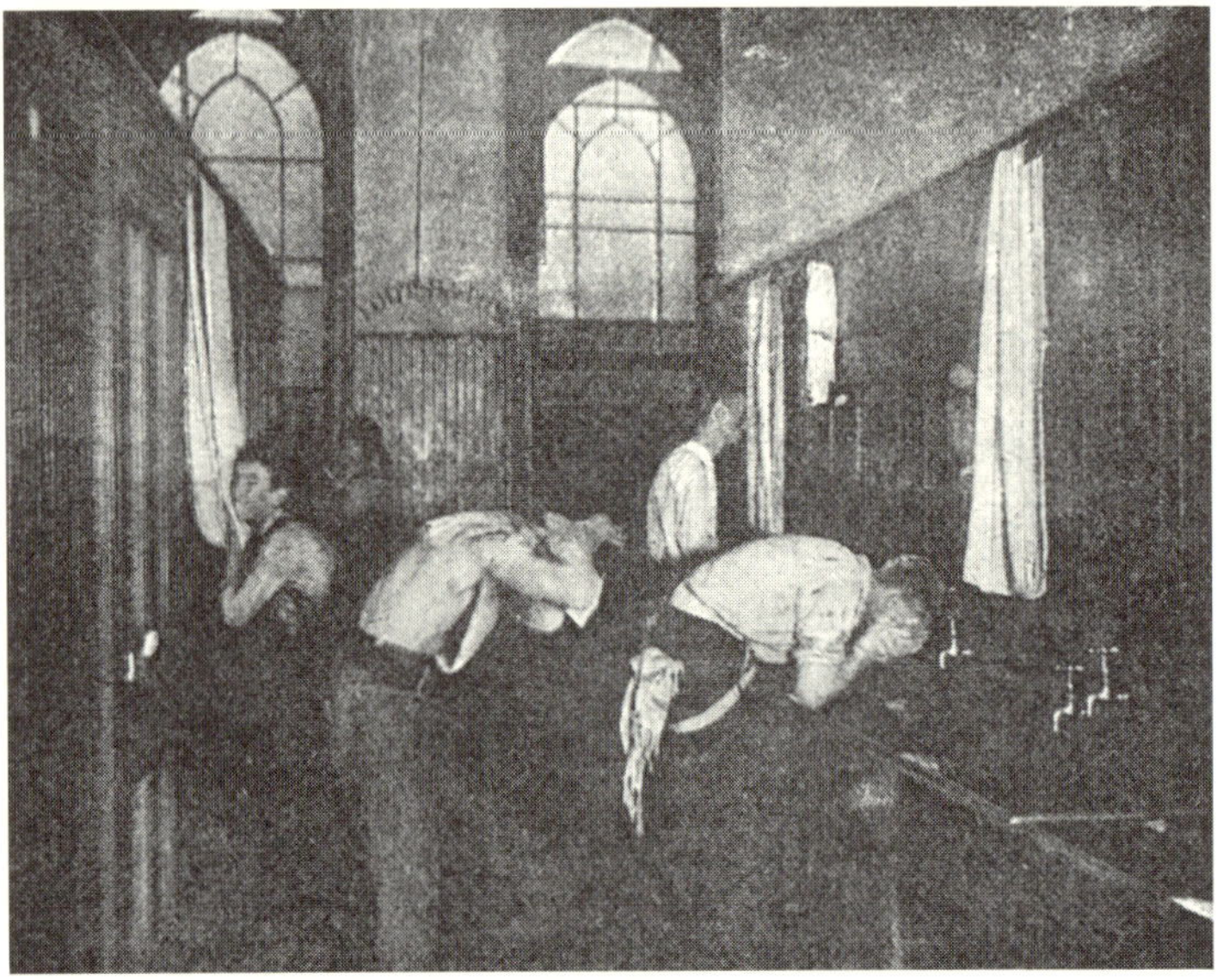

ニュースボーイ寄宿舎で夕食の支度をする少年たち

あれ、その瞬間興味を起こさせるものへ小さな魂全体をゆだねる。最近ドゥエーン通りの寄宿舎の少年が「金を出し合って」、一組のボクシンググローブを買った時、この特質が多少の特別な監督を必要とした。この新たな遊び道具により、石鹸が何の効き目もない、小さな目のまわりの黒あざが何人かに試されるまで、ブランコの人気は一時的な失墜をこうむった。そしていろいろな小さな恨みが晴らされ、いわば、再出発のために貸し借りをなくした。

私はある晩、実のところろうまくいかなかったのだが、洗面所で、夕食のために身ぎれいにしている少年たちの写真を撮影しようとした。彼らはひどく騒がしく、頼まれもしないのに、その出来事の総責任者の職に就いた一人がうんざりして、私にとても丁寧な言葉で彼の無念を表した。「もし彼らが行儀よく振る舞ってくれさえすれば」と彼は訴え、「いい写真を撮れたでしょうに」。

「そうだね、でも彼らのせいではないと思うよ」と私は言った。

「いや、絶対に！」　彼は憤慨して、突然無作法な言葉で言った。「あのガキどもはまったく分別がねぇからよ！」

協会は市内にこうした少年たちの寄宿舎を五棟管理していて、一棟は少女専用である。ドゥエーン通りの寄宿舎だけで一八五五年の創設以来二五万人近くのさまざまな少年たちを保護しており、総額は五〇万ドルよりもずっと少ない。この金額のうち、今年の初めまでで、少年たちとホームの所得が一七万二七七六ドル三八セントも寄与した。宿泊所すべてを合わせると、去年は一万二二五三人の少年少女が保護されてしつけられた。少年たちは寄宿舎で彼らに与えられた預金箱に少なくない額のお金を貯めた。預金箱は簡単な仕組みの錠付きの箱で、月一回彼らのために中身が空けられる。これに加えて、協会はテネメントが立ち並ぶ地区で、市の校舎に余裕がないか、そこへ行くにはあまりにみすぼらしい貧者の子どもたちのため、当局の公立学校と協力して、二一の職業学校を創設して活動している。少女の教育のためには、読書室二部屋、裁縫とタイプライターの学校、洗濯場がある。病気の子どもたちの救護院は市内に一か所と海岸に二か所あり、そこでは貧しい母親たちが赤ん坊を連れて行くことができる。海のそばには肢体が不自由な少女たちのための別荘、四四丁目には肢体が不自由な少年のためのブラシ工場がある。レオナード通りにあるイタリア人学校は、そこだけで去年の平均的な出席者数は六〇〇人以上だった。それらすべての職業学校で一日の平均出席者数は四一〇五人だったが、一万一三三二人の子どもが入学し教育を受けた。こうした子どものうち一一三二人は両親が酒浸りで、四一六人は通りで物乞いをしているところを発見されたという事実を、一七四五人の生徒によって学校の預金箱に預けられた一三三七ドル二一セントの成果と対照させれば、適切なアイディアのようなものが街での協会の活動範囲から得られる。

しかしある意味最大の、確実にもっとも幸せな結果を生んだ成果の大半は市外にある。寄宿舎と学校から大勢の若い移住者が集められ、毎年中西部の家庭へ行き、都市の誘惑と悪徳から安全な、自立心のある男女へ成長する。その数は何千人にものぼる。協会はけっして彼らを見失わない。記録によれば、この事業が始まってから、大勢の子どもが移住した先で有能な市民、くじ引きで行き先を定められたコミュニティの名誉となっている。新しい環境で地位を得て名を挙げた者も少なくない。彼らについての悪い報告が出てくるのはまれである。時にスラムでさえも懐かしくなり、戻ってくる者がいる。しかしたいていはわずかに滞在するだけで幸福を求めてその病は癒される。かつてミシガンへ出発する一行を送り届ける手伝いをしたことがある。それは住む家のない子どもたちの偉大な友人であったアスター夫人が亡くなる前に送り出した最後の一行だった。その中にファイブ・ポインツ・ハウス・オブ・インダストリの「内部生」だった少年がいて、彼の全財産である、非常に人懐っこい性質の小さな白いネズミ二匹を入れた、南京錠をかけた鉄張りの箱を唯一の手荷物として携行していた。ネズミは彼とともに肥沃な西部地方でぜいたくに暮らすために旅立つところだった。そこでなら彼らも一片のパンに事欠くことはないと考えてのことだった。残念ながら、ネズミや人の深く計った計画も往々齟齬《そご》する。西部の食事はどちらにも合わなかった。数か月後、私はネズミの飼い主をファイブ・ポインツのかつての寄宿舎で見かけた。彼は道のりの一部を歩いて戻って来ていて、今はもう一度派遣されるよう嘆願しているところだった。彼はようやく街にうんざりしていた。ネズミのことを聞くと、彼はがっかりした顔をした。実際、悲しい話だった。「やつらが食べるトウモロコシはたくさんあった」と彼は言った。「それにやつらは我慢できなかった。全部食べて、破裂したんだ」。

アスター夫人は、その高貴で立派な生涯で、毎年路上からホームレスの少年の一団を集めて、見苦しくない服を着せ、善良な家庭へ送ってよい手本を示した。彼女は亡くなるまでに一三〇〇人もの子どもたちを送り出していて、彼女のおこなっていた活動を遂行するための基金を遺した。その遺志は、彼女のようにそうした篤志事業をおこなう手段と心を持つ多くの人々によって引き継がれている。協会の寄宿舎と学校建設の大半は、費用の全額を支払う誰か一人の金持ちによって建てられ、しばしば寄贈者の名前を公表するのさえ異議を唱えられる。まったく困窮した状況にある者に希望と勇気を与え、まだ生まれていない世代にまで天恵を施すそうした知られていない善行と関連して、金を獲得することとしか考えない世の大部分に毅然《きぜん》と立ち向かう生涯について知ることはもっとも気持ちのよい体験のひとつである。その名前が何百万ドルの資産を意味する、ある女性の馬車が、三四丁目にある少年用寄宿舎の正面にあるのを見かけたのはそう前のことではない。その馬車の所有者はその時、協会が受け持つ子どもたちのなかでもっとも不幸な、ブラシ工場で働く肢体が不自由な少年たちに義肢を整えてやるための準備として、調査をおこなう外科医とともにせわしく動きまわっていた。

児童援護協会によって建てられたどの施設よりもアップタウンの六七丁目には、協会が保護する子どもたちの大半よりもかなり年長の少年たちのために作られた寄宿舎がある。他の施設と異なり、恩恵を受ける対象である若者自身が実際に働いて建設された。この街の建設業で職人に年間支払われる二三〇〇万ドルのうち、ニューヨーク生まれの労働者にわたるのは六〇〇万ドル以下で、その息子は路上をさまよい、浮浪者になる可能性が高く、まじめな職人になることはほとんどない。そういう状況に対して非難されるべき、非道な手段の持ち主のばかげた妨害があるにしても、一層多くのわが貧民街出身の少年が、そこと、一種の付属施設である、ニューヨーク職業学校で彼らの道を見出す日には、わたしたちはこの少年をどうすべきかという問題を、もっとも無理のない方法で解決することができるだろう。オークミューティ大佐は経験豊富な慈善家で、ニューヨークの発育盛りの若者は、いずれ彼に簡単には返せない恩義を負うことになるだろう。若者がほんのわずかな経費で商売の実践ばかりか理論を数か月間で習得するという、彼によって確立された職業学校の制度は期待されたほどすぐに普及しなかった。他の諸都市が、その事業の指導者としての熟練工とともに、そのモデルを模倣しているという事実が、職業学校制度の長所の証拠となるにもかかわらず。しかしようやく本格的に始動してきており、組合労働員と組合の事務官たちでさえ、今や職業学校で訓練してもらうために自分の子弟たちを送り込んでいるほどだ。[*1] したがって酵母が作用するのに相当時間がかかったとはいえ、少なくともこの土地生まれのニューヨークの浮浪児の存在をなくす方針に沿った救助活動の舞台となる、良心の時代が現れつつあるという希望を抱くことが許されるかもしれない。

*1　オークミューティ大佐自身の発言による。

第一八章　酒の支配

神が教会を建てると、かならず悪魔が隣に建てる——酒場を。この古い言いまわしはニューヨークでは意味を失っている。最初に悪魔が仕事に取り掛かったか、悪魔の方がはるかに多く建設し続けているかのどちらかだ。

かつて両者の数を調べたところ、一四丁目より南で、プロテスタントの教会、チャペル、あらゆる種類の礼拝所は一一一、酒場は四〇六五軒まで数えた。テネメントの住民のうち最悪の半分はその地域に住んでおり、今日にいたるまで酒場の中で最悪の半分がそこにある。アップタウンではその数はややましになるが、今日少なくとも教会ひとつに一〇軒の酒場が存在する。集まる人の数は教会よりずっと多いのではないかと思う。確かに参列者の数はより安定していて、日曜を含め、週を通して寄付金は前よりも豊富になった。どんなにわれわれが迂回しようとしても、礼儀と道徳心のため社会が構築するあらゆる防波堤に対して、酒場はその巨大な影、それが貧者の生活に垂れ込めるところはどこでも罪悪の予兆を投影する。

酒場の影響がこれほど広範囲にわたり災いを及ぼしているところは他にない。テネメントの住民にとっては不幸なことに、兄弟よりも親密になり［箴言一八章二四節］、酒場の中だけが避難所、息抜きであると思い込ませる。多くのテネメントハウス地区で酒場だけが唯一の明るく愉快で人情味ある場所であるのは事実なので、商売は繁盛しており、なおのこと悪い。隣人の残りを酒場のレベルまで引き上げることが、酒場を押しつぶすひとつの方法であると告白をするのはみじめだが、そうである。テネメントが密集するところはどこでも酒場が増加する。テネメントに住む人々のひどい貧困に、残りの苛酷な苦しみをすべて合わせたよりも重い負担を課しながら、酒場は儲けて繁盛する。税務局が、まだ店が入っていない場合は、今後交差点の三つの角での酒の販売を許可しないという規則を定めてから二年も経っていない。また酒類の販売禁止令がテネメントの地区のために遅ればせながら企図されている。そうした規制が必要なのはそこ以外にない。さもないと、何マイルも、閲覧自由な読書室や気持ちのいいコーヒーハウス、酒の売買のための偽装ではない上品なナイトクラブを探し求め、むなしく貧しい家々の間を歩き回ることになる。疲れ果て、過密状態の家と諍いとみじめな状態にうんざりしている時、酒場、すなわち貧者のナイトクラブであり広場であり安息所である場所が、一足ごとにぽっかり口を開いている。そこで授けられた毒でもって、質においてそうかけ離れていない政治的立場を獲得する。源であると同時に、流れでもある。ニューヨークでは酒場が政治を動かしている。その当然の産出物が厄介な利害関係である。それが意味することについては、多数派ではないにしても、ある程度もぐり酒場の経営者で組織された歴代の市議会がニューヨークに利益の分け前を与えてきた。悪名高い「賄賂委員会《ブードル・ボード》」の不名誉は、さらに腐敗した汚職行為が持ち上がり、その影を薄くするまで、忘れられることはないだろう。
酒場が民衆に対してどんな関係を担っているのか、比較して説明してみよう。一四丁目より南には、一年半前に衛生局が初めて正確なテネメントの人口調査をおこなった時、市全体でテネメントとして分類された建物三万二三九〇棟のうち、一万三二二〇棟が存在した。一一〇万の居住者のうち、五〇万に達しない、五歳以下の子ども六万三〇〇〇人を抱える人々がそのラインよりも南に住んでいた。さらに一四丁目より南では去年警察によって確認された安い宿泊所のうち二三四軒があり、一二か月間で総勢四五〇万人の宿泊人と、質屋一一〇軒、そして酒場は七八八四軒のうち四〇六五軒がある。
もっとも住民が密集している第四、第六、第一〇、第一一の四つの警察管区は、およそ一二〇〇の酒場で支え合い、その収益は二七パーセントを示す。全地区のなかで最大規模かつ一番貧しい人々の住む地域――第一〇行政区――を含み、さらに大勢の家のない宿泊人の三分の一とその年の全囚人の一四パーセントを収容している第一一管区では、一八八九年に四八五軒の酒場が営業していた。そのうち援助がなく倒産した一軒は記録にない。逆に若干数はそのオーナーに富と名声をもたらした。酒場のカウンターから、こうした著名な市民たちが誇らしげに市と州の議会へ足を踏み入れた。飢えた労働者たちのパンを求める叫びが最近鳴り響いた地域にある酒場のひとつでは、なんと床に一ドル銀貨が敷き詰められているのだ！〔第一〇行政区を支配していたギャングのチャールズ・R・ソロモンが経営していた、エセックス通りにあった〈一ドル銀貨サロン〉のこと〕
このように苦い運命を危険な毒で和らげる専制君主たちに報酬を与えるのはイーストサイドの貧

困だけではない。第四行政区は、「血の桶《タブ・オブ・ブラッド》」と、それほど驚くような名称を持たない一ダースの酒場の経営者たちの名誉な記録を誇らしげに示す。またウェストサイドは、ヘルズキッチンの三セントウィスキーの地区にある二軒の酒場——それぞれ店で提供されるアルコール入り混合飲料の中味（「魔女のスープ《ウィッチズ・ブロス》」）と命取りになるほど気前いい量（「シルクハット《プラグ・ハット》」）を予示する名前がついていて人気がある——のオーナーの富と「社会的」地位を示す。マンハッタン島の最高の居住地ともっとも高貴な名家を有する他の行政区は、どこにでもあるブラック・アンド・タン・ダイヴとダンス・ホール《ダンシング・ヘル》の中でももっとも悪評高い店の経営者を与党の政治指導者たちとともにもてなす。そのリストはどんどんと引き延ばされ、日曜日にわが街の教会の説教壇で説かれる多くの説教よりも痛烈な皮肉の効いた説教のテキストになるかもしれない。しかし私はここでニューヨークの政治史を書くことを企てたのではない。おまけにそのリストは完成しないだろう。秘密のもぐり酒場はスラムの内外でこっそりと営業して、税務局によって体裁よく名付けられず、「通用口」も確認できない。ステイルビア・ダイヴのように、そうした商売はどの曜日も脇の入り口を通しておこなわれる。市内にある無許可の酒場の数をだれも知らない。その問題を調べた人々は大体一〇〇〇軒と推測する。警察官は時折数件のリストを作成し、それらを本部へ報告する。おそらく警察署では茶番があり、そこでその問題は終わる。酒と「有力者」は同義語である。一方の利益が他方の注意不足のために痛手をこうむることはめったにない。

法律を公然と蔑視するこれら無許可の酒場を除き、酒場はすべて、子どもにはビールも蒸留酒も売らないことを告げる看板を下げている。バーンズ警察本部長の部下たちが、強盗に関係している

ダウンタウンの酒場《モルグ》

と考えるだけで一週間忘れないほどのショックを受けるような市民たちを肘で押しのけながら、もっと立派な獲物を見つけるアップタウンの「評判のよい盛り場」のように、利益を生み出す住所不定の人間を最低の格下げにするダウンタウンの「モルグ」［有害な醸造酒を出す安酒場。「モルグ」は死体公示所の意］では、この看板ははっきりと見えるように掲示されている。一見慈悲深い法律への服従を意味しているようだが、実のところその看板は無慈悲で残酷なジョークである。ニューヨークの平均的なバーに空のジョッキを持ってきた子どもが、望むものに対して代金を支払えるなら、空手で追い払われるのは一〇〇〇人に一人もいるか疑わしいと思う。

かつて私は、一一月の晩、裸足で震える小さな男の子が冷たい歩道でピッチャーを割る危険があるように見えたので、その後をつけて、まさにそうした看板が壁にかかっているマルベリー通りの酒場に入っていき、酒場の経営者がその少年にビールを出すのを阻止した。その男は、あたかも私が店を閉めて家に帰れとでも言ったかのように、私の口出しに驚いた。実際には、法律で定められた終業時間の午前一時を過ぎていたので、正当な権利としておこなうべきだったのだが。彼はひどく怒って、ピッチャーを満たしながら、出て行け、引っ込んでろ、と乱暴に言った。

未成年者にビールの販売を禁じる法律は、罵りに対する条例と同じくらい、テネメントハウスの地域では高く評価されている。

新聞の読者なら、一年以上前に報じられた話を覚えているだろう。ある少年が、イーストサイドの父親が働いている店で、一日中店いっぱいの男たちにビールを運んだ後、騒ぎの中で得た分け前の効き目を寝て治すために地下室へ忍び込んだ。それは土曜日の晩だった。日曜日、両親は彼のことをくまなく探した。しかし彼が発見されたのは、店が開いた月曜日の朝になってからのことで、地下室にはびこるネズミによって食い殺されていた。

貧困を生みだし、政治を腐敗させるという点であらゆる悪事を酒場ははたらく。あらゆる苦難を無数の罪のない犠牲者の人生にもたらし、酔っぱらいの妻と子どもたちに社会を呪わせる。犯罪を育み、犯罪者をかくまう——これに対してすべて何にもならない。最悪の罪である。泥棒に対する親和力においては、少なくとも、酒場が泥棒を作り上げ、同様に破滅させるという埋め合わせがある。誠実さを捨てる原因となった酒が知力を奪ったとすれば、しくじらせ、司法の手にゆだねるために泥棒の道につかせたようなものだ。

子どもの堕落に対して原状回復は存在しない。誰にも不可能である。それは社会のまさに核心部を徐々に破壊する。社会の一番強固な防衛手段をむしばみ、敵に譲り渡すことになる。酒場によって世話をされ、腹を満たされ、グラウラーがニューヨークの通りで少年の生活に立ちはだかり、彼を更正させるためのたゆまない努力をくじく。そこから逃れる道はない。一度でも希望をくじくような支配が及べば、少年には何の希望もない。それ以後は、彼に貧困と無知を運命として与えた世間が「面倒を見るのは当然だ」というスラムの論理が彼の信条となる。「ごろつき」のキャリアが彼の前に開け、グラウラーの結果として悲惨な結末へと盲目的に突き進む、お定まりの道である。

第一九章　毒麦の収穫

〔毒麦は「悪い者」のたとえ。マタイ福音書一三章三六～四三節〕

「グラウラー」はごろつきの揺りかごに置いてあった。それは少年時代の「ギャング団」での見習い期間を通じて彼を支配し、訓練の最後の仕上げをして、彼の人生観が彼にはその権利があると告げる生活の資を、こっそりとか、力づくで、徴収する泥棒として世間に放つまで、しばらくの間だけ、彼を収容する刑務所の戸口で離れる。そして彼が憎む労働に同価値のものがなければ、自発的に降伏することはないだろう。彼が初めてビールを満たすためにグラウラーを持ったのは、赤ん坊と言ってもいいくらい幼い頃のことで、その瞬間からその力の及ばないところへ出たことは一度もなく、その二つは生涯を通じて続く協力関係を形成する。その関係には少なくとも、たいしたものではないにしろ、義理堅いという長所がある。酒場は子どもになじむ唯一のことである。まっとうな遊びは路上では禁止される。警官はボールを投げる者を逮捕するし、裏庭には空間がない。そうした場所のひとつ、子どもであふれる二棟の巨大なテネメントの間で、次のような不気味な掲示を見たことがある。「この中庭でつかまえられる少年はみな法律にてしょりされる」〔おそらく正しくは「この中庭でキャッチボールをする少年はみな法律によって処罰される」」。

海岸通りに沿った、波止場にたむろする浮浪者のむさくるしい住みかで、また大通りで、若いごろつきは気の合った若者をいくらでも見つける。あらゆる曲がり角にギャングがいて、常にとなりのブロックにいるライヴァルと最良の関係にあるわけではないが、すべて共通の計画、すなわち法と秩序の無視と、仲間の前で英雄を気取るため、「ぱくら」れる、すなわち逮捕されるという共通の野望をいだいている。食料雑貨商への押し込み強盗に成功すると評価があがり、警官を「やっつける」と昇進することができる。ギャングはニューヨークではおなじみだ。警察は、その最大の資源に重い負担をかける、ギャングとの夜の戦いで負わされた傷跡の手当をしながらも、ギャングの存在を否定する。新聞は毎日ギャングのしわざを、その邪悪な伝統を支え、一番の悪者と同じくらい悪くなりたいというメンバーの野心をあおる役割を果たすべく、ささいなことまで事細かく扇情的に書き立てる。ギャングはテネメントハウス産の熟した果実である。自由のために家庭を犠牲にしたか、故国の幸福のために国を離れた世代による束縛への本能的な敵意の遺産を賦与されて、テネメントで生まれた。テネメントはその種子を受け取って育んだ。アメリカ人の気質の激しさが、もっと粘着質な気候であれば普通の「荒くれ者」になったであろう殺人者の名付け親となった。ニューヨークの悪党は、ニューヨークのスラムという腐った土壌で育まれた、新旧の抑圧への反発の存在を表している。そのギャングはイングランド、アイルランド、ドイツ出身の両親を持つアメリカ生まれの息子によって構成されている。彼らはまさに出身地であるテネメントの状況を映し出す。ちょうど静けさと秩序がマレー・ヒルに適しているように、殺人はチェリー通り、あるいはバトル・ロウに適している。ヨーロッパの抑圧された群衆の「同化」については、われわれの独立記念日の演説者たちが強調しているが、完璧である。その産物がわれわれ自身だ。

これがニューヨークのギャングたちの起源だ。彼らの歴史を書くのはそうたやすいことではない。二世代前からのわが街の犯罪史の大部分にわたり、そのどの頁も血で赤く染まる。パリが一世紀前に不当な待遇の恨みを晴らすために設置したギロチンは、このニューヨークの因果応報の女神ネメシスより残忍でも、識別力があるわけではない。その違いは目的である。ギロチンを用いた殺人はまじめな目的を持っているが、われらがギャングによる殺人は軽率な偶発事件で、これという理由のない刹那的な蛮行である。虚勢と強盗がギャングの本当の目的だ。つまり虚勢のために警察官を攻撃し、強盗のために市民を襲うのだ。この前の春、新聞は、一週間も経たない間に、公道で若い追いはぎが罪のない人々を襲った殺人事件を六件報じた。これ以外にどれだけ多くの事件が、「正義のために」そうした暴行を常に秘密裏に処理するために全力を尽くしている警察によって伏せられたか、言うつもりはない。刑事裁判所の記録が示すように、その後そうした事件に事欠くことはない。実際、比較的ギャングの活動が休止していた時期の後で、この前の夏は復活したイーストサイドの連中の騒乱の再覚醒に遭遇し、警察管区の予備軍は彼らをこん棒で服従させるために繰り返し召集された。言ってみれば、突然噴出するのがギャングの特性である。ウェストサイドが噴火している時は、イーストサイドのギャングは「身を潜めて」いる。そしてノース川沿いの悪党たちが家で折れた手の手当をしているか、シンシン刑務所で復讐心を抱いている時は、新たな事態が三番街の東のテネメントで勃発する。ギャングを押さえつけるために警察がおこなっている、まさにその努力によってこうした結果が引き起こされる。地元の争いにもかかわらず、彼らの間には、共通の敵に向かい合う追われたライヴァルに正式の仲間になることを直ちに認める、ある種の悪党らしい仲間意識がある。ギャングは一本の巨大な鎖のようにバッテリーからハーレムまでこの街を結びつける――「チェイン・ギャング」という集合的な名称は、彼らの間には一般に考えられているよりもっと緊密なつながりが存在すると信じて、それらの点在するグループに与えられた。イーストサイドが居づらくなった悪党は、街の向こう側へ行って名前を変えさえすればいい。通常彼にとってはシャツを替えるよりもはるかに簡単で、新たな暴力を計画するための避難所を探せばよい。彼の悪名が高ければ、それだけ暖かく歓迎され、もし彼が部下を「やっつけた」なら、異議なく新たな活躍の場でリーダーシップを与えられる。

これまでに述べてきたことから、ニューヨークのごろつきは非常にけんか好きで、不屈の勇気を持ち、虎のように生来血に飢えていると推察されるかもしれない。これに反して、ここのごろつきは道を誤った臆病者である。残忍性という彼の本能は虎よりは狼のそれである。彼が危険なのは徒党を組んで獲物を追いかけている時だけだ。その時は過度の虚栄心が、仲間たちの前で名を挙げたいという一心で、あらゆる恐怖や警戒を忘れさせる。どんな手段を使っても手に入れようとするあらゆる掌編小説と三文小説――しかもこういったものはいくらでもある――をうのみにして、そうしたお定まりの読み物によってひどく気味の悪いものへと生長した彼の性質の中の、ひどく芝居がかった要素がその結果である。彼は常に奇妙な矛盾のかたまりである。飲んだくれて口が悪く、一セントのコイン投げによって無防備なよそ者の喉を掻き切る覚悟がつねに出来ていて、まともな母親から酒のお金を得るためにあざになるほど殴ったばかりでも、自分に対する[*1]「立派な人物でない」という汚名を、耐え難い侮辱として憤慨するだろう。メリケンサックや破壊的な砂袋などの卑怯者の武器か、屋根から取って来た煉瓦のかけらで一戦を交えながらも、この悪党はなおも大まじめなフェアプレーの愛好者である。仲間に一ダースの怪我人が出た戦いで警察官一人をぶちのめしたことがあったとしても、次には自身の命をかけて溺れている子どもか女性を救う彼の姿が見出されるかもしれない。この男が卑怯なならず者なのか、それとも異なる教育を受けて、異なる社会環境にいれば英雄になりうる人物なのかは、彼を見る視点による。常に機転がきき、ロンドンのスラムの乱暴者ほどその性質に卑劣なところはない。しかし見せびらかしと喝采《かっさい》を熱烈に愛するがゆえに、大西洋の向こう側にいるよく似た同類にはまったく欠けている、虚勢まで張ることになる。

今でもはっきりと覚えているが、そうした悪党の一人で、一九歳にならないうちに強盗と殺人を犯した若者は、どうやら、すばらしい見世物の中心にいることに内心有頂天なあまり、絞首台のロープの不安が完全に打ち消されたようで、冷静に絞首台へと向かった。処刑後すぐ、テネメント生活の喜びの絶頂である盛大な葬儀が続いたので、その若者は報われた。彼の名前は今日までウェスト

＊1　この母親は翌朝、自分に背いた息子を釈放するよう、裁判所に涙で懇願するだろう。兵士の未亡人と自称する貧しい女が、キングスドーターズ・テネメントハウス救済委員会に昨年の夏、自分には面倒を見てくれる親族が一人もいないため、どこかのホームへ入れてもらえるよう申し出た。調査の結果、彼には立派な四人の息子がいたが、そろってごろつきで、母親のことを頻繁に殴っては、彼女が稼いだか、恵んでもらったお金を残らず奪っていた。その調査によれば、母親は「よい習慣の身についた立派な女性」で、なさけない息子たちをかばうためにだけ嘘をついたのだった。

サイドのギャングどもの間に驚くべき影響を及ぼしており、彼が「自分の望みにぴったりの相手をうちのめした」その晩まで、野心はあっても無名のメンバーだったと、ギャングによって誇らしげに伝えられている。

この悪党マグロイン〔後述のギャング団ワイオスの初期のメンバー〕を有名にしたのは、無防備な酒場経営者を卑劣にも殺害した事件だった。経営者は、真夜中にこのギャングが彼の店を略奪しているところを見つけたのだ。マグロインは簡単に逃亡できたかもしれないが、「一人のオランダ人のために逃げる」ことをいさぎよしとしなかった。その時彼がとった行動は、社会との衝突の中で彼の階層によって打ち立てられた英雄的行為の規範に十分かなっていた。その仕上げは門出にふさわしかった。仲間の中で名声を博したいという野心にかき立てられた、成長半ばの少年による犯罪への最初の大きな一歩は通常、「飲んだくれ」、すなわち、道に迷って、当然のことながら玄関で眠りこけている酔っぱらいから強奪することである。少年はそれまで銅張底の洗濯用大釜などの商品を作る徒弟の年季を務めていて、周囲に散らばっている品物を現金に換えればグラウラー一杯か二杯分は十分せしめられる。しかし彼は、初めて試みた強盗により、ただちに完全な仲間へと格上げされる。年はいかなくても彼はもはや「子ども《キッド》」ではなく、他の者たちと一緒のごろつきである。いずれ――まあ確実に――きわめて残忍な悪党として新聞に悪名をはせるかもしれないし、縁まで満たされた栄光の杯を得るかもしれない。

私はかつてそうしたちんぴらのグループが、なんらかの襲撃がうまくいった後で、西三七丁目の波止場でグラウラーを回しているところに出くわしたので、カメラを構え、彼らに「撮影」を申し出た。彼らは、いつもなら、手錠がかかり警察官につかまれた状態で初めて知り合いになる写真家に用心するほど思慮深くも慎重でもなかった。あるいは、警戒心よりも虚栄心の方が勝っていた。よりによって写真家の前でポーズをとることを好むのはそのごろつきの性格に完全に調和しており、通常、ごろつきというのは野心が強ければそれだけ冷淡になる。このごろつきたちは前者の類で、撮影の申し出を大変快く受け入れ、彼らとともに徘徊していた、みすぼらしい姿の羊（屠畜場がすぐ近くにあった）を一頭、グループの一員として引きずり込んだ。グラウラーを「顔」につけて撮影されることを主張していた、その中で一番平凡な顔つきの乱暴者が、その機会をとらえてグラウラーの中に残っていたものを喉に流し込んだため、ちょっとしたけんかが起きたが、他の点では撮影はうまくいった。カメラを準備している間、私がタバコをくわえた写真をそれとなく提案したところ、ただちに受け入れられた。その時私はなんとしても一行の「がらに合う」もっとも図太い性質を示す写真を撮らねばならなかった。彼らの一人が、眠り込んだかのように、小屋に倒れかかると、他の二人がその上にかがみ、実に巧妙な手つきでポケットを探った。私のために彼らが説明してくれたところによれば、これは彼らが「うまくせしめる」方法を示すためだった。残りの一味は自分たちの技を示す重要性に感心していたため、その小屋によじ登って、屋根の上で足をぶらさせながら座り、彼らが考えられる限りのあらゆるポーズを見えるところでとることで、写真に収まることを主張した。

彼らのことを仲よく愉快に過ごしている無害な若者とみなす過ちにおちいる読者がいるといけないから述べておくと、彼らとの会合から三〇分も経たないうちに、私が三ブロック離れた警察署に

会議中のグラウラー・ギャング

立ち寄ると、その「モンゴメリー・ガード」の二人の友人が、私が去った後でその道を通ったユダヤ人の行商人を襲い、彼らが言うには、「ただ面白半分で」頭をノコギリで切ろうとして、逮捕されていた。「そのユダヤ人が現れるとノコギリがそこにあってよ、だから奴をやっつけてやった」。警察は私にその囚人たちのことを「役立たずの」デニスと「のろまの」フォーリーと言った。

ひどい傷を負ったユダヤ人の立場からでさえ、必ずしも、ギャングたちのささやかな気晴らしがこの時のように無事に済むとは限らない。モンゴメリー・ガードの領分からそう遠くない、私がカニングハム家の写真を説明した注［一八八頁の第一四章原注］で触れた殺人現場のちょうど向かいに位置するポヴァティ・ギャップで、年老いた両親を一人で支えていた少年が、わずか数か月前に「アレー・ギャング」によって殴り殺されたのは、行商人がギャング仲間の不興を買ったのと同じ原因、すなわち、まじめに働いて生活費を稼ごうとしているのが気に食わなかったからだった。翌朝、ヒーリー少年の死がまだ明るみになる前に、そのギャングの一部が、殺された少年の家がある裏屋の並びで、空き部屋の床の藁山で眠り込んでいるのを私は見た。私に彼らの隠れ家を漏らしてくれ、こんなにひどい悪党が絞首刑にならないはずがないと請け合ってくれた住人の一人が、一〇分後には公然と、そのギャングはまじめで無害だと請け合ったので、あやうく私は、軽率にも彼の二枚舌を非難するところだった。寸前で彼の目をとらえて私は黙った。要するにその人物は、人殺しの悪党を法に照らして処断するために、彼が安全にできる手助けをしながら、自分の家庭を守ろうとしたのだ。その出来事はどれだけ地域の住民が、これら思慮分別を欠く悪党たちからなる特定のギャング団におびえているかを示している。

ポヴァティ・ギャップではまだまともな人々が少しは残っている。ヘルズキッチン、あるいは三九丁目の反対側のイースト川沿いと、一番街をもっと南に下った「ヴィレッジ」にいるその仲間となると、ラグ・ギャングとその仲間たちは、警察との定期的な交戦で裏切りを恐れる必要がない。その地区全体がそうした機会に参戦するからだ。女性たちの中には「気晴らし」を求めるだけの者もいるが、多くは夫や兄弟や恋人が戦っていて、彼女たちの助けを必要としているので、前列で加勢する。その時煙突の頂部は戦闘手段の供給地となるため、普段から緊急事態に備えて、たくさんの煉瓦や敷石が、上階に用心深く蓄えられている。定期的なパトロール基地は、これらの場所でもめごとが起こった時に警察によって屋根に設置されるが、その時でさえ、まったくの丸腰で逃げたりはしない。命からがら逃げる場合は特にそうで、ギャングも同様である。警察官は悪党に一番よいのがただひとつ、こん棒だけだというのを知っていて、もし不利な立場でとらえられれば、彼が利息をつけてその支払いを返すことになるのをよく承知しているので、機会があればいつでもどこでもそれを無制限に浴びせる。ギャングのさばる地区では言葉は打ちのめされるよりも悪い。姿を見たとたんに攻撃で、だしぬけに言葉をかけられた悪党は決して質問に答えるために立ち止まったりしない。ある注目すべき非道な行為で「指名手配中」でない限り、警察官がわざわざ彼を逮捕するようなことはめったにない。警察官はすぐに誰に対する告発が係争中であるか半ダースは指摘できるが、これまで拘留は長くもたなかった。悪党をさらに無謀にするのに役立っただけだ。というのも、過去に彼を救ったことのある政治的後援者が再びそうしてくれるとわかっているからだ。それが「受け取り金額」でのみ交換可能な商品で、どんな対価が需要があるか想像するのは難しくない。九九パーセント、酒場がその取引の後ろ盾となる。

これらの理由から、また幾度もの経験から自分のやり方が一番だとわかっているので、警察官は、ギャングたちが彼の長い警棒の届く範囲に来ない限り、彼らをそのままにしておく。ギャングには、彼らが集まる自分たちの「クラブ室」が通常はテネメント内、時には桟橋の下かごみ捨て場にあり、飲み騒いだり、トランプをしたり、強盗の計画を練る。また彼らの「盗品売買者」は、盗んだ物を売り払う。ことに目に余る暴力行為の後でギャングに対する突然の手入れの必要が起こると、警察はたやすくはない任務を引き受ける。ギャングはキツネのように住みかとする穴を一つ以上持つ。ブロックの内部が、あらゆる変な角度で建てられた裏屋でいっぱいの地域では、奇襲のみ実行可能である。曲がりくねった道や通路を通り抜けての追跡は不可能である。若い泥棒たちはそれらをすべて記憶していて、他の誰にも見つけられない、屋根や柵を通り超える抜け道を知っている。彼らの隠れ家は一般に、逃げることを特に考慮したうえで選ばれる。ひとたびギャングの隠れ家に選ばれて占拠されると、スラムのスラングで「キャン・ラケット」と呼ばれる夜毎の酒宴によって、テネメントは急速に退廃していく。救済は占拠している者たちを追い出すことで得られる。日夜泥棒たちの通路にされることで高価な不動産がほとんど台無しにされた住宅が私の注意を引いた。彼らは、いくつかの玄関と中庭を経由してそのブロックを通り抜ける通路のゆえにそこを選んでいた。その場所はまもなく「人殺し横丁《マーダラーズ・アレー》」として知られるようになった。最後の手段として、衛生局にその不動産の状態について苦情が申し立てられた。報告書の提出のために派遣された、経験に富んだ調査官は、不動産の所有者に、往来との通行を絶つ場所に煉瓦の塀を建てることを提案し、彼はその助言に従った。わずか数か月の間にその住宅の雰囲気は完全に改まり、便利な抜け道が発見される前と同じような、きちんとした状態となった。

これは第六行政区でのことで、そこでは悪名高いワイオ・ギャングが数年前までベンドの最悪の腐敗とファイブ・ポインツの中に取り残されていたものを吸収していた。そのギャング団は、仕返しされることとなく、その生涯で次々と罪を重ねたリーダーが殺人で絞首刑になった時、ついに解散した。絞首台のすぐ近くでその罪の詳細を聞いた聴聞司祭は、長年トゥームズ［ニューヨーク市拘置所］の教戒師を務めていてそうした話には慣れていたにもかかわらず、青ざめた。その偉大なるワイオは「その地区の権力者」であり続け、彼の骨折りを必要とすることになったり、そのために喜んで金銭か物品で支払う政党や派閥のために選挙を支援するのに巧みだった。他のギャングたちはその時以来、同じくらい高い野心と、彼らの前任者をしのぐ十分な見込みとともに成長してきている。それを育んだ条件はなおも、事実上変化せずに存在する。街のいたるところで若いごろつきが、彼がうまいことと見本にした泥棒よりもすぐれた「うで」と「ずぶとさ」を身につけているという主張を、バーンズ警察本部長が裏付ける。しかも若者は早い段階から犯罪に関与するようになっている。過去三〇年間の統計報告で提示された刑事事件の囚人の中における、ニューヨーク生まれの集団の増加について、[*2]フレッド・H・ワインズ師はこう述べている。「彼らの若さが非常に際立つ」。もし彼が自分の意見をニューヨークの警察裁判所に制限していたなら、その所見を強調し、「都市における囚人の割合は郊外全体の二・二五倍」という、その発見の説明となる事実を見つけたかもしれない。この計算は、未成年犯罪者のための感化院を無視した数字で、さもなければ、その証拠の提

典型的な悪党たち（犯罪者写真台帳より）

示はもっと目を引いただろう。警察によって一八八九年に逮捕された八万二二〇〇人中、一万五〇五人が二〇歳以下であった。児童虐待防止協会の最新の報告は、「いくつかの典型的な例」として、住居侵入の道具を所持していたり、強盗をおこなったりして捕らえられた、一五歳から一九歳の「プロの盗賊」を一八人挙げている。彼らのうちの四人は、まだほとんど長いズボンもはいていないような少年だが、公道で旅人を「襲う」と七三ドルを奪った。年齢が一七歳の少年は、「四九丁目の有名な若い強盗団のリーダーだった。彼は殺人を犯したため、現在州の刑務所で一九年の刑期を務めている」。一八人のうち四人は少女で、一番の悪党に劣らずワルである。数年もすると、結婚式も挙げずに自分で選んだ悪党と暮らし、プライドにかけて彼ら

＊2 「一八五〇年度の外国生まれの囚人の割合は、合衆国生まれの囚人と比べ、五倍以上であったが、現在（一八八〇年）では二倍以下である」。——第一〇回世論調査でのアメリカの刑務所の状況。

を法律に反する手柄へとそそのかし、「おまわり」との衝突では悪党たちと結託して戦うだろう。

昨年の夏、追いはぎ行為で名をはせたパラダイス・パーク・ギャングは、分裂したワイオスの残党から派生したギャング団だが、彼らの大胆な行為はワイオスの残り火がなおもくすぶっていることを示した。ワイオスは比較的小さい集団だったため、ドリスカルの絞首刑がワイオスをばらばらにした。比類のないリーダー的人物がいなくなった状態で、このうえなく非道な行為の結果として起こった、人々の憤りの激発に耐えられなかったからだ。これは、有名なギャングが他界した時に時々起こることである。しかしギャング団の消滅は見かけだけで実際はそうでもない。他の大胆不敵なリーダーがちりぢりになった子分たちを集めると、社会との戦いが再開された。よく知られたギャング団の名前を挙げるだけでこの本の頁を何枚も埋めるだろう。「フック」周辺の南にいるロック・ギャング、ラグ・ギャング、馬小屋《ステイブル》・ギャング、短い尻尾《ショート・テイル》・ギャングはすべて、新聞でそれほど頻繁に登場することのなかった他の何十ものギャング団と一緒に悪名を獲得した。昼間彼らは自分たちのなわばりにある街角の居酒屋でぶらついている。夜になると通り沿いの店を略奪するか、川のところで道に迷っている、足をふらつかせた酔っぱらいを待ち伏せる。しらふで自分の仕事に専心している人物に彼らが危害を加えることは、その人物が道を尋ねるよそ者であるか、警官一人とギャング団二〇人でない限り、めったにない。千鳥足の旅人が彼らの好きなカモで、たいてい長いこと探す必要はない。ニューヨークのどこからでも川までわずかな距離である。自分がどこを歩いているのか知らない男は遅かれ早かれ確実に川にたどり着く。仮に、愚かにもその男が抵抗したり、叫び声を上げたりしたら——死人に口なし。時おりポケットが内側からひっくり返された「土

川強盗の追跡

左衛門」が浜に上がるが、これは必ずしも波止場にたむろする浮浪者によって死後に検分された証拠というわけではない。警察はこうしたギャングを常に警戒して、浜だけでなく川を巡回しているが、めったに彼らに追いつけない。ボートから何発もの銃弾の応酬があった後で追いつかれた場合、泥棒たちは簡単な逃走方法をとると同時に、彼らに不利な証拠を処分する。すなわちそのボートを転覆させるだけである。だれもかれもが本物のネズミのように泳ぐ。川に捨てられた略奪品は翌日になってから、潜るか引っかけいかりで引っかけて取り戻される。ボートを失うことなどはたいしたことではない。新たなボートを盗んで、ギャング団は再び仕事に取り掛かる。

ほとんどのギャング団が維持する社交

「クラブ」という虚構が、彼らの縄張りの政治家と店主をピクニック、あるいはパーティのシーズンに恐喝《きょうかつ》するための口実を彼らにさずける。「泥棒たちのパーティ」もまた、異なる社会層における慈善パーティのように、イーストサイドでは世間によく知られた名物である。とはいえ、少なくとも活字では、その名前で通っていない。実のところ、ニューヨークの悪党は、自分が泥棒であるということをまったく認めようとしない。自分の職業をギャンブルにかこつけて立派に見せかける。彼は盗むのではない、あなたのお金や時計を「かち取る」のであり、警察の報告書では「投機家」である。万一、彼が「自発的な」寄贈品を求めて帽子を回した時に、無鉄砲にも寄付するのを店主が拒んだとしたら、次の闇夜にそのギャングの訪問を招くことになり、店が完全に略奪されるのを免れれば幸運と思うだろう。ヘルズキッチン・ギャングとラグ・ギャングはどちらも近年、気にくわない店を盗んだ火薬で吹き飛ばしたことで頭角を現した。しかしたとえそうしたエピソードがお祝いを台無しにしなくても、遠足はおこなわれ、酒の上での取っ組み合いが続いて、おそらく最後には殺人事件に終わる。私の覚えている限り、ハドソン川やサウンド海岸にある林にピクニックへ出かけ、そこからべろんべろんになって戻る悪党の一行を迎えるために召集された警察の予備軍を見ずには、ピクニックの季節は終わらない。いずれにせよ、平和を好む、あるコミュニティが、その場と積み荷にふさわしいやり方で、ピクニックにやって来た大勢のギャングを迎えた。川上に住む彼らは、忍耐が美徳でなくなるまで、この迷惑行為を耐えていた。憤慨した市民たちは埠頭にりゅう弾砲を設置し、危険を覚悟の上で悪党一味に上陸するよう命じた。弾が装填された銃をまともに向けられたので、騒々しい悪党たちも降参し、その日平和はハドソン川で破られなかった。少なくとも陸上では。街の悪党たちの間で人気がある娯楽の中で最悪の娯楽、月夜の野外パーティが完全に阻止されたのは十分祝賀に値する。その時に繰り広げられていた、恥ずべきばか騒ぎと不道徳な行為はどこにも例を見ないほどひどかった。

勢力と賄賂にもかかわらず、悪党というのは最終的に万策尽きる。時折――あまり頻繁ではないにせよ――のっぴきならぬ状況になる。そうでなくても、彼の信条によれば自分の面倒を見るのが当然である世間の方が、刑務所の塀の安全な側で働いて生活費を稼ぐよう主張するだろう。警察の立場から正義へ近づく道とされる警棒をくらって更正するのはきわめて少数にすぎない。有罪を宣告された悪党は、自分の属するギャング団の喝采に従われて、「くつわ」か、二年の「刑期」を務めるために川をさかのぼる。刑務所では年上の泥棒たちと出会い、その足元に座って、かつて彼らをそこに送り込んだ華々しい悪事に感嘆しながら耳を傾ける。ムショ帰りという称号とともに戻った彼を、残りの世界全体による冷淡な態度への埋め合わせとして、古い仲間たちが英雄視して出迎える。たとえ刑務所生活の束縛と重労働にうんざりして、働く気があり、心の中でその考えが最重要の地位を占めたとしても、だれも彼を受け入れようとはしない。たとえ、慈善行為を実践しているバーンズ警察本部長の助力で職を確保したとしても、ささいな挑発に乗って、まったく取るに足らない罪のために解雇されるだろう。すぐさま彼は昔の環境に舞い戻って落ちぶれ、泥棒と堕落した女たちが姿を消す奇妙で不思議な方法で見えなくなるまで、二度と浮かび上がらない。どうなるか誰にもわからない。犯罪者のランクにおいては、「半熟練工」、コソ泥、押し込み、あるいは、他の者たちによって計画された仕事をやみくもにおこない、わずかな稼ぎのために非常に大きな危険を冒す、一般的ないかさま師よりも上のランクに上がることはない。「グラウラー」がその男に幸運をもたらした、あるいはグラウラーとの親しい関係が富をもたらしたとは言えない。それでもなお、本来の性質を取り戻すためのあらゆる努力が、まさに彼の暮らしぶりが異議申し立てとなるような生活状況で始めなければならないことを明らかにするのに、その悪事が役に立ったのであれば、悪党でさえ無駄に生きなかった。少なくとも次の評価の尺度が与えられるべきである。悪党に善意があったにしても、なかったにしても、彼を育んだスラムに対する戦いで推進力として作用する要素であった。不断の警戒はまさしく自由の代償〔一八五二年に奴隷制度廃止運動家のウェンデル・フィリップスが述べた言葉〕であり、社会を維持するための戦いなのだ。

第二〇章　ニューヨークの働く女性たち

邪悪なところに蒔かれ、憤怒にまみれて刈り取られる毒麦の収穫については、警察の報告書が語ってくれる。ニューヨークの働く女性の、労苦にやつれた悲しい生活を語るためには、「シャツの歌」［英詩人トマス・フッド作、一八四三年『パンチ』誌発表の、英国のお針子の苦しい生活状況を描いた詩］を書いたペンが必要とされる。その叫び声は日夜テネメントに響き渡る。

ああ、神さま！　パンがあんなに高いのに、
生身の人間がこんなに安いなんて！

勤労女性協会が、この街でおこなわれた大規模な公開の会合で以下のように報告してから、六か月も経っていない。「男性の賃金が、彼らが最低限生きていける金額以下に下げられないことは周知の事実ですが、女性には恥辱の道［売春のこと］が常に開かれているため、女性の賃金は限度があ

りません。いかなる女性も、本当に必要なものを自制することなく、女性店員の稼ぐ低い給料で生活するのは、財政的援助なしにとうてい不可能です。……多くの事例で彼女たちは悪の力にたよらざるを得ないのです」。見知らぬ者たちの中で自活するために極度の貧困に置かれた、礼儀正しく上品な女性が、不名誉よりは死を選んで屋根裏部屋の窓から身を投げた話に社会が衝撃を受けたのは、この意見が述べられるわずか数週間前のことだった。「私は、洗い掃除であろうと、まっとうな仕事ならなんでもするつもりでした」と、猛烈な嵐の中で職を求めてむなしく歩き回った後、びしょぬれでお腹を空かせた状態で彼女は書いている。彼女は何週間も難儀な用向きで街路をとぼとぼ歩きまわっていた。そして彼女に提示された唯一の生活するに足りる賃金は、罪を犯す［売春の意］ことで得られる報酬［「罪の報いは死なり」。ローマ人への手紙六章二三節より］だった。彼女の手紙のインクは、彼女がイーストサイドのテネメントで自殺の理由を書き記すまで乾く間もなかった。「無力、不眠、それでも働かねばならない。力が私には欠けている。私の棺に歌ってほしい。『霊魂はどこで家を見つけ休むのか？』と」。彼女の話は、『シティ・ミッション・ソサイエティズ・マンスリー』誌、昨年二月号の、ある小さな教会コミュニティにおける二つの典型的な「絶望の事例」のひとつとみなされるかもしれない。貧しい人々の間で仕事している宣教師や警察担当記者、かかりつけ医なら誰でも、これまでの経験の中で多くの似たような事例が思い当たる。

少なくとも一五万人の女性と少女がニューヨークで生計を立てていると推計されている。しかし、完全には依存していなくても、その労働によって家族の生活費に貢献している大多数を十分考慮に入れるなら、この推計が現実の数字にまったく及ばないと考える理由がある。そうした女性たちだけで、女性の賃金労働者というひとつの大きな社会層を構成している。そして彼女たちの賃金のおかげで飢えなくてすむ者がいるというまさにその事実が、職からあぶれた残りの女性たちを、あの自殺した女性のような悲運に追い込むというのが、その状況の特徴である。女性が喜んで受け入れる額の賃金をすべての女性が獲得しなければならない。それ自体、民衆の怒りに対する都合のいいごまかしとなっている「需要と供給の不朽の法則」がその状況に関与していることを、次に述べる、現実に存在する女性の権利侵害の調査報告書から知ることができる。実例として女性販売員の例を挙げよう。勤労女性協会の調査により、週に二ドルから四ドル五〇セントまでの平均賃金が過大な罰金によって減額されている事実があばかれ、「労務の報酬として与えられない時間に応じて価値を評価する雇用主は負けた」。週に二ドル受け取っていた幼い少女は、たった一日で一六七ドルに及ぶ現金販売をおこなっていたが、同じデパートにいる週一五ドルの男の店員の受領高はわずか一二五ドルにすぎなかった。それにもかかわらず、その少女は些細《ささい》なミスのために賃金の二ドルの中から六〇セントの罰金を科せられた。年末になると管理者と作業時間記録係の間で罰金を分ける慣習がまかり通っている店もある。ある例では、罰金が総計三〇〇〇ドルに達し、「管理者が、任務に十分厳格でなかった責任を作業時間記録係に負わせる声が聞こえた」。ある大きな店では、罰金の理由のひとつが座ることだった。女性販売員のために椅子を義務付ける法律は、通常無視されているが、この店では忠実に守られていた。椅子はあったのだが、それを使っているところが見つかった少女たちには罰金が科せられていた。

特定の時期になると労働時間が一七時間まで延長される仕事に対し、週に一ドル七五セント受け取っている現金取次係の女性は、エプロンに対しての支払いを要求されることがあった。むっとする暑さと換気不足のために「少女たちが毎日気を失い、死体のような姿になる」店からの解雇の共通の理由は、長すぎた勤務年数だった。解雇された女性たちには、まさに給料の増額を期待するのに十分なほど長い年数その会社に使われていたこと以外、他に何ひとつ落ち度は見つからなかった。その理由が容赦なく率直に伝えられていた事例さえあった。

これらの事実が、児童就労を受け入れるので悪名高い業界の苛酷さと低賃金を示唆している。少女たちがそこで稼ぐことのできる金は家族を支えるのに必要とされるため、十代になる前にその店に送られる。娯楽街が少年たちを家から誘惑し、彼らが働こうとしないのであれば、少なくとも少女たちの間にのらくら者がいるはずがない。勤め口を失わないようにするため、彼女たちは年齢を偽って一五歳以上だと嘘をつくように言い含められている。その予防手段は通常不必要だ。女性研究委員会は、就労年齢以下で店に雇われた大多数の子どもたちを発見したが、無断欠席生徒補導員が店を訪問したことがあると聞いたのは一件だけだった。その事例では、彼らは一年に一度だけ来て、一番年少の子どもたちを家に送った。しかしひと月後にはその子どもたちは全員自分の勤め口に戻り、二度と邪魔されることはなかった。激しい肉体労働と息詰まるような部屋と飢餓賃金［最低限度の生活もできないほどの低賃金］が長時間労働に加わる工場となると、事態はさらに悪化する。州議会は、酒屋の主人に子どもたちへのビールの販売を禁じたように、子どもたちを雇うことができないようにする法律を承認し、法律の権限を強化する手段を非常に効率よく規定した。ニューヨークの工場の数そのものは約一万二〇〇〇と推測された。この夏までに、たった一人の監督官がそれ

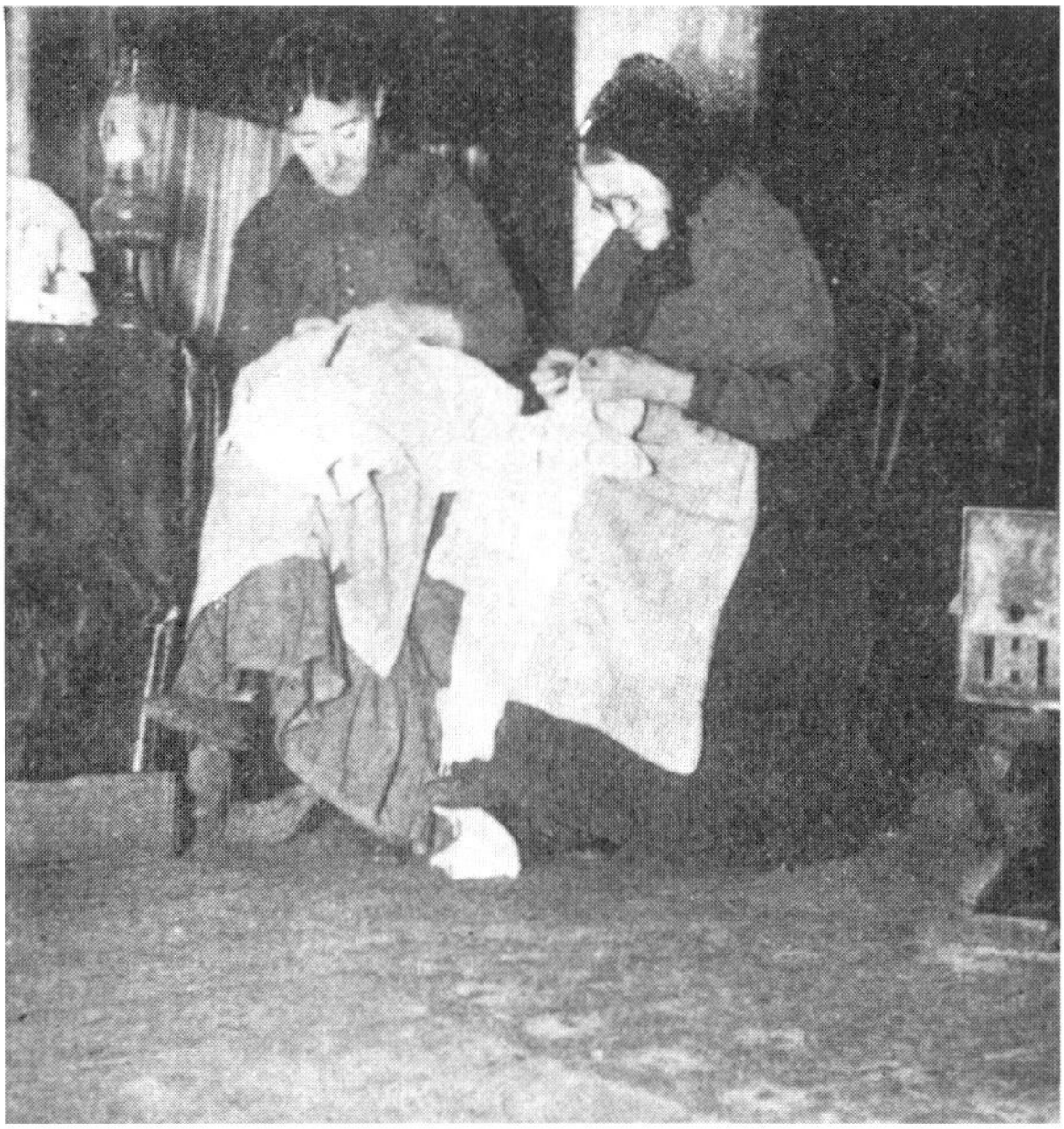

エリザベス通りの屋根裏部屋で空腹を抱えながら針仕事をする女性たち

らすべての工場と接触を保ち、その法律が工場主によって守られているよう注意する任務を命じられた。

　六〇セントが一五万人の女性労働者の一日の平均的な稼ぎとみなされるが、この算定数値には、イーストサイドの工場で糸を引く貧しい少女の三〇セントだけでなく、一日二ドル稼ぐ今風の「レジ係」が加わるので、どちらかと言えば、その平均額は高すぎるかもしれない。しかしそうだとしても、その金額はこの大勢の労働者にとって賄い、部屋代、衣服代、「娯楽」を意味する。次に紹介するのは、ブロードウェイにある会社の製造部門で雇われている女性の事例であるが、彼女自身と同じ境遇の一〇〇〇人を代表している。彼女の賃金は平均して週三ドルである。このうち部屋への支払いが一ドル五〇セントかかり、朝食に一杯のコーヒーを飲むが、昼食をとる余裕はない。一日一食が許容範囲である。この女性は若くて美しい。彼女には「洋々たる前途」がある。もし彼女が、道徳家が貧しい人々の困窮の理由のひとつとして主張する、「早すぎる不用意な結婚」くらいの罪を犯すなら、奇跡だろうか？　ほとんどどんな道でも、このような隷属状態からのありがたい逃げ道を提供するように見えるかもしれない。「一日に三回の充実した食事をとってから、前よりもずっと健康になったと感じます」と、女子専用寄宿舎に住む下宿人は話した。二人の若いお針子が、十分に食べるものにありつくことができるかもしれないと考えて、家事奉公先を探しに来た。彼女たちはしばらくの間食事を半分にして切り詰めていたが、結局、貧乏が自立の代償であるにしても飢えにはあらがえず、それまでアメリカ生まれの少女という自尊心がノックするのを許そうとしなかった道へと向かった。

テネメントと、公共機関と、農夫の妻と娘の競合が、暴君のシャツを死に追いやったが、それらは針仕事をする女性たちの運命を改善しなかった。イーストサイドの下請け業者［第一一章参照］がフランネルのシャツを占有していたのだ。今日下請け業者はそれらを一ダース五五セントで生産し、ユダヤ人労働者に二〇から三五セント払っている。そのうちの一人は、シャツ製造業者のストライキの間、店で一一時間と自宅で四時間働いているが、最盛期でも週六ドル以上も稼いだことはない、と州仲裁委員会の前で証言した。他の少女たちは、朝四時から夜一一時まで働くと述べた。彼女たちは自分たちが使う糸を自分で見つけ、賃金とは別に、自分の使うミシンのために支払わねばならなかった。白いシャツの製造は、多くの少女たちを保護している公営と民間の施設、そして田舎に移っていた。今日ニューヨークにはわずか数年前の半分もシャツ製造業者がいない。大手の会社の中には街の工場を閉鎖したところもある。同様のことは下着の製造業者にも当てはまる。ある大きなブロードウェイの商店は、メイン州の農場の娘たちによってほとんどすべての作業がおこなわれている。彼女たちは、自分たちと同じ都会の娘たちを飢えさせる役割を自分たちが演じていることにほとんど気づかずに、日曜日の絹の服やウェディング衣装一式を支払うために週二、三ドル稼ぐことができるなら、自分たちを裕福だと思っている。実際、彼女たちは「シャツばかりか経帷子《きょうかたびら》も、二本の糸で」縫う。彼女たちのこづかい銭がニューヨークの何千人もの貧しいお針子たちの賃金相場を設定する。今日下着を作る労働者の平均的な収入は、イースタン・ヒルズの彼女の商売敵が気晴らしの対価として喜んで受け取る三ドルを超えない。シャツ製造業者の支払いがよいのは、きわめて細かい注文仕事がすべて彼女の手にゆだねられているからにすぎない。

平織り綿布のラッパー［婦人用のゆったりした化粧着、部屋着、ネグリジェ］は一ダースで一ドルと半分――熟練したお針子なら八枚から一〇枚仕上げるところを、並みのお針子なら平均五、六枚――、ネクタイ一ダースで二五から七五セントで、一ダースでたっぷり一日分の仕事であるが、これらが女性の賃金の通例だ。それにもかかわらず、テネメントでなされた仕事の質の低さに驚いたと主張する人々がいるのだ！　近年イタリアの安い労働力が、その流れに乗った下請け業者とともに、この安い業界を支配するために進出した。家庭以外で女性が働く分野で、ずっと前から最低限度にある賃金が本当に飢えるほどまでに下落することのなかった分野は珍しい。最近、医師というライフワークばかりでなく、心も貧しい人々に寄り添っている一人の女性医師によって私の目に留まったのは、二人の子どもを抱える未亡人の事例で、彼女はイーストサイドの屋根裏で紙袋を作る仕事を見つけた。未亡人が医師に話したところによると、彼女の父親はその仕事で十分な賃金を得ていた。しかし彼女が小さな三角形の袋を六〇〇枚作っても五セントにしかならず、一日に二五セントから三〇セント稼ぐためには、指をすばやく動かして、糊を塗る刷毛をきわめて手際よく扱わなければならなかった。彼女は部屋代として月に四ドルを払っていた。残りは彼女と子どもたちの食べる物を買うためにあてられる。女性医師の、医師としての腕前よりは彼女が恵むお金によって、一家の病は癒やされた。

私は二、三のありのままの事実を書き留めようとしたにすぎない。それらは彼女たち自身の意見を伝える。退屈で骨の折れる仕事を課す工場の背後——テネメントの家、それについては州労働局の報告で述べられている。「礼儀正しさや女性らしいつつしみはそこでは養われない——多くの女性たちが道徳的な生き方を捨てても何の不思議があろうか?」女性労働者の前途についてはどうだろうか?

昨年のクリスマスイヴ、私は仕事でウェストサイドのテネメントの中にある薄暗い通りへ行った。一人の年老いた女性が麻痺に襲われて、戸口の上がり段で転んだところだった。医師が言うには、もう二度と右の手も足も動かせないということだった。右半身が完全に動かなくなっていた。わびしい部屋の彼女のベッドのわきには、高齢の姉で回復の見込みのない肢体不自由者が声も出ないほどの絶望に沈んで座っていた。四〇年前、二人を含めた当時五人の姉妹が母親とともにアイルランド北部からやって来て、見知らぬ土地で居を構え、生計を立てた。彼女たちはレースの縁取り刺繍の職人で、当時は賃金のいい仕事を簡単に見つけられた。歳月が流れ、他の家族は全員亡くなった。残された二人の姉妹は、つましい生活を送ることを堅く決意して、年齢と骨の折れる仕事が原因で、かつてはすばやく動いた指がこわばり、目がかすんだために賃金がどんどん下がっていっても働き続けた。その後一人が、両手が麻痺し、気力がそこなわれたため脱落した。それでももう一人は夜も昼も休まず、姉が困窮しないように骨折って働いた。休日の間中姉妹を養ってくれることになっていた仕事のために店へ行こうとしていた時に、彼女も病気に見舞われたため、ついに戦いは終わった。二人の前には飢えか救貧院があった。そして姉妹の誇り高い心は今や絶望にかられ、前途におののいていた。

この女性たちは年老いており、これまで長い人生を生きてきた。ひっそりと残りの人生を過ごすより他ない。しかし、彼女たちが最後まで歩んだ道を現在通っている多数の女性、その静脈に温かい血をみなぎらせ、たとえ一日六〇セントでも、そこに注がれる彼女たちの目を閉じることはできない美しい世界と人生を愛する若い女性たちについては――たとえその足が「彼女たちの前に常に開かれている」恥辱の道を見出したとしても、誰が非難できようか？ 救済の「限界」を消し去ったまさにその道、そして「多くの事例で彼女たちがたよらざるを得ない」とされる道を。道徳家に答えてもらおう。賢い経済学者に、彼の唱える需要と供給の法則をあてはめてもらい、正義が物乞いして歩く、千もの慈善団体のあるこの街で答えを聞かせてもらおう。

ニューヨークの働く女性の永久不変の名誉のために、どんなにその道が困難であっても、生活との戦いが絶望でしかなくても、彼女たちが道に迷うのはきわめてまれな事例でしかないと言わせてほしい。みな勇敢で高潔で正直である。ニューヨークの多数の金使いの荒い女性は、外国の諸都市でのように、労働者階級からは補充されない。女性労働者は誇り高くもあるが勇敢でもある。「アメリカの少女は決して泣きべそをかかない」ということが大分前に格言となり、彼女たちは不平も言わずにその運命を受け入れ、なしうる最善のことをし、必要であれば一食分、あるいは一日の食料の半分を犠牲にして貴重な自活を安く抑えている。テネメントの家庭環境と子ども時代の慣習は彼女たちをぜいたくに慣らさなかったし、工場での労働よりも家事労働を好むようにしなかった。したがって、時には世間をだます陽気で我慢強い立派な様子を世間に対して見せる。彼女たちの勇気は報われるだろう。女性の労働がこれからますます社会計画に欠かせないと社会が確信せざるを得なくなっているので、徐々に、これまでよりよい時代が到来しつつある。そうした動きに対する障害があるにもかかわらず、働く女性たちのクラブや組合、利害の一致する団体の組織が、彼女たちよりも貧しい仲間たちの大義を自分自身のものとしてきた利他的な女性たちの献身を証明する。そしてやがては、不公平な世の中からあまりに長いこと女性に拒まれていた正義を引き出すだろう。

第二一章　テネメントの貧困層

私とともに向こう半分の人々の運命をここまで追ってきた読者は、ニューヨーク市では八年間で一三万五五九五世帯が、施しを求めているか、実際に施しを受けている世帯として登録されていると聞いてもそれほど衝撃を受けないかもしれない。しかし、過去五年間で、この街で亡くなった一〇人に一人が無縁墓地に埋葬されているという情報は、おそらくそんな読者の目を覚まさせるだろう。これらの事実がある恐ろしい状況を物語っている。最初の点に関しては、一五〇万人の人口のうち、完全にではないにしても実に五〇万人近くが、八年間ずっとではないにしても、その間に食べ物の施しを求めたり、慈善団体で食べ物を受け取らざるを得なかったか、そうすることを選んでいたことを意味する。この数に間違いはない。慈善組織協会の記録から得られた数で、その協会が［一八八二年に］創設されてからこれまでの期間に相当する。その記録が完璧との主張もされていない。協会の統計専門家は、限られた範囲内で妥当な数値が得られるよう、ニューヨークの人口全体を扱う際の計算の標準として受け入れられている四・五ではなく、三・五のみを一世帯の人数として割り当てた。彼らは日々の経験をもとに、亡くなっていたり、引っ越したり、当面は自立している人々を見込んで、登録の八五《ママ》パーセントがまだ依存状態にあるか、境界線上をうろついていると推測する。正確にこの大量の貧困者層の現状がいかなるものかは、一年間協会によって調査された五一六九件を分類することで示される。以下が明らかになったことである。

持続的な救済に値する…………三三七世帯、六・四《ママ》パーセント
一時的な救済に値する…………一二六九世帯、二四・四《ママ》パーセント
救済よりは職を必要とする…………二六九八世帯、五二・二パーセント
救済に値しない…………八七五世帯、一七パーセント

すなわち、登録世帯全体の約六・五パーセントが完全に困っている人々——孤児、肢体不自由者、あるいは高齢者——であった。四分の一近くは、手段が適用された知識に応じて、自立、ないしは、恒久的に救援を必要とする貧窮状態への道筋に取り掛からせる手助けが必要とされる。半分以上は、働いていなくて職が見つからないために貧困状態にあった。六分の一はいかさま師とプロの乞食で、自分の子どもも自分の例にならうようしつけている——紛れもなく「イシュマエルの民」〔社会ののけ者〕で、社会がパウロとともに「働かざる者食うべからず」と言う勇気を奮い起こし、その言葉を忠実に守るまで、年数が経つにつれ社会への影響力を強めていく。ほとんど同じ結果がボストンでの似たような調査から得られたことは注目に値する。真の慈善による助けが必要な、自分たちで

はどうすることもできない事例がもう少しあるが、仕事不足のために無力になっているか、援助に値しない一定の連中の割合はこの街でも全く同じである。希望や勇気、資力、目的の欠けた人はニューヨークに特有ではない。世界のいたるところでそうした人々は見られるが、ここニューヨークには分担分がたっぷりある。さらなる証拠が必要であれば、貧困者のための埋葬の広まりに見られる。無縁墓地はこれまで、他にはどうしようもない無条件降服を意味していた。どんなにみじめな運命であったとしても、貧しい人々が最後まで手放そうとしないのが、きちんとした埋葬の希望である。しかし一八八八年までの五年間で、無縁墓地での埋葬の平均は全体の一〇・〇三パーセントである。一八八九年は九・六四パーセントであった。その年に病院や施設や老人ホームで亡くなった死者の総数に対する割合は五分の一である。

一三万五五九五世帯が三万一〇〇〇棟以上のさまざまなテネメントに居住している。慈善組織協会がテネメントのことをビルディングと呼ぼうとも、私はあえてテネメントと表現したい。というのも、少なくとも九九パーセントの家族は大きなバラックにいるからだ。残りはそこかしこに散らばっている掘立小屋で、時には不正手段で得た物件、まれにもっと上の階級の住まいにある差し押さえ物件に住んでいることもある。疑いもなく、ここでは施しを受けて暮らしている人々が絶え間なく動き回ることが見込まれているに違いない。そうして、一人のすばしこい物乞いが、年に一ダースの家をブラックリストに載せることを可能にする。それでも非常の多くのテネメントが施しを求める者たちの住みかとなっていることが証明されている。そうしたテネメントはほぼ間違いなく天然痘を宿しているだろう。その災いは施しを求める者たちの不平ほど人にうつりやすくはない。こ

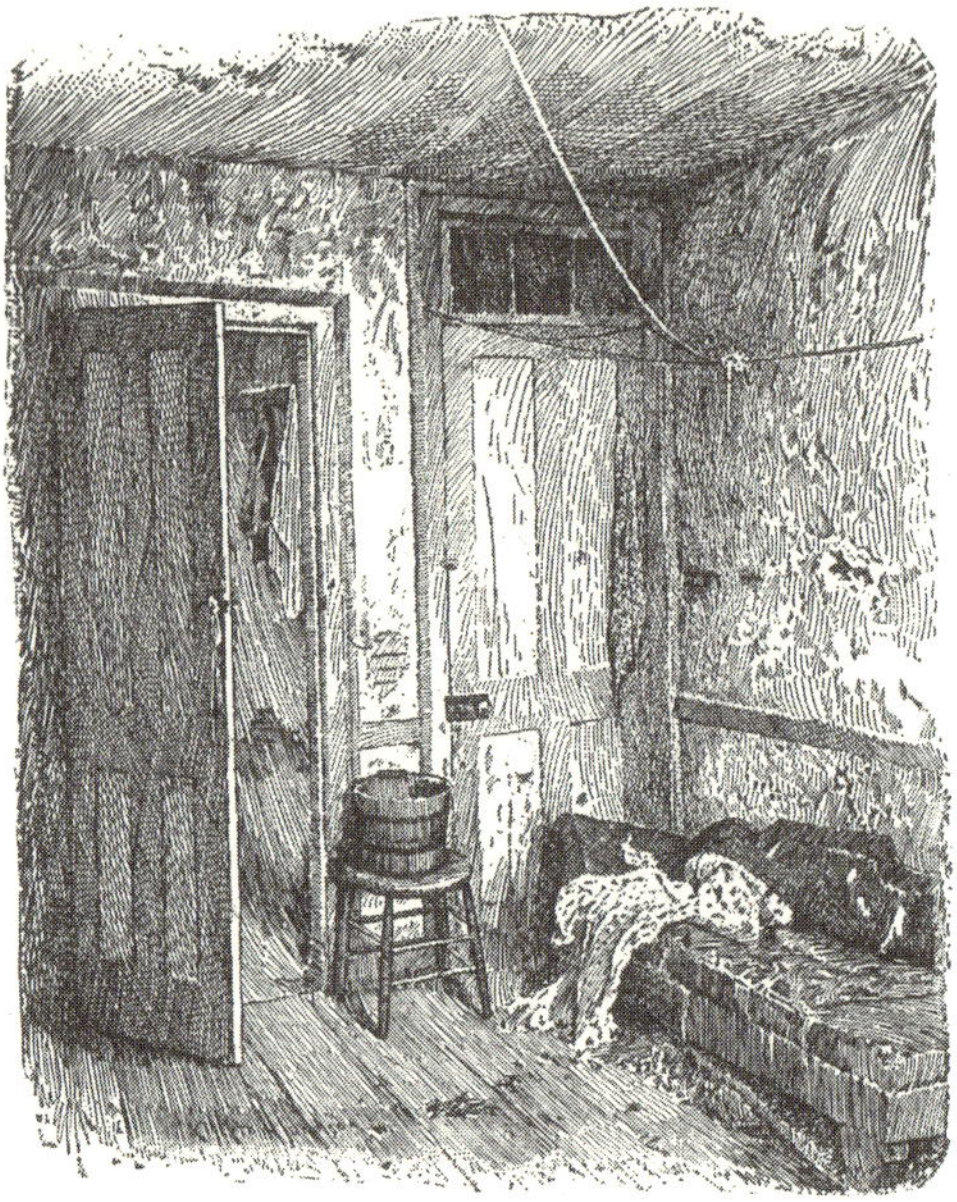

西38丁目の貧民バラックのアパートと家具一式

の悪疫によって、建物の雰囲気までもがさもしさを呈するまで、すっかり荒廃した住居がある。そうしたテネメントに一二〇以上の貧窮世帯が居住していると時折報告される。

実は貧困状態は、庭の敷地に生える雑草のように自然とテネメントでは増えていく。犯罪のように、精神の病気はそこでもっとも豊かな土壌を見出す。テネメントハウスの生活環境すべてがその成長に好都合であり、ひとたび根付いたら、駆逐するのはもっともたちの悪い体の病気よりも困難である。泥棒は、泥棒であるというまさにその事実がその人間についての本質を前提としているため、貧窮者よりもはるかに扱いが容易である。それが悪いとすれば、彼を理解するための可能な手段がまだ何かある。貧窮者に対しては何もない。彼は自身の貧困と同じように見込みがない。私が言っているのは自活力のない貧窮者のことであって、正直に働いている貧しい人々のことではない。両者にははっきりとした境界がある。しかし、その境界を横切ってテネメントが建ち、常にその境界線をかすませ、見えなくしている。「結局はすべて気質ということになる」というのが、この厄介な問題に生涯取り組んでいたある慈善家の意見である。したがって、いたるところで個性と気質を破壊するのはテネメントということになる。「九年間で」、と聡明で思いやりのある医師が悲しげに私に話した。「貧しいテネメント暮らしの家庭で恒久的に改善した例をただ一件だけ知っています」。もっと長い範囲にわたって、もう少しましな体験をした人を私は何人か知っている。

乞食は、世間は自分を養う義務があるという「悪党の」生活ルールに従うが、生活の資を徴収する彼の計略は暴力までいたらない。酔っぱらいから略奪する勇気さえ乞食は持ち合わせていない。精一杯高く飛んだとしても、せいぜいあけっぴろげな洗濯物綱を取り入れるか、パンかビールを買うようお使いにだされ、スキップをしながら数ペニーをしっかり握っている小さな子どもをだますくらいだ。そんな時も力づくではなく策略で金をせしめようとする。とはいえ時折、辺りに邪魔するものがない時は、ごろつきの高さまで立ち上がる。不当な貧困という口実の下に彼が見つけた「徴収」方法は無数で、たいていは、その人間自身の名誉ではないにしても、その人間の独創性の名誉になる。彼――いや、この場合、乞食は女性だったので、彼女――の手口を初めてまのあたりにし、はっきりと理解した時の衝撃を私はよく覚えている。職場への道すがら、晴れの日も雨の日も「どうか貧しい者を助けてください」と哀れな声をあげて、ぼろ布でくるんだ赤ん坊とチャタム・スクエアに座っている年取った女に対し、私は定期的にお金を恵んでいた。愚かにも彼女の窮状を信じ込んでいたからだ。私が同情して、ささやかなお金で助けていると思っていたのは赤ん坊であった。ある晩、彼女の膝から転がり落ちるところを救い、それまで自分が小銭を浪費していた包みがただのぼろ布以外の何物でもなく、その老婆が無神経な酔っぱらいであることを知るまでは。その時以来私は、路上で偽物の赤ん坊や、借りてこられた赤ん坊、麻薬を打たれた赤ん坊と遭遇したが、それらすべてを避けてきた。喜ばしいことに、その後その大半は路上から追い払われた。しかしまだ時々目にすることがある。児童虐待防止協会の職員が、マディソン通りで痩《や》せ衰えた貧しい少女を抱えて物乞いをしていたイタリア人の女を逮捕したのは、この前の冬のことにすぎない。その少女のぼろぼろの服とやつれた顔は、守銭奴の財布のひもをゆるめることをもくろんだものだった。五セント銅貨と一セント銅貨で五ドル以上の金がその女のポケットから出てきた。家族が貧しく飢えているという女の話の真偽を、バクスター通りのテネメントにある自宅で調べた時には、その一家が立派な乞食の資本家で、その気があれば、三〇〇〇ドルの小切手を振り出せることを示す銀行通帳が見つかった。その女は、終身刑で刑務所に送られるよりも明らかに重い処罰である、二五〇ドルの罰金を科せられた。あいにく彼女の階級には、ニューヨークでまだ憂き目を見ていない似たような輩がいる。

こうした厄介な人物をわれわれの街から追い出すには、路上での物乞いを犯罪にするしか方法はなかった。どれだけの努力によってこの結果が成し遂げられているのか、慈善組織協会だけで五年間で二五九四人の路上の物乞いを保護し、一四七四人の常習的な違反者を逮捕と有罪にした事実から確かめられるかもしれない。去年協会は六一二人の路上をぶらついている乞食に対処した。警察は一八八九年の一年間で物乞いにより一九人だけ逮捕したと報告しているが、その場合の本当の事実は「浮浪罪」の項で見出される。全部で二六三三人がこの罪で告発され、そのうち九四七人が女性である。女性の割合が大きいのは、第一〇行政区の質の低い居酒屋による。そこでは特殊な女浪者、すなわち「スクラブ」が居ついている。スクラブは、少なくとも週に一日働く。大抵それはユダヤ教の安息日であるが、それだけでも働く気があるという点で、平均的な乞食より一段階上である。正統派ユダヤ教徒は金曜日の夕方から土曜の日没までいかなる労働もできないので、その間にスクラブがラドロー通りで勤めを代行するのだ。その古い信仰の祭壇で彼女が代わりに犠牲になることと引き換えに、彼女が受け取るわずかな手当で、少なくとも週に二日間は近所の「安酒場《モルグ》」で酒を買う。他の四日間は物乞いをして暮らす。ユダヤ人街、あるいはその境界を越えたすぐのところに、彼女たちの慣習にほぼ全面的にたよる蒸留酒製造所がいくつかある。この前、ビールを飲んだ老婆たちの騒がしい浮かれ騒ぎに近所の人々が文句を言ったので、ヘスター通りのある蒸留所に警察が踏み込んだ時には、三二人の年老いた「スクラブ」が警察本署に投獄された。

こうした路上の物乞いの一団を構成することになる国民を調査すると、先入観が覆されるのがわかり興味深い。アイルランド人が一五パーセントでリストの先頭に位置し、ネイティブ・アメリカ人は一二パーセントでわずかに下回るが、自国で物乞いを芸術に変えたイタリア人は二パーセント以下で、八パーセントがドイツ人である。市の人口調査における民族構成比率はこの数字の説明とならない。さまざまな原因が作用してその状況を作り出しているのは明らかだ。それらの中でも重要なのが、私が考えるに、テネメントそのものだ。ほぼどの例でも、働くためにここにやって来るイタリア人を堕落させる力はテネメントにはない——物乞いをするよう強制される場合を除いて、これまで物乞いが移民してきたことはない。イタリア人は最初から疑いようもなく最低レベルにある。アイルランド人に関しては事情が異なる。テネメント、特に最低レベルのテネメントは、ケルト民族の悪い方の性質と奇妙な類似性を持っているようだ。ケルト人が生来備えている最良にして最強の資質をテネメントはそこない、一番早く、しかも徹底的に堕落させる。「先住民」の一二パーセントは、この過程の結果、すなわち、スラムでは二、三代続けて物乞いをしている人々がいることを示している。

盲目の物乞いだけがニューヨークの路上で意図的に無視される。当局は盲人に対して他にどうすればよいかわからないからだ。独り立ちをするのに十分なほど大きくなってからは、どこにも盲人のための設備はない。市から受け取る年に三、四〇ドルの手当は大家を機嫌よく保つのに役立つ。市が労働によって規則正しく生活費を稼ぐ方法を盲人に与える（たとえばフィラデルフィアではすでに実施されている）まで、残りの生活費は、彼の不運と街角で鉛筆を売るという見え透いた言い訳がもたらしてくれるはずだ。盲目の物乞いを路上から追放するのは、飢えて死ぬよう宣告するも同然だろう。そして、要するに完全に目が見えなくて、「こぶ」を連れずに物乞いするのであれば、盲人は路上を静かに思いのままにする。

プロの乞食は、乞食が繁栄するもととなる同情をひきつけるための見せかけとして、人間の苦痛の中でも最大のものを利用することをためらわない。多くのニューヨーカーは、「パリ包囲で砲弾によって盲目になった」が、子どもたちがミスター・ゲリーズ協会〔エルブリッジ・T・ゲリーが創設した児童虐待防止協会のこと。二〇九頁参照〕の職員によって奪われそうになった時に奇跡的に視力が回復した、あのフランス人教師を覚えておいでだろう。最後に消息を聞いた時、その元盲人はハートフォードで「博物館」を経営していて、財政的に成功した支配人を演じていた。何年もニューヨークの路上でお馴染みの光景で、事業を始める資金をその男にもたらした、ふびんな身の上話の書かれたプラカードは、詐欺師の卑劣な行為の記念品としてここの博物館に保存されなかったならば、彼の博物館で展示されている珍しい品々の間に居場所を見出したのかもしれない。他にも似たような輩はいる。ある女が何年も、体に障害のある子どもを両腕に抱えて物乞いをしていたが、その子どもを女はジェノヴァの私設救貧院で見つけ、月に一五フランで雇ったのだった。彼女は十分な財産を持つことになったので、いい投資だった。女の正体を見破った児童虐待防止協会は、その少し前に恐ろしい乞食の元締めシステム、イタリアの子どもたちを扱う本当の奴隷貿易を解散させていた。子どもたちは海の向こう側にいる貧しい親から買われ、徒歩でフランスを抜ける道中では物乞いをさせられた。港からこの街まで船で運ばれると、ここでは残酷な親方から殴られ、食べ物も満足に与えられず、同情する民衆からもっとお金を「巻き上げる」ために、しばしば残酷にも手足を切断された後で、路上に送られて物乞いをさせられた。

しかし、結局のところ、路上のどんな浅ましさよりも、直情的だが思慮を欠く慈善行為に対して詐欺を働く絶好の機会を提供するのはテネメントである。しかもリスクはもっと少ない。情にもろくだまされやすい人にとって、テネメントは、それ自体助けを求める最大の口実となる。「病気の」夫に自暴自棄の妻、ぼろと汚れにまみれた半ダースの子どもという、「もっとも重要な生活必需品」に欠けている一家が住む、モット通りのむさくるしい住居から近頃聞こえたような叫びが上がる時は、救済のための金がどんどん流れ込んできているのだとしても不思議ではない。その事例のよう

1セントのコーヒー

に、少し注意深く調査するか、詐欺師だけが恐れる、慈善組織協会の作成した「ブラックリスト」を問い合わせることで、「病気」が怠けを意味し、欠乏状態が一家の常とう手段であることが発覚する。こうしたことは実に頻繁に起きている。それどころか、もし社会が、何もしないよりも始末の悪い見境のない慈善行為に調査を課せば、一度だけでもきわめて有益な衝撃を受ける。

次に挙げるのは、いかに完全に堕落している貧困層が、そうした環境にあるかを示すまさにうってつけの実例である。そのテネメントは、同じ建物で発見された金づるに抜けめなく気づくと、夜が明けてから三時間も経たないうちに、二、三人の「ごろつき」が横丁を閉鎖し、新聞の募金活動に応じて次々と訪れ、屋根裏小屋での窮状に涙を流して同情する人全員から二五セント銀貨の通行料を取り立てた。

プロの物乞いのトリックと、テネメントを商売でうまく利用する方法については本を一冊書けるかもしれない。本当は元気に生きている夫の葬儀を一七回もおこない、その都度涙を流し、悲嘆の声をあげ、人々から金をせしめていた、ボストンの「未亡人」のような詐欺師はニューヨークの典型ではない。「立派な身なりの浮浪者」がわが街でおなじみのタイプだ。街のあらゆる信仰復興集会を訪れては、悔い改めに関する自身の有益な話を語り、礼拝が終わった後で教会に一番近い酒場に入って結局は堕落する「かつては立派なメソジスト派信徒」は、自分の専門に適切な背景として、その作戦行動の場をテネメントから教会に移したにすぎなかった。貧しい者の家には本物の苦しみが十分すぎるほどあるので、「働かざる者、食うべからず」という、のらくら者を飢えさせて自活を促すパウロの計画を実施する効果的な方法があったらいいのにと願うほどだ。

昨年の七月、衛生局の夏期訪問医師の一人からキングスドーターズ・テネメントハウス委員会に、病気の子どもがいる家族がアップタウンのテネメントで完全に飢えているという報告が来たが、肝心の住所が告げられなかった。その医師が書き留めるのを忘れたのだ。ようやく家が発見され、視察員が派遣された時には、赤ん坊は亡くなっていて、母親は気がふれていた。その場にいた看護師は、長らく失業しているまじめな労働者だった父親が、貧民の埋葬のためのモルグへ持っていくために、藁で一部満たされたオレンジの箱に小さな亡骸《なきがら》を収める様子を目にした。その家には食べるものがひとかけらもなく、他の子どもたちは食べ物を求めて泣いていた。その場合にただちに必要とされるのは、記録によれば全体の半分以上でそうであるように、職と生活賃金である、施しは緊急事態にまったく対処できない。それらはかえって悪化させることが多く、本物の援助が困窮者の自尊心と自立を高めることを目標とすべきところで、自尊心を傷つけ、さらなる貧困に陥れている。八年間で、貧困状態のわだちから四五〇〇世帯を、施しなしでも「友愛訪問」というシステムにより、ささやかでも自尊心のある自立へと引き上げた慈善組織協会の経験と、同じ方針に沿った貧民状況改善協会と同種の団体の活動が、きちんと方向づけされた努力によって何がなされ得るかを示している。毎年ニューヨークは民間と公立の慈善施設で約八〇〇万ドルを費やしていると推計される。この金額のわずかな一部でも、ある巨大な労働局で賢く使われるなら、働き口を求める人と仕事を与える人を、ある程度の相互安全を提供する援助のもとで引き合わせるだろう。現在浪費するよりももっと悪い、多くの資本の救済において、投資額に見合うだけの価値が確かにあるだろう。そして最良の成果を挙げるだろう。しかし最大で究極の要求、すなわち真の救済とはその原因――「何も期待されていない階級」のために建てられ、その期待に完全に沿ってきたテネメント――を取り除くことである。テネメントハウスの改革はこの街の貧困問題への鍵を握っている。われわれは決して、テネメントと貧困のどちらか一方だけを取り除くことはできない。その二つはニューヨークでいつまでも共存するだろう。しかし一方を改革することで、これまでに生み出されてきた手段、あるいはこれから生み出される手段、そのすべてを合わせるよりも多くのことが、もう一方の根絶のためにできるのだ。

第二二章　心身をそこねた人々と不用の人々

貧民は、わが街が必要物を与えて下半分の人々を救助する際に、貧乏を罪と、「慈善施設」を「矯正」と不当にも結び付けることに対して責任がある。太陽がイースト川の向こう岸の、人があふれる街の背後に沈む時、軽犯罪者用労働刑務所の影が、侮蔑を表す指のように、近くの養老院を指す。まるで、もし労働刑務所の建物の石が話すことができれば、夜が黒いとばりを二つの建物の間に落とす前にこう言うかのように。「お前と私は兄弟である。私はお前ほど道徳的な目標を欠いていない。共通の親がわれわれを生んだ。ふたつの乳房とテネメントと酒場がわれわれを育んだ。悪徳と浪費が手を取り合った。貧民よ、なんじの兄弟を見よ！」　養老院は黙ってその苦い関係を認める。

イースト川を北のサウンド海岸までつらなる島々のいたる所で、下半分の人々がその醜悪な姿を隠している。例外は公開日で、この日は著名な人々が客として招待されるので、施設の展示に当然市のプライドをかける当局によって古傷をあらわにされる。私が読者にその光景を紹介することにしよう。これまでの頁の目的はその原因をあばくことであった。しかし街から追放された住民を一瞥《いちべつ》することは、街の全体像に背景と明暗と与えるために必要とされる。

視察は、体が不自由で痩せ衰えた人々を一〇〇〇人収容している慈善病院から始まる。次に訪れるのは、バトル・ロウとポヴァティ・ギャップ出身の「悪党」が、石の壁の後ろでこれまでさんざん世話になった世間に借りを返すために作られた重罪犯刑務所である。思慮を欠き、おめでたくもようやく牢獄で「思考する」機会を得たがそれをうまく利用する気などほとんどない、有罪が確定した一団である。手に負えない少年のように管理されているが、実際彼らのほとんどが少年である。

ある日私がそこにいる間、彼らの三人が、たがいにピンでつつきあったために、夕食のテーブルから引き離されて、罰として六〇〇人の仲間が見ている前で顔を壁に向けさせられた。看守が背中を向けると、絶え間なくタバコを嘆願するが無駄である。強盗をしたか、人を「ぶちのめし」て刑務所へ来る羽目になった川向こうの酒屋の看板を簡単に見て取ることができるにもかかわらず、タバコよりも彼らが渇望するウイスキーは手に入らない。

時折、その欲求に負けた囚人が、重罪犯刑務所か労働刑務所から脱走し、「あともう一杯だけ」という約束で彼をじらす目的地に達するため、命をかけて流れに飛び込む。たとえ川岸をボートで監視する武装した警備員に追いつかれたり、体力が尽きたりしなくても、川を通行する蒸気船に衝突して沈められて溺死する可能性は少なくとも五分五分である。

その次に訪れるのが、酒場や下宿屋や浮浪者のねぐらから来た、健康をそこねた下層民の集団がいる軽犯罪者用労働刑務所で、ここは街の修理工場というよりは「くず活字入れ箱《ヘル・ボックス》」[*1]である。一八八九年、労働刑務所の入所者の数はのべ二万二四七七人で、中には二〇回もそこで過ごしている者もいた。スラムでは人気の夏の行楽地だが、この場所では一年を通じて繁盛している。そのうちの少なくない常連が収監令状という手続きなしで定期的に舞い戻り、街で働くという選択肢から逃れられない時にその島で一か八か賭ける。それほどつらくはないが、労働が施設のモットーである。「労働刑務所段階」とは、のろまを公平に評するべく、労働とのろまのペースを比較するために、島で遵守されねばならない制度である。自然と人間の技がこれらの島々を美しくしている。しかし畑では雑草がうっそうと生い茂り、甘く漂う箱の縁ではクモが邪魔されることなく巣を紡いでいる。雇われた者たちが四〇人で十分にこなすことができる仕事も、ここにいる何千人もの男たちにとっては多すぎる。

年老いた女たちが幾列にも並んで、ある者は黒い陶製パイプをふかし、ある者は編み物をするか、ぶらぶら時を過ごしている。全員が不平をこぼしつつ、養老院を取り囲む木の下で思い思いの姿勢でくつろいでいるか、松葉杖などに寄りかかって、日なたで足を引きずって歩いている。

彼女たちは、まさにこの時、対岸の岩で集っている姿が見られるかもしれない「グラウラー・ギャング」とは別の種類の「グラウラー・ギャング」である。夜明けから日暮れまで、日がな一日、天候や三食の食事についてぶつぶつ不平を鳴らす連中《ギャング》なのだ［「グラウラー」は「不平屋」、「がみがみ屋」の意味］。コンビーフとキャベツの食事であろうと豚肉と豆の食事であろうと、病棟の半分量の食事であろうと感謝祭のディナーであろうと、楽しみのなかった過去と、彼女たちが快適さを否定する現

＊1　印刷所では、壊れたり、摩耗したり、いらなくなった活字が、鋳造工場で鋳直されるために「くず活字入れ箱《ヘル・ボックス》」に投げ入れられる。

在、そして見込みのない将来について等々、連中の不満の内容はまったくきりがない。隣の建物にいる気難しい老人も、この一団と比べたら取るに足らない。

長年養老院の責任者を務めている所長は、一〇〇〇人の不機嫌な老女と常に付き合っていることで、怒りっぽく、言葉がぞんざいになっていたため、私は不安になり、私のカメラの撮影範囲内に収まる一〇〇人くらいのグループを「撮影する《テイク》」許可を求めようとした。彼は私の言葉を誤解した。「彼女たちを連れて行ってくれるのか《テイク・ゼム》？」彼は叫んだ。「一〇〇〇人連れて行って自由にしてくれ。決して黙らないだろうよ、ハート島［無縁墓地がある］で棺の中に送り込まれるまではね。しかもその時葬儀の様式に彼女たちがぶつくさ不平を並べ立てるのを私が予想しなければ非難されるだろうよ」。

そう言って彼は、本当に彼の戸口まで味方を送り込んでくれた驚くべき幸運に感激のあまり私に抱きついた。私は彼に真実を悟らせるのが痛ましい義務と感じた。自分はただ老女たちの写真が欲しいだけなのだと告げると、所長は何も言わずにうんざりとした様子で立ち去った。そして死ぬまで、私の短い訪問を、島を訪れた者の中で一番の大ばか者の訪問の日として記憶したのは間違いない。

ここの年寄りの多くが、可能な限り長い間忠実に子どものために働いてきたが、その無慈悲な子どもたちによって養老院で死ぬために送られてきたことがわかれば、彼女たちの不平や不満は理解できなくもない。ひどい貧乏が彼女たち全員を「その郡」、その点で不適切な郡であることが多いのだが、そこに押し込んだ。彼女たちの非常に多くが故国でも貧乏だったので、彼女たちを扶養する義務から逃れるため、当局によってアメリカに送られたと考えられなくもない。

「養老院は」とある伝道師は書いている。「聖パウロの『晩年』に関する記述の悲しい実例を提供する。われわれの救貧院にいる人々の出身階級は、大部分『自然の人情に欠けて』いる」。

私は、医師である友人から少し前に聞いたことを思い出した。「多くの母親が子どもの死の床で『子どもを死なせることはできない。埋葬するのにたくさんのお金がかかる』と言う。そして子どもが実際に亡くなると、母親は嘆いている暇がない。『どこから金を調達すべきか』という問題でただちに頭がいっぱいになるからだ。テネメントでは自然な感情と人情が押し殺される」。その医師の体験は、牧師の説教のための悲しくも適切な題材を提供した。

これらのことがどんなにみじめであろうとも、希望と理性の光がともに消え去ったところからこの苦悩の世界を隔離する門の向こう側では、無限に悲しませる光景と音とが私たちを待ち受ける。

砕石で舗装された道路をよろめきながら進む多くの足音が、何百人もの女性の一群の接近を予告する——道路の曲がり角の向こうから、弱々しい足取りで行進しながら、なおも近づいてくる。ぼんやりした目つきと、曇った理性を示す絶え間のない無意味なおしゃべりが。ブラックウェルズ島の精神病院に収容されている気のふれた女性たちが午後の散歩をしているのだ。

はるか向こうの広い芝生の上では、別のグループがもっと奇妙な行進をしている。乳母車とサーカスの馬車の中間物を連想させる、けばけばしい飾りのついた小さな奇妙な荷馬車につながれ、精神病院の暗いグレーの制服を着た女性の列が動いている。車の座席には一人の気が狂った女性がひもで固定されていて、四〇人の女性たちが、しっかりと結び付けられているロープで引っ張っている。これは「一本の鎖につながれた囚人たち」という、人道にかなった目的で考案された、実際に役立つ仕掛けだが、その目的を知らないであざけりの意味をこめて、かつてそう呼ばれた。この患者たちは自殺願望のある躁病にかかっていて、一般に川が視界に入る間は信頼できないが、必要な治療の一環として毎日散歩をしなければならない。それでこの荷馬車が、ある賢明なる医師によって、一度に運動と気晴らしをもたらすよう考案されたのだ。運動場にあるメリーゴーランドがその案のヴァリエーションを示す。目的のない道程をあの悲しみに打ちひしがれたような案内人とともに進みながら、浮かれ騒ぐ恐ろしい様子！

その行列が通り過ぎるのを見るために立ち止まると、灰色の石の建物の鉄格子のついた窓から、聞きなじみのある歌の悲しげな旋律が聞こえてきた。甘い声だが、言うに言われぬ悲しい響きを含んでいた。

「あぁ、どんなに私の心が疲れて果てているか、遠く離れて……」。歌は突然低い、困ったような笑いで途切れた。

彼女は忘れちゃった、忘れちゃった――。

頭を窓に向けていた列の中の一人の女性が叫び声とともに両手を挙げた。残りの女性たちはそわそわと動いている。看護婦がすぐに叫び声をあげた女性のかたわらに来て、なだめたり、厳しい言葉をかけたりした。使者がすぐに精神病院から出て来て、私たちに立ち止まらないよう注意した。患者が通るところで見知らぬ者がぐずぐずしてはならない。患者たちを興奮させかねないからだ。

使者とともに私たちが中に入ると、おとなしくなった患者たちの列がまだ通過中であった。姿の見えない歌い手の不安な声が、まだ過去の失われた記憶の間で行方不明の鍵をむなしく探っている。「あぁ、どんなに私の心が疲れているか、遠く離れて……」

「先生、彼女は誰ですか?」

「治る見込みのない患者です。家に戻ることは二度とないでしょう」。

平均一七〇〇人の女性たちをこの精神病院は収容している。もっと北のワード島にある、男性患者のための精神病院はもっと多くの患者を収容している。一八八九年は全部で一四一九人の患者が市の精神病院に入れられ、その年の終わりには四九一三人がそれらの施設に収容されていた。

市の施療院に入れられる、こうした助けのない不幸な人々は、不吉なことに増加する一方だ。毎年ほぼ二〇〇人ずつ増えていて、どこの精神病院も長らく過密状態だったため、その余剰分を受け入れるための大きな「療養所」がロングアイランドに開設されねばならなかった。わたしたちのあわただしい、働き過ぎの生活のストレスがこのことと何かしら関係がある。貧乏はもっと関係がある。というのもそこにいる全員が貧しい人々だからだ。それが六〇倍の収穫と一〇〇倍の収穫で、「あらゆる時代を通じての、代々の、過去の弱点、悪徳、邪悪さを巻き上げ流れ落ちる恐ろしいうねりである」[*2]。島の呪いは一度その届く範囲に来た者全員に付きまとう。

その実態を観察する十分な機会を得ることができる地位で長年積んだ経験から、ルイス・L・シーマン博士は言う。

＊2　ブラックウェルズ島精神病院の前の院長ルイス・L・シーマン博士、「大都市の社会的出費」、全米科学奨励協会での講演録、一八八六年。

「男女を問わず、これらのコロニーに『送り込まれた』者で、無事に街に戻れた者はいません。目に見えるものであれ、隠れたものであれ、彼または彼女の現在か未来に対する留置権があり、それの方が社会復帰という一番の目的ともっとも公正な機会よりも大きくなることがあまりに多いのです。下層の社会は一度『服役した』不運な者や悪党の全員を苛酷な隷属状態に置きます。困難な状況に陥った者が自分のまわりに張られた法律の網から逃げようとする努力にはしばしばいたましい利害関係があります。しかしその渦は慈悲心がありません。また独りよがりの放浪者は、解剖台の上か無縁墓地での最期に達するまで繰り返し、犯罪と貧乏の激しい渦にはまります。蘇生術によって道徳家や学者は何ができるでしょうか？　せいぜいごくわずかです。流れ者と浮浪者というのは役に立たなかった生涯の切れ端と断片にすぎません。そうした援助はその源で始めなければなりません――もちろん予防的に、子どもたちの健全な発育を増進する、教育的な援助です。これらの島々には柔軟な細い若枝はなく、道徳や社会的な影響に鈍感な、ただふしだらけの、しおれて、胴枯れした古い幹しかありません」。

悲しい話だが、事実だ。一番名うての看守は「収監者」を見るとすぐに、何度も繰り返し戻ってくるために、重罪犯刑務所や軽犯罪者用労働刑務所、養老院を去って行く者をだいたい見分けることができるようになる。彼らは回を重ねるごとにどんどん望みを失い、無駄な人生を島での奴隷状態の中で送る。

ベルヴュー病院のアルコール依存症の囚人棟は、イースト川を往復する常習犯の旅路において、その大部分の中継地点である。昨年全部で三六九四人の囚人が拘留されたが、これは病院の門をくぐった全部で一万三八一三人の患者の四分の一をかなり上回る。この貧者の病院での「患者数」の一日の平均は六〇〇件を超える。

昨年度、慈善矯正局が管理した、すべての刑務所、病院、軽犯罪者用労働刑務所、精神病院の平均的な一日の収容者数は、約一万四〇〇〇人で、それらの組織を円滑に運営し続けるためには、この大量の収容者一〇人あたり大体一人の職員が必要とされる。市と島のすべての刑務所と施設に一八八九年に収容を認められた総数は一三万八三三二人である。養老院だけで三万八六〇〇人が入所した。九七六五人がそこで新年をスタートさせ、五五三人がその後の人生を脅かす救貧院の暗い影とともに生まれたので、全部で四万八九一八人になる。それらすべての病棟の管理で行政監督官たちは二三四万三三七二ドル費やした。一八八九年度の、警官隊の予算は四四〇万九五五〇ドル九四セントで、刑事裁判所とその組織に対しては四〇万三一九〇ドルである。よって、貧民と犯罪者と貧しい病人という、われわれが抱えるおきまりの群れを養う費用は、直接課税により、去年は七一五万六一一二ドル九四セントであった。

第二三章　ナイフを手にした男

先日、一人の男が四番街と一四丁目の交差点に立ちつくし、上流階級の人々をダウンタウンの大型店舗へ送り迎えしながら、次々と通り過ぎる荷馬車を、暗い顔でじっと眺めていた。彼は貧しく、お腹を空かせていて、ぼろを着ていた。頭の中ではこんなことを考えていた。「太った馬の後ろにいる奴らは翌日のことなど考えやしない。奴らは飢えというのを言葉でしか知らないし、俺とうちのちびたちが一年間十分暮らせるものを一時間の買い物で費やすために馬車に乗っている」。その時彼の目の前に、冷え切った陰気な暖炉のまわりでパンを求めて泣き叫ぶ子どもたちの姿が浮かび上がった――彼は群衆に跳びかかり、復讐として無目的に人を殺そうと、ナイフで彼のまわりをめちゃくちゃに切りつけた。

もちろんその男は逮捕され、留置された。今おそらく彼は精神病院にいて、世間から忘れ去られている。そして荷馬車は楽しげな買い物客の一群を運んで大型店舗の間を行き交う。世間はすぐに、あまりにもすぐに、思い出したくないことを忘れる。

それでも、その男と彼のナイフには使命があった。そのばかげた、性急なやり方で、もっとも穏健かつ公平無私な公共団体のひとつが、その少し前に発した警告を証明したのだ。「私たちが唯一懸念しているのは、改革が、財産と風紀をそこなうほどの民衆の怒りを爆発させることになるかもしれないということです」[*1]。

男とナイフは、解決されないままわれわれに受け継がれている、無知な富対無知な貧困の問題の解決法を示したのだ。アメリカの大地でこれまでに上げられたことのなかった叫び——「上流階級に反抗する民衆」の叫び——の中で最近耳にした、危険な要求、すなわち暴力という解決策である。もうひとつの解決策、すなわち、正義という解決策もある。選択肢はこのふたつである。どうすべきだろうか？

「やれやれ！」ある善意の人々が言う。「私たちにはそんなふうに言う必要性がわかりませんね。これまでいろいろなテネメントをまわって調査してきました。そこには実に大勢の人がいて、確かに快適ではないかもしれない。あなたは何をしたいのかね？ 彼らは貧しい。それでも彼らの家は、旧世界のスラムで見たり、本で読んだことのあるようなあばら家ではない。比較的まともだ。そうそう、中にはブラウンストーンを正面に用いた立派な建物もある。少なくとも彼らがまともに見えることは認めるだろう」。

そうだ！ それは正しい。ニューヨークで最悪のテネメントでも、概して、見た目は悪くない。ヘルズキッチンであれ、マーダラーズ・ロウであれ、見かけ上は刻印された真の特徴を示さない。どちらもおそらくそれほど古くはないだろう。

同じことはそこに住む住民にもあてはまる。ニューヨークの悪党は、ロンドンにいる彼の同類がにらみつける以外ほとんど何もしないような場面で、今にも人を殺そうとするかもしれない。それでも概して、彼はぞっとするほど残忍な風に見えない。ここでも理由は同じかもしれない。血統はそれほど古くないのだ。あと数世代スラムにいれば、こうしたことすべてが変わるだろう。

テネメントハウスの暮らしについての重大な事実を明らかにするためには、本質を見なければならない。皮に傷がなくても芯が腐っているリンゴは多い。

テネメントに住む家庭の死亡率が最近は市全体の死亡率より低くなっていて、大型の住宅できわめて低いということを、人口統計局の事務官が保証したが、そこに、テネメントを擁護するはるかに説得力のある論拠がある。

これはふたつのことを意味する。

ひとつは、二〇年間衛生当局がテネメントにほぼ全面的に精力を注いだ成果が現れ、最近のテネメントは古いものよりもよくなっているということ——そのことには希望がある。

もうひとつは、テネメントハウスの居住者のすべての子孫は、テネメントが存在する状況下で養育されていて、堕落との戦いがテネメントに屈しない力を生じさせたということである。これは、そこでおなじみの自然法則で、自衛本能というもっとも重要で強い衝動になくてはならない。われわれはみな、ある程度、取り巻く環境の物質的かつ精神的条件の産物である。しかしそのことを知っ

＊1　貧民状況改善協会の第四四回年次報告、一八八七年

ているからと言って、ほっとするだろうか？　われわれがこれまで見てきたことに照らしてみれば、疑問が浮かばないだろうか？

それでは、どんな産物なのか、テネメントから生まれたのは？

私は「ごろつき」の話を語る際に、観察にもとづいて彼の姿を描こうと試みた。そこにはナイフを持った男を示唆するようなものは何もなかっただろうか？

さらに言おう。私はわがニューヨークのテネメントが、もっと古い街のスラムよりもスラムの外観をしていないことを無条件の長所と認めたくはない。そんなことをすれば、常に多数派の、善意だが無知な人々の側に、その真の性格の認識を遅らせることになる。

大昔、ニューヨークの「危険な階級」は権利を認めることを強要した。その階級は、その階級が犯す犯罪ゆえにではなく、異なる階級に属す人々の犯罪的とも言える無知のゆえに危険である。社会に対する脅威はテネメントの貧困から生じるのではなく、「何も期待されていない」階級から法外な利益を稼ぐために、劣悪なテネメントを建て、無駄に費やされた富から生じる。それが規定された大まかな出発点で、その上に築かれた仕組みが第一段階に相当する。このことが金持ちを貧乏人とわける境界線の「安全でない」側で、特権的な教育の利点をすべて持つ人々よりもはるかにずっとよく理解されるということが、不穏な状態の正当な理由である。その中に、鋭い洞察力の持ち主であればナイフを持った男の影を再びかすかに認めるかもしれない。

二年前、チカリング・ホールで大きな会合——これについては前にも触れた——が開かれた。何日間にもわたり日夜、どのようにしたらこの不安材料を消せるかという問題を議論する会合だった。

つまり、かつての信仰という安全なよりどころからますます急速に離れて漂流する、一〇〇万人以上の巨大な群衆を、道徳的によい影響を与えるものでどのようにつかむかという問題である。
すべてのプロテスタント会派の聖職者と一般信徒がその議論に参加した。そして、貧しい人々の間で働くもうひとつの偉大なキリスト教会〔カトリック教会のこと〕の信者仲間を称えることも忘れられなかった。ためになる事実が多く語られ、成功の見込まれるテネメントの住民が精神的に必要としているものを得る方法が見出された。

しかしその会議を通して、その状況の真の主音が、あのキリスト教徒の建設家の叫び「いかにして神の愛は人間の強欲のみ見えるところで育てられた人々によって理解されるべきなのか？」に耳を傾けた、少数の先見の明のある実業家たちによって打ち鳴らされた時ほどはっきりと表明された時はなかった。

彼らの「慈善事業と五パーセントの利益」という現実的な計画は、まだ数は少なく時折でしかないが、ニューヨークが今日提供しているような、かつての誤りを取り消すわずかな機会さえあればいつかは成就されるかもしれない、テネメント建設の例を示した。これが正義の福音、ナイフを持った男にとってひとつの選択肢として追及されるべき解決策である。

「あなたは物質的な条件にあまりに多くの注意を向けすぎてないでしょうか？」と、去年の冬にハーレムの教会でおこなった講演の後で、善良な牧師が私に話しかけた。

「精神的な部分《インナー・マン》〔心、魂のこと。エフェソ人への手紙三章一六節〕をお忘れではないですよね？」

私は言った。「いいえ！　なぜなら、最悪のテネメントハウスの環境で魂《インナー・マン》を見つけるのを期待することなどできないからです。まず自尊心が持てるところにその人間を置くべきです。腐った果実の中にまともな芯を見つけることなど期待できません」。

第二四章　これまでになされたこと

この二〇年間、ニューヨークではテネメントハウスの問題を解決するために何がなされてきたであろうか?

法律はできる限りのことをしてきた。常にたくさんのことを成し遂げたわけではなく、当面間に合うことしかしない方がずっと多かった。奮起させられた市の良心は、この問題を扱うための、ほとんど独裁者のような権力を衛生局に授けた。しかし社会をもっとよい方向へ押しやるよりは教育しようという要求が、忍耐強くない改革主義者にとっては必ずしも常に賢明とは思えない時代遅れの現状肯定主義とともに、権力の行使に影響した。ニューヨークには聖アントワーヌ［悪魔によりありとあらゆる誘惑を受ける人間］がいるのに、残念ながら、暗い隅々を一掃し明るくする、ナポレオン三世［オスマンを知事に任命し、自身の構想にもとづいた、首都パリの大規模な改造を実行した］のような存在を欠いていた。障害物も多く、また大きかった。そうは言っても、近年の公衆衛生条例のもとでなされた改良点のすべてがその名に恥じないかどうかは重大な問題ではあるとはいえ、当局は何もしな

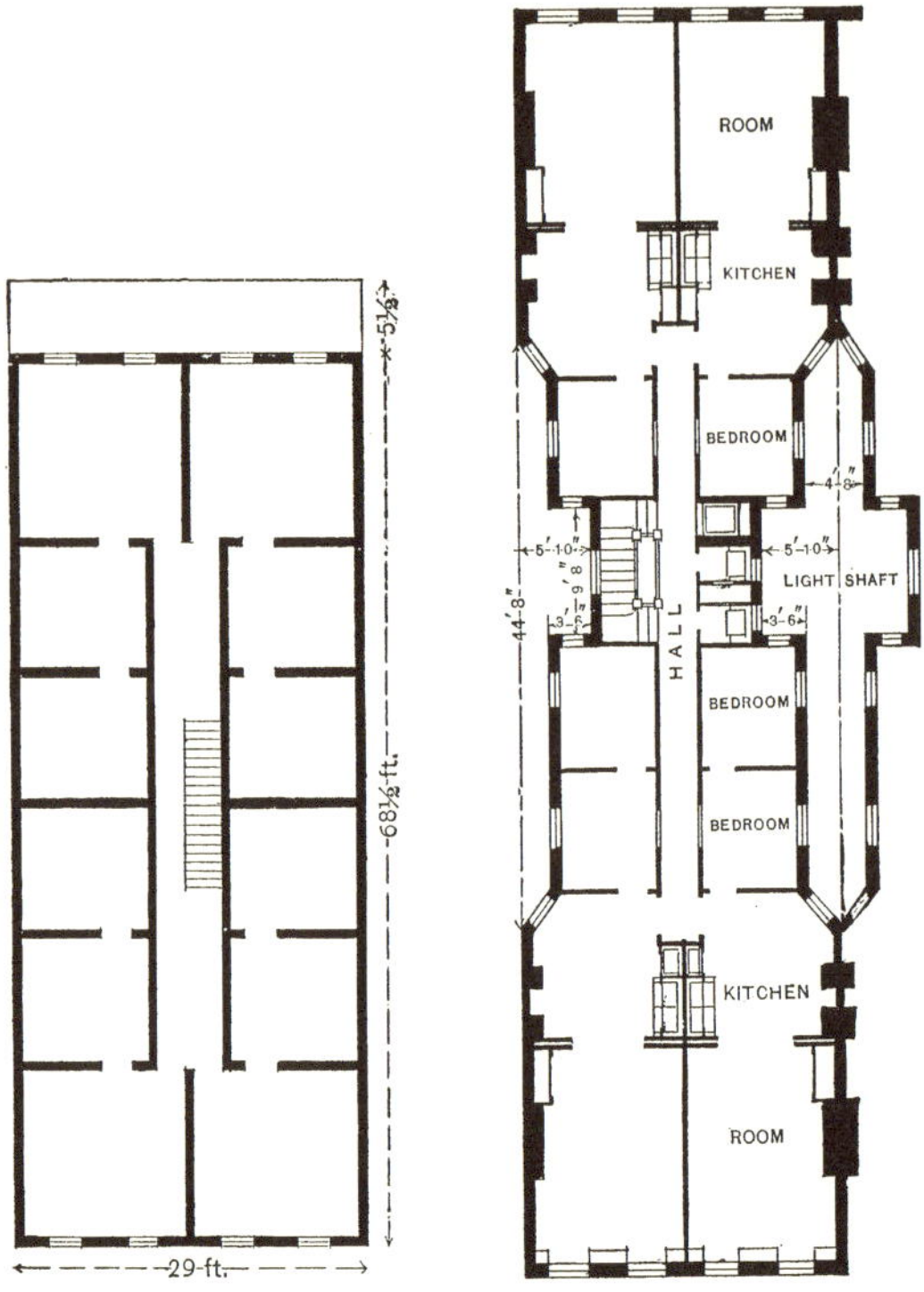

古い様式のテネメント　今日の単一区画のテネメント

20年間のテネメントの進化

いでいたわけではなかった。史上最悪のテネメントと同じくらい劣悪なテネメントはまだ非常に数が多い。しかし貧しい人々の生活において災いとなる、ひとつの恐ろしい要因は完璧に抑えられ、可能な場合は、希望も向上心も及ばないわだちから生活を引き上げるための措置がなされたことは明らかだ。もはや敷地いっぱいにバラックを建てることは法律［一八七九年テネメント条例］で認められていない。通風と採光は法律上の請求権があり、裏屋の全盛時代は過去のものである。二年前は一〇万人もの人々がそのような、人間にふさわしくないむさくるしい住まいに住んでいた。しかしその後いくつかは取り壊された。人が住む環境を顧慮しなかった過去の悪しき伝統となるまで、その数は徐々に減り続けるだろう。それとともに、窓がなく換気されない寝室と、蓋のない下水道が姿を消しつつある。現在テネメントの生活を苦しめるあらゆる悪弊の中でも最大のもの――暑い夏の日の水不足――もまた次第に改善されており、テネメントの住民の精神と肉体の救済に向けて大きく一歩進んだ。

世論も力を貸したが、決して十分ではなかった。概して、良識と社会の安定を踏みにじるはなはだしい不法行為が、騒々しいがつかの間の義憤をかき立てるまで、あるいは、恐ろしい伝染病がわれわれのドアを叩くまで、世論は安らかにまどろんでいた。人々の健康に直接の危険をともなわない場合に、当局の明らかな対応の遅れに大いに責任があったのは、この成果のたよりなさであった。法律は、制定された時と同じくらい効果的にするために、完全に啓蒙された世論の、より強く迅速な支持を必要とする。衛生官たちは、この危険な家屋の問題を取り扱う際には、絶えず、それぞれの大家が個人の権利とみなし、そのために最後まで戦う覚悟ができているものを侵害しているということを覚えておかねばならない。この個人の権利も全体の明白な利益のためには降伏させられると大家を納得させるには、最大の圧力しか役立たないだろう。人々の財産を盗む泥棒をかくまう必要はないと説得するのはちょうどいい。だが、死の危険をはらむ建物を作ることにより、彼の隣人たち、あるいは入居者たちをゆっくりと殺す権利はないということを大家にわからせるのは中でも一番困難な任務であるようだ。大家の心の判断を曇らすのが訴訟手続きの遅さなのは明らかだ。買収できるあらゆる裁判官を通じて、自分の所有する住宅の配管を修繕する命令と戦うような人物は、実際の暴力によって同胞の血を流すよりは苦痛に遭うだろう。明らかに、住民と同様に大家の側への教育の問題である。

それにもかかわらず、大家は彼の分担をこなしてきた。主として、もはや戦ってもどうにもならない場合は、屈服——いつもいさぎよいわけではない——によってだったかもしれない。しかし例外もあった。自身の収入だけでなく、住民の真の健康な生活に注意を払って建物の修繕や建設をした大家もいた。もしそこから何かよいことが生じてくるのであれば、そのふたつは分離できないことをよく理解すべきである。貧しい人々に住居を提供する事業というのは、それがいくらかにでもなるなら、ビジネスでなければならない。彼らが今いるところに置いたのが前の世代との取引だったように。慈善行為、娯楽、あるいは気まぐれだと、常にどこであろうとみじめに失敗するだろう。これが厳然たる決まりで、現在イングランドとヨーロッパ大陸各国で十分に理解されており、またここでその事柄を真剣に考えたことのある人たち全員によって理解されている。それを詩的正義〔勧善懲悪〕、あるいは神の裁き〔天罰〕とでも呼ぶがいい。打ち消すことのできない非情な現実である。労働者にはまともな住居を要求する正当な資格と、それを要求する権利があるという前提以外の考えだと、労働者を救済するためのいかなる計画も失敗する。妥当な値段で買うことのできるもののための、公正な金の取引でなければならない。どんなに隠蔽されようとも、いかなる慈善計画も労働者を自活力のない貧民に変えるだけで、引っぱり出そうとしていたはずのぬかるみの中に、どうしようもないほどどっぷりつからせることになるからだ。そしてこの原理が計画全体に広くいきわたらなければならない。モデルテネメントの熟練した経営者は、善意の素人経営者が自信を失って、全くの失敗として任務を放棄する場合でも成功する。豊富な資本と善意によって支えられた計画の中には、こうした暗礁に乗り上げてしまったものもあった。その活動のきっかけとなった善意の感情が、道を譲って、ビジネスにまかせることを怠ったからだ。

より広い意味でのビジネスが、最悪のテネメントを根絶するために、他のすべての機関を合わせたよりも多くのことを成し遂げている。それがニューヨークの真のナポレオン三世で、その命令からは抗議は起きなかった。一〇年間私は、疫病の流行地が、それが発展するよりも前に消滅するのを見てきた。衛生局の役人と警察、公衆衛生学は、そうした戦いが重大な任務として始まって以来、疫病の中心地とむなしく戦ってきたのだった。そしてそのプロセスは今でも続いている。残念ながら、もっとも密集した地区であるダウンタウンでは、密集状態により不動産が非常に高値になっているため、疫病の源からの解放は、近い将来には、あまり期待できそうもない。それでも、その最期は同じようにやって来るかもしれない。時には、まるで息の根を止めるかのようにすぐにやって来ることがある。一度ならず、興味を抱いていたある貧民窟の見本を二、三週間後に再訪したら、当のアパートがなくなっていて、大勢の労働者が地下二〇フィート深く穴を掘り、巨大な倉庫の土台を据えていることに気づいた経験がある。モット通りの「ビッグ・フラット」の場合がそうだった。去年の冬は数か月間そこを訪れる機会がなかったので、変化への覚悟がまったくできていないまま久しぶりにそこへ行ったところ、その場所を見つけることができなかった。以前は景色の中で常に十分目立っていたので、その住宅の番地を調べ、自分が道を間違っていなかったことがわかるまで、自分の愚かさにひどく驚いた。姿を消していたのはその「アパート」の方だったのだ。その場所には、もう何年間もそこに存在しているかのように、六階建ての工場がそびえていて、各階で車を製造する作業がおこなわれていた。

まさにこの「ビッグ・フラット」が、どうしてテネメントの建設では善意の努力が失敗するのかを示すいい例だ。この建物もゴッサム・コートと同様に、もともとはモデルテネメントとして建てられたが、すぐさま不潔さの点でザ・コート［ゴッサム・コート］と張り合うようになった。そこはまぎれもなく泥棒と治安妨害者の温床となり、次々と際限なく警察の厄介になっていた。適切な管理が欠けていたことを別にすれば、その直接の原因は、そのアパートが、泥棒と「悪党」たちが多い地区にある二本の通りへ自由に通り抜けられるようになっていたことであった。こうした連中が、通風をよくするよう設計者によって考案された建物の配置を利用したために、彼らの占拠によって正直な人々が追い出されたのだ。以前に述べたマーダラーズ・アレーと、そのブロックの通り抜けを阻止するために、その路地を横切る煉瓦塀を建設した衛生局調査官の実験［二五一頁参照］は、これと類似した事例である。

テネメントの住人の運命を改善するための努力を妨害する原因は、現在、主に住民自身の間で見られる。このことは特にもっとも貧しい人々の場合に当てはまる。彼らは無精で、破滅的で、愚かである。要するに、テネメントが彼らを作り出したのである。貧しい人々のために戦う人々が、ことを始めるにあたり、まずは貧しい人々と戦う必要があるということは古くからのやるせない真実である。自分たちを助けてくれる人々の努力が誠実であることを十分信頼できるだけの経験が、貧しい人々の過去にはほとんどないと認めなければならない。ある有名な慈善家の挫折を思い出す。亡くなって以来、その思いは人間とは別の苦しみに反応しているだろう。その人物はテネメント不動産を多数所有していて、かつて自分の所有する住宅に固定式のたらいと衛生的な配管設備、木製のクローゼット、あらゆる最新式のリフォームをしつらえることに取り掛かった。この試みがうまくいくか見届けるための、有能な家屋管理人を配するという予防措置をとらずに、粗野な住民たちにこの豪華な設備をすべて導入した。大家である慈善家は、自分に関心を持ってもらったことを住民は感謝すべきだと思っていた。住民たちは感謝していた。木製のクローゼットの板がすばらしい焚きつけになること、そして配管と蛇口はくずもの店で現金と同じくらい価値があることに気づいたのだ。リフォームから三か月で大家は残っていたものを取り除くはめになった。配管がカットされたので住宅には水があふれ出て、固定式のたらいは洗い物以外のありとあらゆる用途に使われ、木製のクローゼットは跡形もなかった。その慈善家はそれ以後、テネメントハウスの人々は完全に堕落していると固く信じ込んだ。他の人々は、テネメントの住人をそこなった怠惰と無知は、自分たちが改革しようとしているテネメントには付きもので、それも含めて考えなければならないということを悟らずに、もっともらしい理由で推論を下す傾向にある。アップタウンのモデルテネメントの大家たちは、賃借人たちを快適に住まわせ、適切な管理のもとで彼らを救うことに大いに期待をかけていた。その時、建設業者が、外観こそブラウンストーンの装飾と見かけ倒しの素材でまずまずだが、崩れそうな「安普請の」テネメントを何棟も急いで建てた。そのため、きちんと住んでいた住民たちが出て行く結果になった。それは慈善計画の立案者にとって大変驚くべき、道理に合わない行為であった。しかし結局そこには何ら奇妙なことはない。大家について言ったように、すべて教育の問題である。

教育の成果がなかなか現れなくても不思議ではない。向こう側の力が常に作用している。届く範囲にやって来るあらゆるひどいことを取り入れ、蓄積し、最初に比べ過大なまでにその腐敗を強めるテネメントの力は、かなり信じがたい。しょう紅熱か、はしか、あるいはジフテリアの菌の入った箱をこれらのバラックのひとつに届けてみればよい。そうすれば、真っ先に見つけられて撲滅されない限り、ひとつの症例の病原体がブロック一帯に次々と広がり、住民の半分が墓地へ行くことになる。近隣住民の怒りの抗議に扇動された警察に、堕落したもぐり酒場を解体してもらうとしよう――たちどころに、その手入れで自由に移動していた浮浪者たちがテネメントに逃げ込む。そこの賃貸部屋で邪魔されることなく、以前のもぐり酒場よりも、それぞれが、もっと際限なく破壊的な、多くの独立した伝染病の中心地として、商売を始めることになる。これが、あまりに多くのもぐり酒場を放置している警察の理由であると主張するつもりはない。しかしたぶんそうだろう。警察はそのプロセスを完全に熟知していて、それを防ぐには実に無力である。

この力は、その問題そのもの――途切れることなく続くテネメントハウスの人口の驚異的な増加と、その結果として生じるさらなる密集状態――に本来備わっているものなので、その解決の主な障害である。一八六九年にニューヨークのテネメントは一万四八七二棟あり、人口は四六万八四九二人だった。一八七九年にはテネメントの数は二万一〇〇〇棟と推定され、人口は五〇万人を超えた。一八六九年以来初めて正式の国勢調査がおこなわれた一八八八年の終わりには、テネメントの数が三万二三九〇棟で、人口が一〇九万三七〇一人であった。今日、テネメントは二六三〇棟の裏屋を含め三万七三一六棟あり、その人口は一二五万人を超えている。この増加した人口の大部分、特に海外から来た住民の大部分は、一四丁目より南に寄り集まっているが、そこはすでに耐え難いほどのすし詰め状態で、状況を改善しようというあらゆる試みが失敗している。同時に、アップタウンでは新たなスラムが絶えず成長を続けているので、しっかりとした管理で抑制される必要がある。この、大都市への住民の移動は不変の要因として考慮に入れられねばならない。おそらくこの先何年も減少することなく増加するだろう。一九世紀の初めにこの国で都市部に住む人口の割合は二五人に一人だった。一八八〇年は四・五人に一人だったので、一八九〇年にはおそらく国勢調査により、その割合が四人に一人であることが明らかになるだろう。そうした趨勢《すうせい》に反して、押し寄せる庶民のための郊外のはけ口がないので、改善するための措置はどれも、事実上効果がないことが判明するだろう。一八七四年に衛生局によって発表された、郊外の住宅地との間を結ぶ高速旅客輸送がその問題を解決するだろうという「確信」が今やむなしい希望となっているのは周知の事実である。

いずれにしても、ニューヨークの労働者は職場の近くに住むだろう、どれだけ快適さを犠牲にしようと――どんなに費用がかかろうと、と言ってもいいかもしれない。そしてこの街の密集状態が今よりも緩和されることは決してないだろう。それ以上何もましな手が打てない場合、群衆をできるだけ均等に分散させることが、当局の目標である。今年前半の六か月間で、一〇六八人が、公衆衛生警察の真夜中の査察により、ハウストン通りより南の二〇〇棟に満たないテネメントから追い出された。これは現地のごくわずかな一部でしかなかった。アップタウンのテネメントはこの点に関し事実上放任されている。

あらゆる救済計画をしのぐ速さで進む、この街の経済状況の急速な変化が、昨日は十分情勢の要求を満たしたことをただちに無効にし、新たな混乱をもたらしている。またよくある障害——新聞ではあまり報じられていないが、アイルランドと同じくらいよくあると考えざるを得ない——が不在地主である。自分の所有地に居住している地主というのは、実際そこに住んでいることで自分の権利を重んじる方を選んでいるように、地主の権利を求めて戦うので、十分厄介である。だが不在地主は多くの問題に責任がある。市の衛生局が設立された時、不在地主は衛生改革者がぶつかった最初の障害のひとつであった。一八六九年の報告によれば、賃借人の多くが完全にないがしろにされ、住居をきちんとしてほしいという彼らの要望に対する唯一の答えは、部屋代を支払うか退去せよとの提案だった。「調査の結果、不動産の所有者は、市内か隣接する街の高級住宅地に住んでいるか、時折見られるケースのように、ヨーロッパの高級住宅地に住んでいる裕福な紳士か婦人という事実が明らかになった。通常その不動産は完全に代理人によって管理されており、その指示は単純だが断固としている。すなわち、賃貸料を前もって集めよ、それができなければ、住人を立ち退かせよ」。その問題を担当している委員会が、一〇世帯以上が入居するテネメントの所有者に、衛生局の監督下に置かれるべき管理人を一人置くのを義務付けることを提案した。あいにくその時は衛生局の力が弱かったので、その提案は当時実行されなかった。もしそれが実行されていたなら、衛生局に多くの面倒を省いただろうし、多くのアパートの住人が人知れず苦しむこともなかっただろう。不在地主という連中はニューヨークでは決して絶滅しない。そのかかとで押しつぶされないように海外から逃れてきた少なからぬ数の人々が、ここでもそのかかとの下で、その交換によってほとんど利益を受けることなく、うめき苦しんでいる。時に——ほとんど情状酌量は不可能だが

——押しつぶすそのかかとが、悲しくなるほど無知である場合がある。不在地主の一人で、街の不動産を相続していた、遠い国に暮らしている金持ちの男性が、自分の所有する粗悪なテネメントの状況を見た時の憤慨した様子を思い出す。その男性は、自分の怒りを引き起こした事態に対し、自分以外の誰を責めるべきかわからなかったがゆえになおさら、言葉で言い表せないほどの衝撃を受けていた。それでも自分の目的の誠実さに気づいて、当然自分が責任を負うべきではないと考えた。

この地主の経験がまさに、法律が初期の改革者たちに与えることができなかった救済策を示している。以来、しっかりとした管理で指示や指導の仕方を心得ている、家屋に関して資格のある代理人、最良にして最高の人物が、テネメントの改善計画の成功の必要条件であるということが完全に立証されてきた。これはまったくのビジネス上の提案で、いくつかの注目に値するテネメント建築の事例で完全に有効であることが証明されている。今後はさらに増えるだろう。質の劣るテネメントでも、所有者自身が住むところが一番よい。それはどんな場合でも見込みがある徴候である。そうした助力をばか高い代金を支払う必要なしに獲得するのが困難であることが、この街で貧しい人々に適切な住居をあてがう問題を解決するための取り組みをわずらわしている障害物のひとつである。というのもそれは、その活動がこれまでしばしば試みられてきたよりも、もっと大規模でなされなければならないと予想するからだ。

公正な条件でされた場合、住民たちが自分たちのためによく考えられた取り組みに進んで応じることは、満足を与えると同様に目覚ましくもあり、もっとましな環境が提供されないので、住民は不潔で健康に悪い環境に甘んじるしかないという主張を完全に証明する。健康状態の改善ばかりでなく道徳上及ぼす効果も大きい。それは今日、ランクが上のテネメントの住人に認められる。かつて「アフリカ」と呼ばれた悪名高いスラムからヨークヴィルのまともなテネメントに移り始めてから数年間で、黒人住民に起こった変化がその顕著な例である。もっとよい例は、マルベリー通りのベンドにあるモデルテネメントと道の向こう側にあるバラックの間のコントラストに見られる。それについてはイタリア人移民について扱った章で述べた。イタリア人自身はすべての中でもっとも堅固な論拠である。イタリア人は、もっとも不潔な環境に宿命的に満足しながらも、もし適切に教化されれば、ごくわずかな間に救い出すことができるくらい清潔好きの本能を備えているのは数々の証拠から確かだ。奇妙な矛盾だが、イタリア人の家庭生活を見たことのある者にとっては、歴然とした事実だ。しかもこの点に関してはイタリア人だけではない。

この夏、もっとも粗末なテネメントハウスの群衆の中でさえ、いかに洗練された、善意の人格が酵母のように作用するかの実例に出くわした。そこはモデルテネメントではなかった。その反対だった。第一〇行政区にそびえるバラックで、二〇世帯以上が住みかとしていた。室内の光と空気は、二平方フィートの通気孔から得られるのみで、そこに各階の寝室二部屋と廊下が面していた。三年の間に、そこでの生活に対する当然とも言える嫌悪の情と貧困が原因で起こった、二件の悲劇的な事件を知った。そのため私はそこを、改良が可能な限度を完全に超えた、典型的な劣悪テネメントと考えるようになっていた。だが驚いたことに、しばらく後に再び機会を得てそこへ行った時、住民たちの性格がまったく変わっていることに気がついた。以前からの住人もまだ何人か残っていたが、同じ人たちには見えなかった。その秘密が、新しい管理人にあることを私は悟った。几帳面で温厚だが、きわめて厳格な小柄な女性で、堕落した環境を恵み深い思いやりの気持ちで包み、そのうえ彼女の命令を尊重せざるを得ないようにする天賦の才を持っていた。彼女が管理人となってからまもなく、その住居から最悪の腐敗分子が追放されると、残りの住民にとっては新しい自尊心の時代の幕開けとなった。彼らは全体としては、以前はもっと下に見られていた彼らの階級の普通の人間よりもはるかにすぐれていた。そしてこれはわずか一年という短い期間でもたらされていた。

この点に関する私の観察は、以前から知る実際のテネメント改革者たちのほぼ全員によって十二分に確認されている。彼らは自分たちが築いた道を辛抱強く保持してきた。そのうちの一人で、残りの全員を合わせたよりも多くの経験を積んでいて、善に対する感化力が非常に強い人物が、最近私に語った。「私は、テネメントに現在住んでいる住民の九〇パーセントは、もし最高に改良された条件が提供されて適切に指示されれば、それを利用し、十分期待にこたえるだろうと考えます。しかし彼らはその条件を手に入れられません。少なくとも、機会が与えられさえすれば、今や彼ら次第です。彼らが背のびする必要はありません。それは社会の側に責任のあるおそろしく大きな間違いで、これら貧しい人々はその被害者です。私はこの一四年間、五〇〇以上の家族のために家を建ててきました。そして、失望のためにほとんどよくなる見込みがないような状況下にもかかわらず、毎日貧しい居住者たちの間で仕事をする中で人間の本性にますます強い信頼を得ています」。私の友人が住居を建てた場所がブルックリンであるのは事実だ。しかし人間の本性はイースト川の両岸で大きく変わらない。違うと考える人々は、わずか五年前、テネメントハウス委員会が、この街の状況を次のように要約したことを思い出すといいかもしれない。「居住者の状態は、彼らが入居する住宅の状態よりも先に進んでいる」。これまで言い表されてこなかった、テネメントについてのもっとも厳しい非難である。

過去数年間、その住宅に住み続けなくてはならない多くの住民たちの運命を改善するために、たくさんの慈善団体が努力してきた。明らかに、そうした努力が、よりよいものを受け入れる気持ちを生み出すうえで効果をもたらしているので、将来のモデルテネメントの設計家はうまく事を進められるだろう。勇気のある少女たちの「大学《カレッジ》セツルメント」、キングスドーターズの尽力による〈近隣ギルド〉［一八八六年に開設されたアメリカ最初のセツルメント・ハウス］や、その他数多くの実践的な伝道活動では、受け取る者に劣らず与える者にとっても最高の成果を生み出さざるを得ない日々の交わりの中で、貧しい人々と裕福な人々がより親しく結びついている。したがって、善良なご婦人が私にかつて次のように書いてきたように、問題はまだ解決されず、これまでよりも困惑させるような状況ではあれど、またたとえ暗い状況の中の明るい箇所は、たいていは比較によって明るいだけで、御都合主義者の多くが、救助の割には嘆かわしい当座しのぎの便法を思いつくだけであっても、われわれはそれらすべての背後で、よい結果がどうにかこの絶望の淵からさえ芽生えているのをかすかに認める。それがわれわれの面前で、根を深くおろし、広がっている間に、もしわれわれが勇気と忍耐をもって働くなら、神自身のちょうどいい時期に、六〇倍、一〇〇倍もの実を結ぶだろう［マタイ福音書一三章八節、マルコ福音書四章八節］。

第二五章　現在の状況

それでは、ニューヨークでわれわれが取り組むべきありのままの事実とはどのようなものだろうか？

一、われわれには常に増え続けている、巨大な数の賃金労働者がいて、彼らをきちんと住まわせるのがわれわれの役割である。

二、賃金労働者はきちんとした家をあてがわれていない。

三、さしあたりは、ここで住宅を与えられるべきであり、この先長期的には、まだ夢想的で実行不可能とされている郊外の救済計画すべてに場所が提供されるべきである。

四、賃金労働者は、自分の権利として与えられた住居に見合う部屋代を支払うこと。

五、「居住者の状態は彼らが入居する住宅の状態よりも先に進んでいる」（テネメントハウス委員会の報告）ので、家をあてがう邪魔になっているのは、われわれ自身の怠惰に他ならない。

六、向こう半分と同様にこちら側の、衛生、道徳、経済的面での保証が、きちんとした住まいが供給されることを要求する。
七、それをおこなうために代価を支払うこと。すなわち、投資として、また現金で。これについてはすぐに証明する。
八、テネメントは定着しており、それ自体、われわれに突きつける問題の解決策でなければならない。
これが、どんなにわれわれが嘆こうとも、逃げることのできない事実である。むろん最善なのはすべてを片付けることであろう。しかしわれわれには不可能なので、その点に関するすべての議論が、現時点では怠慢として退けられるであろう。実際の問題とは、テネメントをどうすべきか、ということである。先日私は、モット通りの地主で、二〇年にわたって衛生当局と数限りない問題を起こしてきた、何棟ものバラックを所有する大家が、独自にこの問題を解決する様子を見た。彼の方法とは、それらのみすぼらしい建物をペンキで塗装して、きらびやかで安っぽいコーニスを、一八九〇という年を表す数字とともに一ヤードの長さにわたって外壁にくっつけることだった。その作業を見下ろしていた場所からは、そのバラックの屋上で野営している、よく似た風体の群衆がよく見えた。一番手前には、浴槽を一度も目にしたことのなさそうな、二人の真っ裸の子どもを抱えたイタリア人の母親がいた。このように、体裁だけとりつくろうのが地主のやり方で、われわれを苦境から救い出すはずもない。

問題を解決しないもう一つのやり方が「アパート」である。これはむしろ問題を拡大している。アパートは近代的なスタイルのテネメントだが、モデルテネメントではない。それは値段が安いテネメントから面倒なことと最悪のもの、すなわち過密状態を――もし完全に取り除けるのであれば――取り除いているが、貧者が苦しんでいる悪弊《あくへい》を、それから逃れるべき人々に課している。

ニューヨークのテネメントに対処する効果的な方法は三種類ある。

一、法律による手段。

二、古い住宅を改築し最高のものを作る。

三、新しい、モデルテネメントを建設する。

このうち二と三では民間企業――権限がある時には、任務の範疇でそれをおこなうことをわきまえている――が大部分をおこなわなければならない。法律が影響を及ぼした点についてはすでに述べた。パリ、グラスゴー、ロンドンで採用された徹底的な改革は、もっと規模の大きなこのニューヨークではとうてい実行不可能である。それでも、世論の強い圧力のもとで、われわれの街から最悪の悪疫の流行地を取り除くことは可能である。マルベリー通りのベンドは、市の努力をがんじがらめに縛っていた、あらゆる官僚的形式主義が解かれた時のファイブ・ポインツの道を歩むだろう。何年か前、一番すぐれた近代的なテネメントハウスの設計案に対して、公開のコンペで賞が授与された。モデルテネメントの設計が、税金の還付という方法での助成金によって奨励される日が来るかもしれない。それまで、頑固に法律と秩序を乱している地主、もしくはその代理人の検挙と略式処分が有益な影響を与えるだろう。最悪の違反者である、少数の裕福な不在地主が市の管轄内でとらえられ、検挙によって適切な監督者を雇うようにさせられるのであれば、ニューヨークにとって大変名誉な日であろう。衛生警察の夜間の査察が追いつかない過密状態を緩和するため、現在は下宿屋として、これ以上は入らないほど、非常に多くの居住者を収容しているテネメントも、やがては認可されなければならないかもしれない。あるいは、高い道路に課す料金を調整するように、州が家賃を調整する権利を引き受けることで、密集状態の原因となっている家賃を下げなければならないかもしれない。私は非難を受けるのを十分承知の上でその提案をする。この提案はもともと、過去一〇年間職務上テネメントハウスの問題と戦わざるをえなかった、聡明な知性の持ち主の一人から出されたものである。いずれにせよ、うまくいくためには、法律による改革により、劣悪なテネメントを所有すると不利にはたらくよう計画しなければならない。法律は、追いかける敵ができるだけ速く歩こうとしている間に、よくても、実にのろのろと進むだろうから。

この利益という問題において法律は、言い分は正反対であるが、地主自身にもっとも強力な味方を持つべきである。この事態を私は巨大な間違いにもとづいていると考える。保存に値するテネメント不動産でも、荒廃するにまかせたら、適切に手入れされてきちんと修繕された場合よりも、大きな収益を生み続けられるということはありえない。その段階にいずれ必ず達する。そしてすぐに、最底辺のもっとも無知な住人でいっぱいの住宅の場合に必要な修繕の費用は、最初の数年間怠って節約した金額を超過するに違いない。というのもこの階級は、どこでも、もっとも払いが悪いうえに、もっとも破壊的であるからだ。この事実を、みずから損害をこうむって知ったオーナーたちの経験が、たとえおのずと証明される単純なビジネス上の事実の申告ではないにしても、私の発言の裏付けをしてくれる。将来いつか、土地が商売か何かの目的に役立つことになるかもしれないので、ゆっくり朽ちるにまかせたテネメント不動産は含めない。残念ながらその種のものがニューヨークには十分ある。それらは金持ち階級か、その大きな影響力すべてをそこの入居者のための法律の効力に対抗させる非情な会社が所有する定期借用資産であることが多い。

その一方で、もっともみすぼらしい場所でも、最低のテネメント不動産の大部分を改良し整備するために払われる証拠も多くある。ウォーター通りに家を所有するミス・エレン・コリンズ氏が示した例が、この点に関するあらゆる疑問への明白な答えとなる。彼女がウォーター通りとローズヴェルト通りの角に三棟の古いテネメントを購入してから実に一〇年になる。今と同じく当時も市の中で最低の地域であった。その時以降、彼女はさらに隣接する三棟の建物を購入して賃貸したので、ウォーター通りの大部分はとにかく清潔になった。彼女の最初の努力は、廊下に光を入れることで、暗闇がなくなるとともに、まるで手品のように、流しのわきに積み上げられていたごみの山も消えた。もっとも手に負えなかった何人かの住民がそれとともにいなくなったが、大部分の住民は残り、すぐに新しい規則に順応し、今なおそこに住んでいる。ここで、コリンズ氏の賃借人は明らかに非常に貧しい人々であるということを申し上げておくべきだろう。彼女の目的はこの階級で実験することで、彼女の実験は非常に満足いく成果を挙げた。彼女の計画とは、彼女の言葉をそのまま引用すれば、賃借人と大家の間のフェアプレーだった。この目的のため部屋代は、うまく妥当な利益を生まなければならない事業投資の考えと一致するように、低く抑えられていた。その住宅は適切な配管がなされるよう徹底的に修繕された。コリンズ氏自身がそこにいなかった時は、有能な管理人が、規則が住民に守られていることを調べる任務を課せられていた。ここ数年は、彼女が直接管理に時間を費やす必要はなくなっていて、その管理人が先日私に、わずかしか必要なことはないと語ったばかりだ。その住宅は、一度定められたしきたりに沿って自ら管理しているようだった。かつて泥棒の根城として有名だった場所が、その地域で一番整然とした場所となっている。服は一晩中無事にロープにかかったままで、中庭にはきれいな花壇があり、六棟の住宅だけでなくブロック全体の子どもたちがそこで邪魔されることなく、遊んだり、スキップしたり、ぶらんこに揺れている。ちなみに住民たちは、春になると自分たちでいろいろな花を栽培し、それを何よりも自慢にしている。それらは彼らのものだからだ。六棟の住宅には四五世帯が入居していて、そこでは「請求書を張り出す必要は一度もなかった」。不動産からの収益に関し、コリンズ氏はこの前の八月、私にこう言った。「投資した資本に対し利子を六パーセントや六・七五パーセントも受けとることがあります。大体五・五パーセントといっても差し支えありません。このことに私は完全に満足しています」。現在建物の角には肉屋が入居し、酒場を営んでいるが、彼女が頑固に小売店に貸すことを拒否していたことを付け加えるべきだろう。もし彼女が拒んでいなければ、そこからの収入は相当増えていたかもしれない。

コリンズ氏の経験は、これ以上ないほどひどい素材で、貧しい人々に真に必要なものに応じることができる一種の個人的な利害関係によって、何が成し遂げられるかを示す好例として特に価値がある。きわめて気前よくばらまかれる、この世の慈善金をすべて費やしてもこれほど成功しその地位を占めないだろう。大家と入居者の間の「フェアプレー」はあまりに長い間見失われていたが、コリンズ氏にとってそうであったように、いたるところで成功への扉を開く鍵なのである。彼女と似たような経験をした人には事欠かない。ゴッサム・コートの例についてはすでに述べた。その一方で、その課題に取り組んだが、それに飽きたか、完全に改善される前に不動産を売り払ってしまった大家も多かった。その結果、改善にかけた時間よりも速く以前の悪い状況に、逆戻りした。入居者についてもまた同様だった。そうした住宅は、平均よりも低い水準まで落ち込むのがおちなようだ。家屋の堕落は人間に起こる同様の反応とあまり変わらない。

これらの先駆者たちが示したように、入居者たちの面倒を見る余裕のある裕福な家主の個人的な事業になるという確かな考えにささえられ、法律が、きわめて短期間で最悪の地区に健康によい変化を、入居者同様大家にも恒久的にもたらすことができると私は確信する。残念ながら、われわれが当てにしなければならない、貧しい人々への関心という感情があまりに不足しているのは、この個人的な努力という性質にある。快くお金を恵む人々はそれで十分だと考えているが、そうではない。そのように与えられたお金は、贈り物を思い起こさせる感情とともに、浪費されがちだ。

たとえ結局、私がテネメントハウスの問題に取り組むうえで効果的と話した三番目の方法、すなわち模範的な建物の建設ということになるにしても、もし完全な収益を生み出すことになるのであれば、その物件における個人的な利益が、投資された資本の大部分を占めるに違いない。そうなった場合は、すたれた新聞紙に命を吹き込むように骨の折れる作業になりがちな古い建物の再利用よりも、通常の事業経営によって、支払いに関する懸念はいっそう減る。ニューヨークでのモデルテネメントの建設は、他の多くの大都市のように大きな規模では試みられてこなかった。それはある程度、ここでは成功するはずがないという意見が幅をきかせていたことによるのかもしれない。これは完全に間違った考えである。私の知る限り、ここで聡明なる管理のもとでおこなわれてきたその種のさまざまな試みはすべて成功している。

この街でのモデルテネメントの建設においてよく知られた二つの実験の経営者たち、改善住宅協会とテネメントハウス建築会社から、事業は完全に成功しているとの内容の手紙を八月に受け取った。彼らの経験が決定的でないわけがない。フィラデルフィアの計画がニューヨークでは実用的ではないからといって、われわれ自身の、隣人のとは正反対の計画が実用的でない理由とはならない。実際には、それがその成功を支持する論拠だ。どうしてわれわれは大勢の労働者を、フィラデルフィアでおこなわれたように一戸建ての小住宅に住まわせることができないのか。まさにその理由――すなわち、小さな家を建てるにはあまりに土地が高価なマンハッタン島に労働者は住まなければならないこと――が、適切に配置されて管理された、モデルテネメントの成功にとっては一番の保証なのだ。テネメント建築における傾向は、他のあらゆるもの同様、集中状態に向かっており、行く手の障害を取り除くのに役立つ。各階に四世帯で、一棟に二〇世帯が現在の規則である。群衆が増えるにつれ、安全な経路へ向かうこの流れを導く必要性はこれまで以上に差し迫っている。計画されるモデルテネメントの規模が大きくなるにつれ、成功の約束はより確実なものとなる。どんなに独創的な才能の持ち主でも、中庭を中心としたありふれた平面図に、一ダースから二〇棟の住宅が立ち並ぶ街区の真中にある、二五×一〇〇フィート［約七・六×三〇メートル］の敷地では、換気と採光の十分な一六から二〇世帯向けの住宅を建てることはできない。これが一〇年前、従来型のテネメントで一番優れた設計に賞を授与した委員会の計画であった。委員会はその設計案を、「この狭くて気まぐれな制限内で肉体と精神の健康に必要なものを確保するのは不可能」とする断固たる声明と一緒にした。以来、委員会が見たどの設計案よりも優れた設計で住宅が次々と建てられているが、委員会がその時に下した判断はそのままである。また、見過ごされるべきでない問題は、より大規模な建物における熟練した管理――成功する管理の第一条件――の引き下げられたコストである。

改善住宅協会は、東七二丁目に、一三棟の住宅が並んだブロックを七年前に売りに出した。その費用は、土地代で約二四万ドルと推計されていたが、それらの建設を引き受けた建設業者との間のトラブルにより二八万五〇〇〇ドルまで増加した。したがって、協会の任務は、幸先よいスタートを切ったわけではなかった。予想外の出費はその財源を激減させることになった。その地域は新しく、最初は密集していなかった。費用を惜しむことなく、テネメントの建設における最良にして最新の経験のすべての恩恵が入居者たちに与えられた。各世帯に二部屋から四部屋が割り当てられ、もちろんすべてが「外側に面した」部屋で、家賃は一階の一戸四部屋で月一四ドルから、最上階の一戸二部屋の六・二五ドルまでさまざまだった。石炭用のリフト、上の階から灰を落とすシュート、地下にある共有の洗濯部屋、無料の浴場が、災厄を予知した疑い深い人々によって疑いの目で見られるほど新奇なこれらの建物の特徴だった。そのブロックには二一八世帯のための部屋があって、最近私がのぞいた時には、九部屋以外すべて貸し出されていた。九部屋のうち一部屋は私がまだ建物の中にいた時に貸し出された。管理人は、建物はありとあらゆる人を入居させているが、騒々しい入居者とのトラブルはほとんどないと語った。協会の理事長であるW・バヤール・カティング氏が私に次の手紙を書いてきた。

「会社法人設立前の資本金の株式購入の申し込み期間までに、配当金は改良住宅協会の資本金に対して五パーセントに制限されました。これらの配当金は、建築計画の最初の六か月の満了以降（六か月ごとに二パーセント）支払われています。剰余金はすべて建物に費やされています。新しく高価な屋根が、それらの利用を選ぶ入居者を満足させるために追加されています。建物は、最初に企図されなかった方法で完全に内も外も塗装されています。高価な火災避難装置は消防署の命令で設置されており、他にも多く改善されております。特にこれらの建物が、テネメントハウスの問題に現れる、建築上の障害に直面するとされるこの街で、初めて大規模と言える計画のもとで建てられたことが考慮されれば、私は実験が大いに成功し、満足いく結果を得たと考えております。実験が、時とともに増す知識によって試され、より多くの収益が投資に対して示されることに疑いはありません。お問い合わせの成果は、協会の土地で酒を販売することをさまたげる条項にもかかわらず達成されました。普通の店よりも、酒場からどれだけ多くの賃借料が獲得されるか、もちろん、あなたはご存じです。元金の額以上の価値がある不動産担保に対する正味五パーセントの投資は妥当とみなされるべきです」。

テネメントハウス建築会社はその「実験」を、チェリー通りという、もっと困難な地域で六年前におこなった。その住宅には多くのロシア系ユダヤ人が住んでいたが、彼らに規則を守らせるのは、特にその建物には灰を捨てるシュートが設置されていなかったために、いっそう困難をきわめた。入居者が上から放り投げるものが子どもたちに当たって死ぬことがないよう、台所の窓が面している中庭への子どもたちの立ち入りを禁止する措置さえ必要だった。そうした状況こそまさにチェリー通りで、そう簡単には取り除かれなかった。それにもかかわらず、その住宅はうまく管理された。八月の時点で、一〇六戸の「アパート」のうち、わずか四戸しか空きはなかった。会社の幹事である、エドウィン・R・A・セリグマン教授が私に次のように書いてよこした。「ここのテネメントの成功は今や明らかです」。そこが建てられてから三年の間に、投下資本に対する収益の割合が五から五・五パーセントに戻った。全収益の五パーセント以上は入居者の貸方に記入されるという、家賃の保証計画で入居者を収益分配者にするという当初の意図は、まだ実行されていない。

似たような計画による入居者への配当金制度は、ブルックリンの建築家A・T・ホワイト氏によって実行されている。彼は人生を慈善活動とテネメントの建設に捧げていて、その経験は概してイースト川の向こう側［ブルックリン市のこと。ニューヨーク市に併合されるのは一八九八年］でのものだが、ニューヨークにも当然適用されると考える。彼自身そう考えている。建築の費用について彼はこう述べている。「ニューヨーク市のどのテネメントハウス地区でも、同様の事業の収支決算が同じ程度によいだろうということを疑う理由はほんのわずかもありません。……土地代が高いことは、そこに住居を求める人々の圧力によってその価値が付けられたのであれば、損害ではありません。ブルックリンと比べニューヨーク市の部屋代は、それぞれの場所で土地と建設にかかる費用よりも割高なのです」。ブルックリンの方がニューヨークのテネメント地区よりも上等な階級の入居者を入れているという主張は、まじめに論じるに値しないだろう。たとえホワイト氏が、自分の住宅に住む日雇い労働者や縫製職の女性たちが低い階級に属していることを示し、住人に占める彼らの割合がロンドンのどのモデルテネメントよりも高いという主張で反駁しなかったとしても。

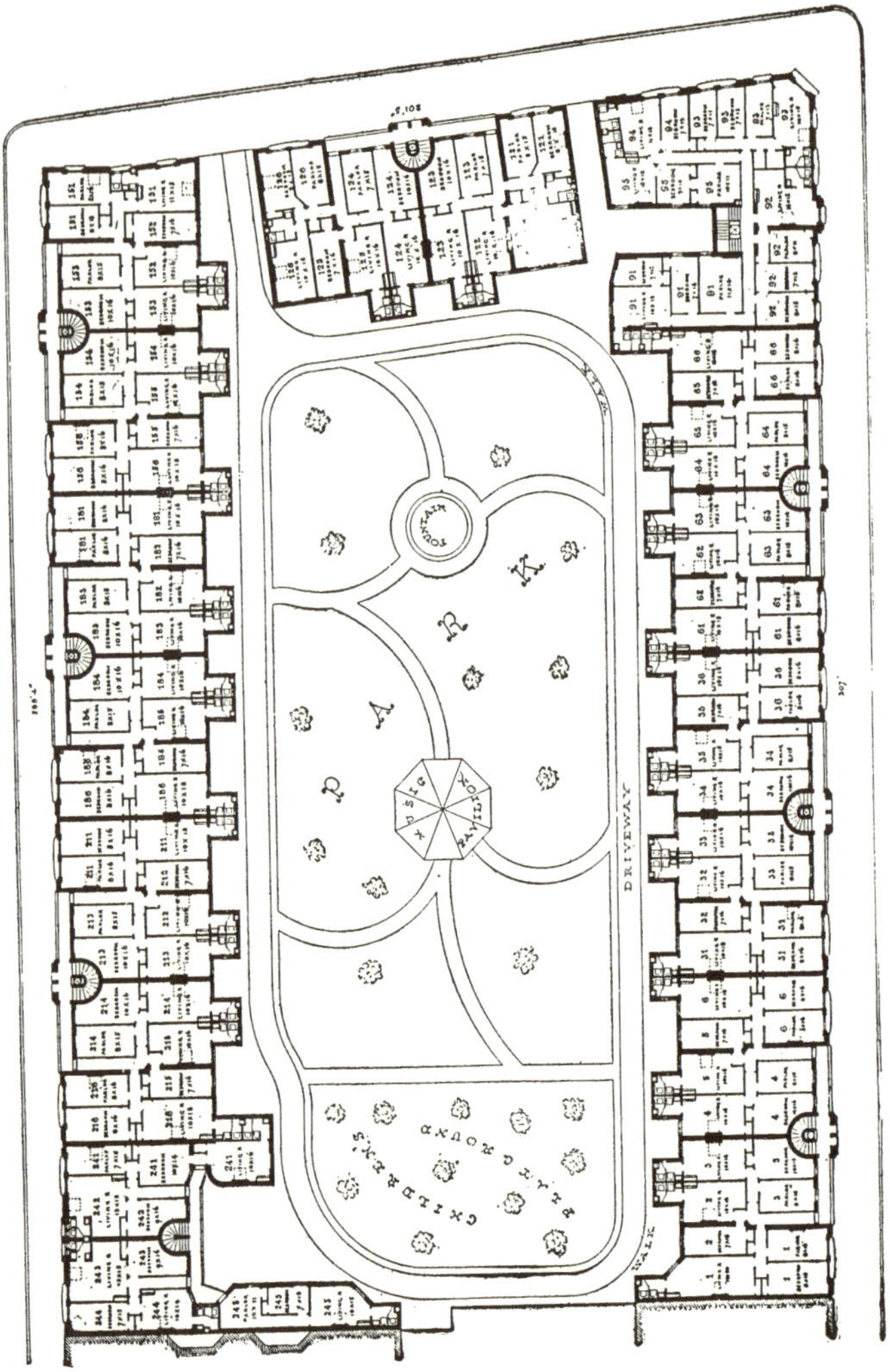

リヴァーサイド・ビルディングの全体図(A・T・ホワイト設計)、ブルックリン

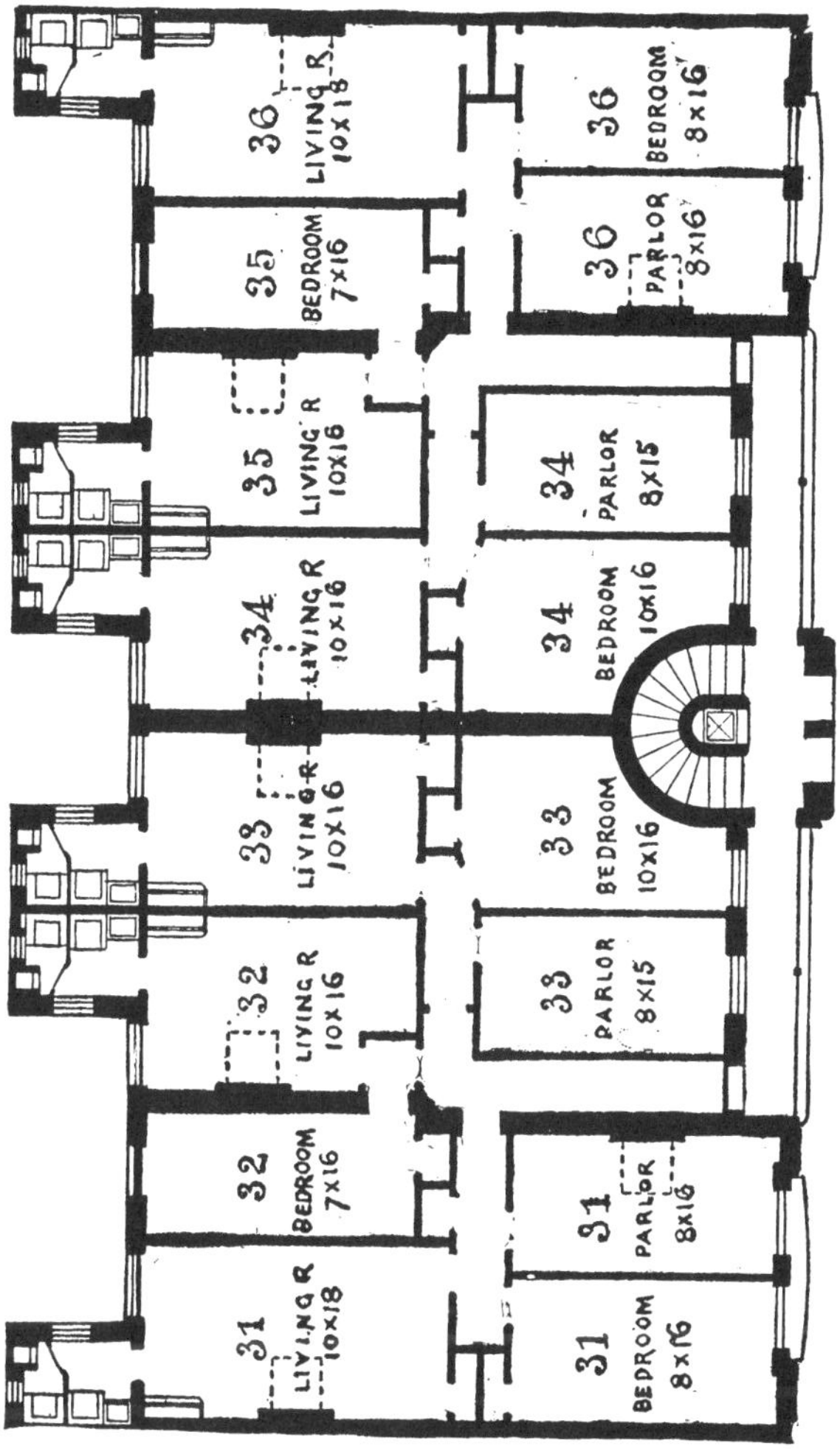

6世帯分の住居が入った部分を示す、リヴァーサイド・ビルディングの平面図

ホワイト氏は、仕事を始めて以来、五〇〇もの貧しい家族のために住宅を建てている。十分利益をあげているので、優良な入居者には利益が還元されていて、直に期日までに払った奨励金として支払われるその金額は、平均して一年でおよそ一か月分の家賃になる。三二二〜三二三頁に模写された、彼の最新のテネメントは、まさにニューヨークのような大都市にとってモデルテネメントの最高の理想とみなされるだろう。シドニー・ウォーターロウ卿［ロンドンで改善住居会社を設立し、採光と通気、水回りが改良された共同住宅を設計した。ホワイトは彼の理論に影響を受けた］によるロンドンの都市計画の長所をすべて、設計者自身の経験によって提案された改良点とともに盛り込んでいる。その最高の長所は、三〇〇世帯だけではなく、三〇〇戸の本物の家を一つの屋根の下に集めたことである。図面を見ればおわかりのように、三世帯が共通のエントランスホールを使う。残りの家族とは一度も知り合うことがないか、たまにしか見かけないかもしれない。各戸に専用の玄関がある。共有の玄関ホールはテネメントを象徴するものだが、ここでは姿を消した。耐火性の階段という、完璧な非常階段が家の外にある。各戸に流し場と小煙突を備えている。通気孔はない。その必要がないからだ。各部屋が見事な配置によって街路か中庭に面している。中庭は子どもたちのための遊び場も別に設けてある立派な公園になっていて、そこで子どもたちは思う存分砂を掘ることができる。週末にはその公園でブラスバンドのコンサートが催される。洗濯物を干すのは屋上で、そのための棹が設置されている。外側の階段室の上は小塔になっていて、その建物を非常にあかぬけた外観にしている。ホワイト氏は一番貧しい人々を集めているにもかかわらず、これまで一度も入居者との間でもめたことがない。また、時折この種の冒険的試みに付随して、結局は損をすることになる「施設的性格」も彼のテネメントにはない。そこはひとつの大きな村のようで、大きなひとつ屋根の下とはいえ、十分な空間があるので、人々はたがいに心安らかに満ち足りた暮らしをしている。

これまで、ニューヨークでモデルテネメントをうまく建て、利益になるようにするのは可能であると示すため、十分すぎるほど述べてきた。もし家主が五、六パーセントで満足するなら、いつ資金を「国債」［連邦政府債］に三、四パーセントで投資しようかなど夢にも思わない。後者の場合、彼はただ利札を切り取って、現金に換えればいいだけである。しかし、家主の最高かつ永続する成功の条件である、テネメント不動産の面倒を見るという余計な面倒は、「子孫に三代、四代まで報いる」［出エジプト記二〇章五節］という、われわれの前の世代が犯した罪のために課される罰である。もし罰がわれわれの代で終わるなら、真に暮らし向きがよくなるはずだ。われわれ自身の不正行為が加わって、その呪いをさらにこの先も後世に伝えることになるのではないかと私は危ぶんでいる。それにもかかわらず、あの荒涼とした罪と苦難の砂漠でひとつの立派なおこないが徐々に周囲に影響を及ぼしたように、たった一棟の見事なテネメントの建設によって、徐々にではあっても確実に、荒廃したブロック全体の性格を変える力があるほどだ。もし近隣の地区がそのテネメントを自分たちと同じ低い水準にまで引き下ろすことに成功できなければ、近隣地区がそこまで浮かび上がらなければならない基準を設置するのだ。

そしてこの仕事もまた終わりを迎えた。人が蒔くものはなんでも、人が刈り取ることになる［ガラテヤ書六章七節、「人は、自分の蒔いたものを、また刈り取ることになるのです」］。私は自分が見た通りの真実を伝えようと努めてきた。本書が、どんなに不十分でも、正義の収穫を蓄えるのに手を貸したのであれば、その目的を果たしている。

この文章を書いている間、海へ降りて行くと、そこでは街からやって来た大勢の人々が夏季休暇を楽しんでいた。晴れ渡った空の下で海はまどろんでいた。穏やかな波がものうげに白い砂を洗うと、子どもたちは笑い声をあげながら逃げだした。そこに立って彼らが遊んでいる様子を見ている時に、冬に激しい嵐が起こっていた間はずっと、今はこんなに穏やかなこの海が、激しく膨れ上がって打ちつけ、断崖の上を越え、前にあるものをすべて押し流したと聞いた。人の手によって建てられた防波堤にはそれを押しとどめる力がなかった。苦しめ悩ます足枷に縛られた、膨大な民衆の波は、窮屈そうにテネメントの中で波打っている。大都市の務めをまだ正しく判断できないうちに、その重大な任務と責任が及んでいたわれわれの街は、すでに一度、抑えられないほど激しく流入してくる民衆のうねりに見舞われている。もしそれがもう一度起こったら、人間の力は食い止めるのに役立たないだろう。波のように急に高まる階級間の格差は、軽率な人々には見えず、疑われることもないが、日々広がっている。遅ればせながらの法律の制定も、政治的手段も、その格差を埋めることはできない。他のどんな危険に対しても、われわれの行政組織は防御壁と避難所を提供してくれるかもしれない。だがこれに対してはない。しかし私はわれわれを安全なところへ導いてくれる一本の橋を知っている。正義の上に築かれ、人の心で建てられた橋を。われわれのまわりで急速に成長している状況の危険性は、それによって軽視される自由にとってあまりに大きいと私は考える。本書の扉に引用した詩人の言葉は、書かれた四〇年前よりも、今日ますます現実に当てはまり、われわれにとってははるかに深い意味を持っている。

「――身分の高い者たちを庇護し、貧しい者を押しつぶすような建物が持ちこたえるとあなたたちは思うのか?」

テネメントの推計人口、1890年8月1日現在 ……………………… 1,250,000

テネメントに住む5歳以下の児童の推計数、1890年 ………………… 163,712

角地に建つテネメントは、裏側の4フィートを除き、敷地全体を占めてもよい。ブロック内のテネメントは敷地の78パーセントしか占めることができない。幅10フィートの裏庭と、換気シャフトか、敷地の12パーセントと同じ広さの屋根のない中庭を設置しなければならない。

テネメントまたはアパートは、60フィート幅の通りでは70フィートの高さを越えて建ててはならない。

テネメントまたはアパートは、60フィート以上の幅の通りでは80フィートの高さを越えて建ててはならない。

【原注】

＊1　1869年、テネメントとは4世帯以上が入居する住宅。

＊2　1888年、テネメントとは3世帯以上が入居する住宅。

＊3　これらの数字はハウストン通りより南の、200棟以下の劣悪なテネメントを表す。

【訳注】

1　マンハッタン島南端にあったアメリカ最初の移民局。1890年に移民局がエリス島へ移るまでアメリカに到着した移民はここから入国した。現在はキャッスル・クリントンと呼ばれる。

路上で発見された迷子の数、1889年 …………………………………… 2,968
手当てを受けた病人と貧窮者の数、1899年 ………………………… 2,753
路上で発見された病人 ……………………………………………………… 1,211
市内の質店の数、1889年 …………………………………………………… 110
安い宿泊所の数、1889年 …………………………………………………… 270
酒場の数、1889年 …………………………………………………………… 7,884

❖移民

1889年までの20年間でキャッスル・ガーデン【訳注1】に上陸した移民…… 5,335,396
1889年にキャッスル・ガーデンに上陸した移民の総数 ……………… 349,233
うちイングランド出身の移民 ……………… 46,214
スコットランド出身の移民 …………… 11,415
アイルランド出身の移民 ……………… 43,090
ドイツ出身の移民 ………………………… 75,458

	1883	1884	1885	1886	1887	1888	1889
イタリア	25,485	14,076	16,033	29,312	44,274	43,927	28,810
ロシア ポーランド	7,577	12,432	16,578	23,987	33,203	33,052	31,329
ハンガリー	13,160	15,797	11,129	18,135	17,719	12,905	15,678
ボヘミア	4,877	7,093	6,697	4,222	6,449	3,982	5,412

❖テネメント

ニューヨークにあるテネメントの数、1888年12月1日現在……… 32,390
1888年6月1日から1890年8月1日までに建てられた軒数 ……… 3,733
現存する裏屋、1890年8月1日現在……………………………………… 2,630
テネメントの総数、1890年8月1日現在 ……………………………… 37,316

亡率は増加しており、60から80人の住民が入居している住宅で暮らす1,000人中114.04パーセントに達する。この段階から、成人の死亡率とともに減少する。

ニューヨーク市、死亡者数、1889年	刑務所	85
	病院	6,102
	精神病院	448
	児童養護施設	522
	老人養護施設	238
	救貧院	424
	その他の施設	162
同、（貧窮者のための）市営墓地での埋葬者数、1889年		3,815
	全体に対する割合	9.64
同、過密状態のテネメントから退去させられた住民の数、1889年		1,246
	同、1890年度上半期*3	1,068
同、夏期医師団に往診された貧しい病人の数、1890年		16,501

❖警察の統計

		男	女
1889年度、警察による逮捕者の数		62,274	19,926
逮捕理由	泥酔状態	20,253	8,981
	治安紊乱行為	10,953	7,477
	暴行	4,534	497
	窃盗	4,399	721
	強盗	247	10
	浮浪罪	1,686	947
読み書きのできない囚人		2,399	1,281

	ブルックリン、1880年	23.33
	ボストン、1880年	23.75
死亡者数	ニューヨーク、1889年	39,679
	ロンドン、1889年	75,683
	フィラデルフィア、1889年	20,536
	ブルックリン、1889年	18,288
	ボストン、1889年	10,259
死亡率	ニューヨーク、1889年	25.19
	ロンドン、1889年	17.4
	フィラデルフィア、1889年	19.7
	ブルックリン、1889年	22.5
	ボストン、1889年	24.42

死者1人に対し、病気により体が不自由になる人は常に2人いるので、去年のどの時点でも病気で欠勤しているニューヨーカーは常に平均79,358人いることになる。年間を通して死者1人あたり28人の患者をかぞえるのが普通なので、1889年度の病人の総計は1,111,082人と推定される。

ニューヨークのテネメントにおける死亡者数、	1869年	13,285
同、	1888年	24,842
ニューヨークのテネメントにおける死亡率、	1869年	28.35
同、	1888年	22.71

この数は、間違いなくほとんどの場合テネメントに属すると言える、各種施設での死者の数を含んでいない。成人の死亡率は、比較的最近建てられた大型のテネメントでは減少している。子どもの死

	マンハッタン島	114.53
	第10行政区	522.00
	第11行政区	386.00
	第13行政区	428.8
1平方マイルあたりの人口密度、1880年（国勢調査）	ニューヨーク市	30,976
	マンハッタン島	41,264
	第10行政区	276,672
	第11行政区	224,576
	第13行政区	226,048
同、1890年（国勢調査）	ニューヨーク市	38,451
	マンハッタン島	73,299
	第10行政区	334,080
	第11行政区	246,040
	第13行政区	274,432
一戸あたりの人数	ニューヨーク、1880年（国勢調査）	16.37
	ロンドン、1881年（同）	7.9
	フィラデルフィア、1880年（同）	5.79
	ブルックリン、1880年（同）	9.11
	ボストン、1880年（同）	8.26
死亡者数	ニューヨーク、1880年	31,937
	ロンドン、1881年	81,431
	フィラデルフィア、1880年	17,711
	ブルックリン、1880年	13,222
	ボストン、1880年	8,612
死亡率	ニューヨーク、1880年	26.47
	ロンドン、1881年	21.3
	フィラデルフィア、1880年	20.91

	ボストン、1889年（推定）	420,000
5歳以下の人口	ニューヨーク、1880年	140,327
	同、1889年（推定）	182,770
テネメントの人口	ニューヨーク、1869年*[1]（国勢調査）	468,492
	同、1888年*[2]（同）	1,093,701
	同、1888年、5歳以下の人口	143,243
総人口、1880年（国勢調査）	ニューヨーク	1,206,299
	マンハッタン島	1,164,673
	第10行政区	47,554
	第11行政区	68,778
	第13行政区	37,797
同、1890年（国勢調査）	ニューヨーク	1,513,501
	マンハッタン島	1,440,101
	第10行政区	57,514
	第11行政区	75,708
	第13行政区	45,882
面積（エーカー）、	ニューヨーク市	24,890
	マンハッタン島	12,673
	第10行政区	110
	第11行政区	196
	第13行政区	107
1エーカーあたりの人口密度、1880年	ニューヨーク市	48.4
	マンハッタン島	92.6
	第10行政区	432.3
	第11行政区	350.9
	第13行政区	353.2
同、1890年（国勢調査）	ニューヨーク市	60.08

付 録

テネメント問題に関する統計資料

人口統計は、本書が印刷される前に今年の国勢調査の結果が判断の基準として役立てられることを期待し、本文から省かれた。それらは現在手元にあるが、その正確さについては論争中である。衛生局の統計学者は、ニューヨークの人口は少なくとも10万人、実際より少なく見積もられていると主張していて、彼らが議論で勝っているようだ。数え直しが要求されているので、印刷所は待てないだろう。下記の統計データで、「国勢調査」と出典が明記されていない場合は、衛生局の推定にもとづいている。公式数字の不一致の程度は次の事実から判断されるかもしれない。通常控えめで注意深い衛生局の計算だと、ニューヨークの死亡率は、1889年度が人口1,575,073人で1,000人に25.19人だが、国勢調査だと人口1,482,273人で同26.76人となる。

総人口	ニューヨーク、1880年（国勢調査）	1,206,299
	ロンドン、1881年（同）	3,816,483
	フィラデルフィア、1880年（同）	846,980
	ブルックリン、1880年（同）	566,689
	ボストン、1880年（同）	362,535
	ニューヨーク、1889年（推定）	1,575,073
	ロンドン、1889年（同）	4,351,738
	フィラデルフィア、1889年（同）	1,040,245
	ブルックリン、1889年（同）	814,505

訳者あとがき

本書は一八九〇年にニューヨークで出版されたJacob A. Riis, *How the Other Half Lives : Studies Among the Tenements of New York*, (Charles Scribner's Sons, New York) の全訳である。翻訳の底本には一八九二年の版を用いた。『向こう半分の人々の暮らし――ニューヨークのテネメントの実態調査』は、ジャーナリストと社会改革者として知られるジェイコブ・A・リース（一八四九〜一九一四）の最初の著作にして代表作で、一九世紀末のニューヨークで安アパート（テネメント）に暮らす貧しい移民の生活がつぶさに描かれている。当時普及し始めていた写真を取り入れ、移民の窮境を、特に彼らが暮らしていたテネメントの問題を焦点に据えて訴えた本書は、当時大いに反響を呼び、後に第二六代アメリカ合衆国大統領となるセオドア・ローズヴェルトやニューヨーク市当局も動かして、スラム街の改善に大きく寄与した。フォトジャーナリズムという新しい手法を通して社会的に大きな役割を果たした作品であると同時に、一九世紀末のニューヨークの移民の暮らしを文章と写真で記録した作品として、今なお重要な意味をもつといえる。

著者ジェイコブ・リースは、デンマーク北部の田舎町リーベで、一四人兄弟の三番目として、一八四九年に生まれた。父親はラテン語学校の教頭で、地元紙に記事も書いていた。チャールズ・ディケンズなどの英文学に親しんでいたとはいえ、専門職に就いてほしいという父親の意にさからって学業に見切りをつけた彼は、コペンハーゲンに出て四年間大工の修業をし、ギルドの資格を得て故郷に戻る。だが、思いを寄せていた少女への結婚の申し込みを断られたうえ、不景気な田舎町では定職に就けなかったこともあり、一八七〇年、友人たちから贈られたせんべつの四〇ドルを手にアメリカ合衆国へ渡った。渡米後は職を求めてニュージャージー、ニューヨーク州、中西部などを転々としながら製材所や造船所、貯氷庫などで働いたが、職が見つからず金も尽き、ホームレスとなって警察の簡易宿泊所で過ごした時期もあった。それでも苦難の末になんとか機会をものにして、かねてより目指していた記者の職に就くと、一八七七年に「ニューヨーク・トリビューン」紙の警察担当記者となった。警察署の向かいにあった仕事場は、マンハッタンのロウアーイーストサイドのマルベリー通りという、移民の集中したスラムのただ中にあった。ここで彼は警察担当記者の仕事を通して、大都市ニューヨークの抱えるさまざまな問題を取材し、一八八〇年代半ばからはテネメントの問題について定期的に報告するようになる。その悲惨な状況を広く世に知らせるためには、文章だけでは不十分だと感じていたところ、一八八七年、新聞で、ドイツで発明されたばかりのフラッシュライト・カメラを知り、それを利用して夜のスラムを撮影することを思いつく。そしてその写真をスライドにして幻灯機で映写しながらの講演を教会や各種慈善団体の会合でおこないつつ、写真と記事を掲載してくれる出版社を探した。数社に断られた後で、講演会を聞きにきていた編集者から声をかけられ、ようやく一八八九年に雑誌に掲載されることになった。

視覚イメージの活用——写真と挿絵

その記事が、一八八九年に月刊文芸誌『スクリブナーズ・マガジン(Scribner's Magazine)』一二月号に掲載された、二〇頁におよぶリースの記事「向こう半分の人々の暮らし——テネメントの実態調査(How the Other Half Lives: Studies Among the Tenements)」である。アッパーミドルクラス向けのこの雑誌の寄稿者には、ヘンリー・ジェイムズ、ウィリアム・ジェイムズ、スティーブン・クレイン、ロバート・ルイス・スティーブンソンなどの高名な作家が名を連ねる。

一二月号の巻頭を飾ったリースの記事には二一枚の挿絵が添えられた。そのほとんどはリースの取材チームがスラムで撮影した写真をもとに、五人の挿絵画家によって木版画に写し換えられたもので、画面端の署名の下に「写真による（After photo、あるいはAfter photograph）」と書いてあるのがはっきり見える作品もある（たとえば本書六七頁、八七頁、一一五頁の作品。いずれも挿絵画家ケニヨン・コックスによる）。例外はユダヤ人街を描いた二枚の絵（同一二八頁と一三五頁）と「一セントのコーヒー」（同二七八頁）で、写真のように詳細に描かれているが、おそらくは画家のスケッチをもとにしている。市場の光景を描いた二点はともかく、自分の書いた文章の中に一言も出てこないコーヒースタンドの絵が断りなしに挿入されたことはリースをいらだたせたようだ。「記事の中にこの絵がこっそり入れられた。これは私のではないし、何の関係もない」とのなぐり書きが、リースが保管していた雑誌掲載記事の写しに残っているという（Yochelson、一五八頁）。

写真ではなく挿絵を掲載したのは、写真を製版するハーフトーン技術がまだ確立しておらず、できばえが不鮮明なうえにコストも高くついた、という理由の他に、当時はまだ挿絵に比べて写真の芸術的評価が低かったこともあるようだ。撮影技術と構図の未熟な写真をそのまま掲載するよりは、手慣れてセンスのある挿絵画家の手による修正版を出版社側は好んだ。たとえば本書四五頁の挿絵「テネメントの揺籃の地で」もリース撮影の写真【図1】をもとにしているが、もとの写真と比べると、ピンボケしていた手前の四人の少女たちが二人に減ってポーズが異なるうえ、写真では閉まっていた扉が開いていて、そこでキスをしている男女がいるなど、画家の手に

図1　「テネメントの揺籃の地で」の元写真。

図2　原書表紙

よって（あるいは出版社側の要望を受けてか）脚色されている。あるいは本書二七二頁の挿絵と三五九頁の写真を比べると、扉の向こうの二人の人物が省かれている。

翌一八九〇年一一月、大幅に加筆されて二五章からなる本文に、雑誌掲載時と同じ二一枚の挿絵、それに新たに一七枚のハーフトーン印刷の写真と、テネメントの平面図四点と鳥瞰図、統計資料、巻頭詩と序文が付け加えられた本が出版された。それが本書『向こう半分の人々の暮らし』である【図2】。写真は取材の際にリースと同行者が撮影した写真だけでなく、リースが収集した写真（本書二二三頁の「どこにも住むところはない」など）も含まれる。

リースと写真

本書は出版以来さまざまな版が出ている。中でも有名なのが、一九七一年にドーヴァー社が出した、リースのオリジナル写真を多数収録した本である【図3】。本書初版で挿絵に写し換えられた作品がオリジナルの写真で新たにおさめられただけでなく、リースが他の著書で用いた写真——たとえば本書の続編ともいえる一八九二年の『貧者の子どもたち』（やはり雑誌掲載時と初版では写真をもとにした挿絵に置き換えられた）など——も加えられている。また一九七四年には、数々の有名な写真集を世に送り出しているアパチャー社から、写真家アレクサンダー・アランドによる伝記『ジェイ

図3　ドーヴァー社版表紙

コブ・A・リース――写真家にして市民』（序文は高名な写真家アンセル・アダムズ）が出版され、リースの写真が八二枚掲載された。この二冊により、写真家、あるいはフォトジャーナリストとして、リースの写真が広く知られるようになったと言える。

だがリースは生前、自身を写真家と思っていなかった。自伝でも「不器用で大ざっぱ」なので「写真家としては失格だ」と書いている。実際、彼が仕事のために自身で写真を撮っていた期間は短く（一八八八年から一八九二年までの実質五年間）、特に最初のうちは、ニューヨーク・アマチュア写真家協会のメンバー二人にカメラマンを務めてもらい、友人や警察官とともにチームを組んで夜のスラムの取材に赴いていた。後には彼一人で撮影するようになるが、写真はあくまで彼がペンで書いた「事実」を裏付けるための手段でしかなかった。彼にとってはテクストの方が重要であった。自分の書いた文章はすべて手元に保管し、注釈までつけていたにもかかわらず、撮影した写真のネガを屋根裏にしまい込んだままで家を売却していた。

リースの死後三〇年近く経た一九四二年、古本屋で彼の写真の価値を見出したアレクサンダー・アランド（彼自身も移民で、やはりニューヨークのさまざまな移民をテーマに写真を撮影していた）が遺族に連絡を取ったことで、ようやく数年後に、かつてリース一家が住んでいたロングアイランドの家の屋根裏に放置されていた、写真原板や講演会で利用していたスライドなどが入った箱が発見された。それらはニューヨーク市立博物館に寄贈され、一九四七年に展覧会が開催された。ロングアイランドの家は取り壊される寸前だったので、アランドの尽力がなければ、リースの写真原版はそのまま失われていただろう。

本書の時代背景

リースのアメリカ到着から本書の出版までの時期はちょうど、アメリカ文化史のうえでは、南北戦争（一八六一～六五）終結から一八九〇年頃までの「金ぴか時代」あるいは「金めっき時代」と言われる時代（Gilded

Age）にあたる。この時代、新興国アメリカは、建国以来の農業国から世界一の産業国へと発展し、都市は物質的繁栄を極める一方で、利権とからんで政治・産業界では買収・汚職が蔓延していた。ニューヨークでは、民主党支持団体のタマニー協会が移民や貧民への慈善行為と引き換えに彼らを選挙の集票に利用し、街の裏組織と結び付いて市政を牛耳った。特に「ボス・トウィード」ことウィリアム・M・トウィードは市政を私物化し富を蓄えたことで悪名高い。本書執筆時、すでにトウィードは失脚していたが、まだ市政の腐敗は完全には一掃されず、ところどころその記述が見られる。

そして一九世紀初めまで牧歌的な田園風景が広がっていたマンハッタンは、メトロポリスとして大きく変貌を遂げていた。一八一一年に立案された計画をもとに、マンハッタンの街は南から北へ、南北方向に走るアヴェニュー（本書では「何番街」と訳した）と東西方向に走るストリート（同「何丁目」）からなる格子状の街路網を形成しつつ発展していった。この格子状の区画は、不動産の売買に都合のいい形状として採用されたものだった。後の摩天楼による高層化も、土地の限られたマンハッタンを有効活用するために都合のいい方法で、「ニューヨークでは経済的な合理性によって都市の形が規定されていった」（大澤、一八六頁）。しかしニューヨークはこの後、当時の立案者たちの予想をはるかに超える発展を遂げ、さらには世紀半ば以降に大規模な数の移民が到来したことで、住宅問題が次第に無視できないものとなる。

一八五六年、当時はまだ市の外縁部に位置していた三〇〇ヘクタール以上の広さの土地が市によって買収・整備され、一八七六年にセントラル・パークが開園した。一八七〇年代からは、グランド・セントラル駅やメトロポリタン美術館、ブルックリン橋など、今日まで残る各種公共施設や、鋳鉄製ファサードをもつビル群とエレベーターを備えた初期の摩天楼が出現した。また一八六七年に敷設された高架鉄道の二番街線は本書でも登場する。

都市の発展を支えた新しい産業、すなわち石油や鉄道、鉄鋼、金融などの分野で財を築いたロックフェラーやヴァンダービルト、カーネギー、モーガンといった実業家が大富豪となり、お城のように立派な邸宅に住んで贅沢な生活を謳歌している一方で、スラム地区では貧しい者が食べる物にも事欠く将来の見通しのない生活を送っていた。

繁栄する都市ニューヨークを目指すヨーロッパ各国からの移民の数は、一九世紀半ばから急激に増え、民族構成も以前とは異なっていた。飢饉に見舞われたアイルランドからの移民に続き、一八八〇年代からは南欧と東欧からの移民が急増する。また古くからニューヨークに住み着いていた黒人に加え、南北戦争後、南部から流入してくる黒人も増えていた。さらにアヘン戦争後に職と豊かな生活を求め、ゴールドラッシュで湧くカリフォルニアへ渡った中国人が、一八八〇年代後半から、ニューヨークへ移り住んでいた。初期のアメリカを形成した西欧諸国からの移民と異なり、人種・宗教・文化・言語の異なるこうした「新移民」は、英語の話せない貧しい非熟練労働者が多く、親類や同郷者を頼って、ひとところに固まって暮らした。それが本書の主な舞台となる、マンハッタン南部のロウアーイーストサイドである。

住宅の供給は人口の増加に追いつかないうえ、高い家賃を賄うために下宿人や間借り人を置いている家庭も多く、テネメントはひどい密集状態となった。窓のない押入れのような「小部屋」に日が差し込むことはなく、入れ替えのない空気はよどみ、もちろん上下水道設備も整っていないので衛生状態は劣悪をきわめた。特に夏場の暑さはたえがたく、わずかな涼を求め、人々は屋上や非常階段、さらには街路でも寝ていたという。ひとたびコレラや腸チフスなどが流行したり、火災が発生したりすると、多数の死者が出た。

ファイブ・ポインツ

マンハッタンはかつて小高い丘の連なる緑豊かな島であった。市民の喉を潤し、釣り場でもあったコレクト・ポンドは、人口が増えるにしたがって生活排水で汚染されるようになったため、一八一三年に埋め立てられ、ピクニックに格好だった近くの丘もならされた。池の真中にあって、かつて処刑場として使われていた島の跡地には、古代エジプトの墓を模した拘置所が建てられ、「霊廟《トゥームズ》」と呼ばれた。埋立地は住宅地となったが、干拓が不十分な湿地帯であったため、次第に地盤が沈下し、建物は崩れ傾いた。裕福な人々はそのじめじめとした不潔な場所を去ってアップタウンの住宅街へ移り、他に行くところのない貧しい移民と黒人が暮らすようになる。そこが、アンソニー、クロス、オレンジの各通りが交差する五つの曲がり角があったことから「ファイブ・ポインツ」と呼ばれるようになったスラムである。早くも一八三〇年代には市外にも悪名がとどろいていたこの地区のイメージを変えようと、一八五四年に市は通りの名前をそれぞれ、ワース、パーク、バクスターと変えたが、もちろん効果はなかった（Anbinder、七四、一〇五頁）。

一八四二年、この悪名高いスラムを英国の作家ディケンズが訪れている。「ぐらぐら揺れる板の上を踏みはずさないように気をつけながら真っ暗な階段を上り、この狼の巣窟の中へ私と一緒に手さぐりで入ってみるがいい。ひと筋の光も、ひとそよぎの風も入って来そうにない」（ディケンズ、二〇一頁）。「この悪徳と悲惨の世界はほかに何も見せるものなどないと言わんばかりだ。強盗や殺人でその名を知られた見るも恐ろしい安アパート《テネメント》。忌まわしい、崩れかかった、退廃したすべてのものがここにはある」（同、二〇三頁。ルビは引用者による）。

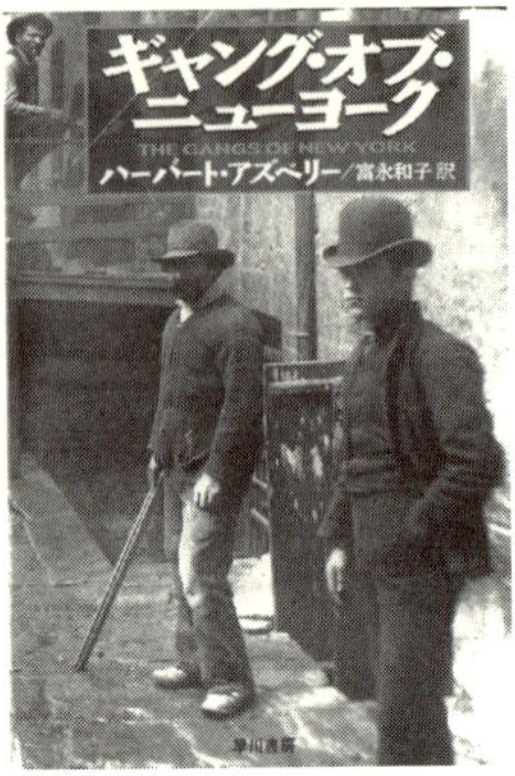

図4　『ギャング・オブ・ニューヨーク』日本語版カバー（ハヤカワ文庫NF）

二〇〇二年に日本で公開されたアメリカ映画『ギャング・オブ・ニューヨーク』（マーティン・スコセッシ監督、レオナルド・ディカプリオ主演）は、ハーバート・アズベリーの同名の書（一九二七年刊）をもとに制作されており、ちょうどこのファイブ・ポインツを舞台に、一八四六年から一八六三年のドラフト暴動までが描かれている。本書とは時代がやや異なるが、旧醸造所（オールド・ブルアリ）を中心に、くずれかけた建物が並ぶファイブ・ポインツのスラム街が再現されていて興味深い。話自体はフィクションであるが、ボス・トウィードなど実在の人物も登場するので、当時のニューヨークを知るうえで参考になる。映画の中では、リースたちが撮影したマルベリー通りの路地「バンディッツ・ルースト」（本書八一頁）も再現されている。ちなみにこの写真は、現在入手可能なアズベリーの原書（および邦訳【図4】）の表紙にも使われている。リースの写真の中で一番有名かもしれないが、実際にカメラを操作して撮影したのは同行した二人のアマチュア・カメラマンで、リースは指示しただけのようだ（Yochelson、一四一頁）。またレンズがふたつあるステレオスコープで撮影されたため、アングルがわずかに異なる二枚の写真が存在する。

スラム・ツアー

一九世紀前半まで、貧困層の住宅は、かつて裕福な住民が住んでいた住宅を改築したものか、不法居住者が自分で建てた小屋であった。単世帯用のタウンハウス（ロウハウス）は、できるだけ多くの住人を詰め込んで、少しでも多く家賃を得ようと企んだ家主によって、採光も換気もなされない小部屋に分割されて貧しい住民に貸し出された。劣悪な住環境を改善すべく、一九世紀半ばから、貧困層を対象とした低水準の住宅が建設されるようになる。だが、一八五〇年にモデルテネメントとしてチェリー通り（かつて初代大統領ワシントンも住んでいた高級住宅地のチェリー・ヒル）に建てられたゴッサム・コートは、狭い二本の路地に挟まれるようにして六棟の五階建てテネメントが二列背中合わせに並んだ、換気も採光も考慮に入れられていない建物だった。さらに定員の二倍の住民が住みついたため、衛生状態は劣悪で、病気と犯罪の温床となった。一八七〇年代になると、悪名高いスラムとして観光客を引き付けていたという。

英語の「スラム」の動詞形には「（好奇心または慈善心から）スラム街を訪ねる、貧民街を見物する」という意味がある。この動詞形と「go slumming（スラム街見学へ行く）」という構文が生まれたのは一八八〇年代初頭という。「この新しい動詞は、古い名詞形と同様、中産階級の側からの言葉であり、スラム街に対する新しい関係の仕方と態度を示していた。『スラム通いをする』ないし『スラミングに出かける』というのはスラム街で生活するのではなく、慈善を行うために、あるいはその後ますます盛んになるのだが、楽しみを求めて、あるいは自分たちとは異なる他の半分の人々の生活の様子を見る好奇心のために、スラム街を訪ねることを意味していた」（アレン、四七五頁）。

『向こう半分の人々の暮らし』が当時成功をおさめた理由のひとつに、都市の暗部に対する人々の関心、スラムを覗いてみたいという中産階級の欲求をうまく満たしたことが挙げられるだろう。実際、前半部（三章から一三章）でリースは、通りごとに言葉も風習も宗教も異なるさまざまな移民が暮らしていた当時のロウアーイーストサイドを、さながらガイドブックのように紹介している。また、スライドを使ったリースの講演会も、音楽つきのスライドショーで、一種のエンターテインメントであったという。

一八七〇年代から八〇年代にかけ、『ハーパーズ・ウィークリー』や『フランク・レスリーズ・イラストレイテッド・ニューズペーパー』といった挿絵入り雑誌では、テネメントの悲惨な暮らしを描いた絵が掲載された。特に、富裕層が住む五番街の豪華な邸宅と、貧困層が住むスラムのテネメントが対比され、「光と闇」、「輝きと影」といったタイトルが付けられた。

またリースの本が出版された一八九〇年は、ウィリアム・ブースの『最暗黒のロンドンとその出路（In Darkest England and The Way Out）』が出版され、世界的にベストセラーになっていた。ブースは牧師として四〇年間ロンドンのスラム街イーストエンドで活動し、救世軍を創設した人物である。彼の書の題名は、同じ年に先に出版された、ヘンリー・モートン・スタンリーの『最暗黒のアフリカにて（In Darkest Africa）』にならっている。スタンリーがアフリカのコンゴまで出かけて見出した暗黒の世界を、ブースはロンドンのスラムに見出していた。

リースは自伝で、ウィリアム・ブースの著作が彼の本の出版に影響をおよぼしたと書いている。「ではニューヨークはどうなのか?」という人々の問いにこたえるように、リースの本が出版され、大きな反響を呼んだ。ちなみに一八九三年には日本でも松原岩五郎が『最暗黒の東京』と題した東京のスラムのルポルタージュを著わしている。

一九世紀末ニューヨークの慈善組織

ファイブ・ポインツにあった悪名高いテネメント、オールド・ブルアリが撤去された後、そこに伝道所を建てたルイス・N・ピース宣教師が、すぐ近くに「ファイブ・ポインツ・ハウス・オブ・インダストリ」を設立した。リースは本書で子どもたちを対象にした活動を紹介しているが、他にも炊き出し、食物や服の支給、衛生指導、職業訓練など、後のセツルメント・ハウス運動に先がけて革新的な活動をおこなっていた(Anbinder、二六七頁)。

児童福祉に関しては、一八五三年にニューヨーク児童援護協会(New York Children's Aid Society)が、若き牧師チャールズ・ローリング・ブレイスにより設立された。ブレイスは貧しい子どもたちのための工業学校と夜間学校、ホームレスの少年・少女たちのための寄宿舎(そのうちのひとつがニュースボーイ寄宿舎)、都市の子どもたちに田舎の生活を経験させるための農場と海の家なども開設した。さらに里親家庭委託に力を注ぎ、いわゆる「孤児列車」で、一八五四年から一九二九年までの間に、「ニューヨーク市の約一〇万人の子どもたちを中西部の家庭へ移住させた」(マイヤーズ、四六頁)。このやり方には当然批判もあった。特に孤児列車で送られた子どもたちの親(孤児だけでなく、片親、あるいは両親とも生存している子どもたちも親の同意を得たうえで委託された)の多くがカトリックだったため、「中西部のプロテスタント家庭に送り、カトリックの子どもたちを改宗させようとしているとブレイスは非難された」（同、四九頁）。また里親といっても実際には雇用主で、貧しい子どもたちは安い労働力として使われた。受け入れ先の農家にとっては安い労働力を得る方法で、貧しい家庭にとっては孤児院や救貧院よりましな預け先、一〇代後半の子どもにとってはましな職を得る方法であった（ピムペア、二〇三頁）。

子どもに対する虐待の問題に関しては、一八七五年にニューヨーク児童虐待防止協会（New York Society for the Prevention of Cruelty to Children）が設立された。この組織の設立のきっかけとなったのは、ニューヨークの貧民街で義母から虐待されていた少女メアリー・エレンの事件であった。虐待に気づいた女性宣教師エッタ・ウィーラーが少女を救出しようと警察や慈善団体に訴えても、当時は子どもの虐待に対応する法律がなかった。数か月後、意を決したウィーラーがアメリカ動物虐待防止協会の創設者の一人ヘンリー・バーグに相談し、少女の保護を依頼したことでようやく事態は動いた。その後、動物保護協会のエルブリッジ・ゲリーの尽力により、少女は無事に保護された。大きな社会問題となったこの事件を契機に、ゲリーとバーグは子どもを保護するための機関の設立の必要性を痛感し、ニューヨーク児童虐待防止協会を結成し、ゲリーが事務局長兼弁護士となった。

一八七七年に設立された慈善組織協会（Charity Organization Society）は、詐欺行為や非効率、救済の重複をさけるため、民間の慈善機関と市の救済制度を調整し、無差別な救済政策を改めるための組織であった。窮乏に至った原因を診断するため、訪問員がそれぞれのケースを詳しく調査し、「科学的に」貧困に対処しようとした。

一八八〇年代の末からは、社会の変革を目指し、「階級や人種のあいだに横たわる裂け目に架橋し、困窮の原因を取り除き、都市生活と労働条件の改善」を目標に掲げた、「セツルメント・ハウス運動」が起こった。セツルメント・ハウスのレジデントたちは従来の慈善組織とは異なるアプローチで、貧困問題に取り組んだ。

本書にも登場する「キングスドーターズ」というキリスト教慈善団体も一八九〇年にキングスドーターズ・セツルメントをマディソン通りのテネメントに開設した。リースはこの団体と生涯関わり活動を支援した。このセツルメントが一九〇一年にヘンリー通りへ移った時は、ジェイコブ・A・リース・セツルメントと改名された。

理想のアメリカ市民

『向こう半分の人々の暮らし』の次にリースが取り組んだのは、本書でも数章割かれているスラムの子どもたちの問題で、一八九二年に『貧者の子どもたち（The Children of the Poor）』を同じ出版社から出した。その後も彼は不正を暴露するジャーナリスト、マックレイカーとして社会問題を追及した。また社会改良家として、テネメントや児童の問題に取り組み、記者の職を辞してからは、執筆とアメリカ各地での講演活動を精力的に続けた。

一九〇一年、セオドア・ローズヴェルトが大統領に就任した一か月後、リースの自伝『あるアメリカ人の成り立ち（The Making of an American）』が出版された。リース夫妻の出会いの場面から始まるこの書は商業的成功を収め、夫妻は一躍全国的な有名人となる。貧しい移民の若者が苦労の末にアメリカ合衆国で成功し、恋も成就させて五人の子の父親となり、ホワイトハウスに出入りするに至る成功物語はアメリカ人の心をつかみ、リースの著作の中で本書に次いで有名な作品となった。

一九〇九年にローズヴェルト大統領が召集した、保護の必要な子どものケアに関するホワイトハウス会議には、児童福祉の権威と並んでリースも出席している。

一九一四年にリースが亡くなった時、ローズヴェルトは追悼文を寄せ、「リースがこの国へ来たのは、ほぼ成人に達してからだが、理想のアメリカ市民にもっとも近い同胞を一人挙げるよう言われれば、私は即座にジェイコブ・リースの名を挙げるだろう」と書いた。

「向こう半分」

リースの著書は今回が初めての全訳であるが、すでにこれまで数々の本で紹介、引用されている。その際、原著の表題『How the Other Half Lives』は、「他の半分はいかに暮らしているか」、「残りの半分の人々の暮らし」、「豊かさの向こう」、「向こう側にいる人々の暮らし」などと訳されている。今回はふたつの間の距離感、対立関係を際立たせるために「向こう半分の人々の暮らし」と訳した。

この表現は、もちろんリース独自の表現ではない。序文で書いているように、古くからの言い回しである。由来は不明だが、ラブレーの『パンタグリュエル物語』に「地球のこっちの半分に住んでいる人間どもには、向こうの半分でいかなる生が営まれているのか判らない」（ラブレー、二六一頁）とある。歴史学者ビリー・G・スミスは、一七六七年の「ペンシルヴェニア・ガゼット」紙に「世界の半分の人びとは、もう半分の人びとの暮らしについて無知だという見解ほど日常的で、しかも真実を述べている見解はない」という投稿を見つけた（ピムペア、三五六頁）。また一八四五年に出された報告『ニューヨークの労働者の衛生状況』の序文で、ニューヨーク市の監査役ジョン・H・グリスコム博士が『『世界の半分はその他の半分がどのように暮らしているか知らない』とよく言われる」と書いていた（Czitrom、二五頁）。

もちろん社会はきれいに二分されるわけではない。自分とは違う階級、階層、あるいは別の社会に住む人々の暮らしについて人が無知であることを言い表しており、半分というのはこちらと向こう、われわれと彼らを分けるための修辞的な表現にすぎない。本書でも、リースは四分の三の市民がテネメントに暮らしている、と書いている。それどころか、一八九〇年代初頭のアメリカでは、わずか一割の富裕世帯が国内総生産の七割以上を所有していたという。経済格差はすでにこの時代から拡大していた。二〇一八年一月に国際非政府組織オックスファムは、世界の上位一パーセントの富裕層が昨年生み出された富の八二パーセントを独占しているという内容の報告書を発表した。

リース自身デンマークからの移民で、渡米後数年間は職も家も定まらず、苦境を味わっていた。しかしうまくチャンスをものにし、アメリカンドリームをかなえた。リースが本書で描いた、ロウアーイーストサイドに暮らしていた移民も、全員ではないにしても、うまく社会の上方へ移動できたかもしれない。生活水準の改善もあり、二〇世紀半ばまでは、出自に限らず、子の世代が親の世代より学歴も年収も上になることは容易であった。だが現代アメリカ社会の研究者パットナムによれば、現在アメリカでは、機会の不平等が広がり、この上方移動が困難となっている。「アメリカにおいては階級分離が拡大しており、成功した人々の中で、他の半数の人々がどのように暮らしているのかについて十分な知識を持っている人はますます少なくなっている（われわれの子どもではさらに少なくなるだろう）」（パットナム、二五八頁）。

移民、貧困、子どもの虐待、経済格差、社会の分断といった問題が、アメリカのみならず、日本と世界全体をゆるがす大きな社会問題となっている現在、一〇〇年以上も前に書かれたとはいえ、今なお十分通用する問題提起の書であることに驚かされる。もちろん、一九世紀的（ヴィクトリア朝風の）キリスト教価値観とロマンティシズム、民族的偏見（特に「どん底の」アイルランド人、「不潔な」イタリア人、「陰険な」中国人といったステレオタイプ）、労働運動に対する無理解、いささか楽天的過ぎる（たとえば、花の力でスラムの子どもたちを救おうといった）主張など、時代的な制約と著者の限界が感じられる部分もある。

金ぴか時代が終わり、革新主義の時代（一九世紀末から二〇世紀初頭、あるいは二〇世紀初頭の十数年間を指す）になると、大学出身の社会改良家たちが貧困と労働の問題に取り組んでいった。シカゴではジェイン・アダムスらがセツルメント・ハウスのハルハウスを設立し、ジャーナリズムの分野ではリンカン・ステフェンズやアプトン・シンクレア、またフォトジャーナリズムの分野ではルイス・ハインなどによる、よりラディカルに社会問題を追及する作品が生まれた。また社会調査の分野ではポール・ケロッグにより、合衆国初の都市に関する総合的な社会調査であるピッツバーグ調査（一九〇七―〇八年）がおこなわれた。ケロッグはリースと親交があり、その調査の方向づけについては直接助言を与えていたという（井垣、一三八頁）。

そうした活動や作品に比べると、リースの書はナイーヴでセンチメンタルに過ぎるのかもしれない。だがそれでも彼の文章と写真には圧倒的な力があり、今なお色あせることはない。二〇〇〇年代に入ってからは、リースの写真に関する研究で大きな前進があった。ニューヨーク市立博物館のキュレーターであったボニー・ヨッケルソンが、保管されていた写真資料を詳細に研究調査した。その成果をもとに、二〇一六年には、アメリカの議会図書館とニューヨーク市立博物館で回顧展が開かれたという。さまざまな分野にまたがる問題を扱う本書が日本でも広く読まれることを願う。

最後に、本書の翻訳の機会を与えてくださった創元社の山口泰生氏と、読みにくい訳文に目を通してくださった校正者に感謝申し上げます。

追記

リースの文章は引喩（特に聖書からの引用）や婉曲的な表現が多いうえ、当時のニューヨークの社会と時代背景を知らないとわかりにくいため、随所に訳注を入れ、補足しました。しかし訳者の知識不足から、誤訳や誤読、思い違いがあると思います。各分野のご専門の方々のご指摘をいただけたら幸いです。

二〇一八年二月　　千葉喜久枝

主な参考文献

・アズベリー、ハーバート『ギャング・オブ・ニューヨーク』富永和子訳、ハヤカワ文庫、二〇〇一年。
・アレン、アーヴィング・ルイス『俗語が語るニューヨーク――アメリカの都市社会と大衆言語』長田光展訳、DHC、一九九七年。
・井垣章二「ある新聞記者のたたかい――世紀転換期をめぐるアメリカにおける社会調査運動」『評論・社会科学』一〇、一九七五年、一二〇―一四三頁。
・一番ヶ瀬康子『アメリカ社会福祉発達史』光生館、一九六三年。
・大澤昭彦『高層建築物の世界史』講談社現代新書、二〇一五年。
・佐々木隆「ペンをふるう騎士――ジェイコブ・リースと『ある自伝――アメリカ人の誕生』」『同志社アメリカ研究』二八、一九九二年、一―二〇頁。
・――「ジェイコブ・リース『豊かさの向こう』」『史料で読むアメリカ文化史③都市産業社会の到来――一八六〇年代―一九一〇年代』東京大学出版会、二〇〇六年。
・里内克巳『多文化アメリカの萌芽――一九～二〇世紀転換期文学における人種・性・階級』彩流社、二〇一七年。
・ディケンズ『アメリカ紀行（上）』伊藤弘之・下笠徳次・隅元貞広訳、岩波文庫、二〇〇五年。
・トラットナー、ウォルター・I『アメリカ社会福祉の歴史――救貧法から福祉国家へ』古川孝順訳、川島書店、一九七八年。
・野村達朗『ユダヤ移民のニューヨーク――移民の生活と労働の世界』山川出版社、一九九五年。
・パットナム、ロバート・D『われらの子ども――米国における機会格差の拡大』柴内康文訳、創元社、二〇一七年。
・ピムペア、スティーヴン『民衆が語る貧困大国アメリカ――不自由で不平等な福祉小国の歴史』中野真紀子監訳、桜井まり子・甘糟智子訳、明石書店、二〇一一年。
・ブース、ウィリアム『最暗黒の英国とその出路』山室武甫訳、相川書房、一九八七年。
・プランツ、リチャード『ニューヨーク都市居住の社会史』酒井詠子訳、鹿島出版会、二〇〇五年。

- マイヤーズ、ジョン・E・B『アメリカの子ども保護の歴史——虐待防止のための改革と提言』庄司順一・澁谷昌史・伊藤嘉余子訳、明石書店、二〇一一年。
- ラブレー、フランソワ『パンタグリュエル物語』渡辺一夫訳、岩波文庫、二〇一二年。
- Alland, Alexander, *Jacob Riis : Photographer & Citizen*, Aperture, 1974.
- Anbinder, Tyler, *Five Points: The 19th-Century New York City Neighborhood That Invented Tap Dance, Stole Elections, and Became the World's Most Notorious Slum*, Free Press, 2010.
- Czitrom, Daniel, "Jacob Riis's New York", in Yochelson an Czitrom, *Rediscovering Jacob Riis: Exposure Journalism and Photography in Turn-of-the-Century New York,* The University of Chicago Press, 2014, pp.3-120.
- Riis, Jacob A, "How the Other Half Lives: Studies Among the Tenements" *Scribner's Magazine,* December, 1889, Charles Scribner's Sons（『スクリブナーズ・マガジン』は現在ウェブ上でコーネル大学図書館 http://ebooks.library.cornell.edu/ 他のサイトから閲覧可能）
- ——, *How the Other Half Lives: Studies Among the Tenements of New York, with 100 photographs from the Jacob A. Riis collection, the Museum of the City of New York*, Dover, 1971.
- ——, *The Children of the Poor*, Arno Press, 1971.
- ——, *The Making of An American*, Macmillan, 1916.
- Yochelson, Bonnie, "Jacob A. Riis, Photographer 'After a Fashion' ", in Yochelson and Czitrom, 2014, pp121-227.

日本語版付録

原書イラストの元写真

訳者あとがきで詳しく述べたように、原書初版に収録されたイラストの大半は、写真をもとに描かれている。それらのうち、ドーヴァー社版に掲載されている写真を新たに参考資料として収録した。

ゴッサム・コート（口絵）

灰を回収する樽（第１章、27頁）

ローズヴェルト通りの老朽化した裏屋（第4章、61頁）

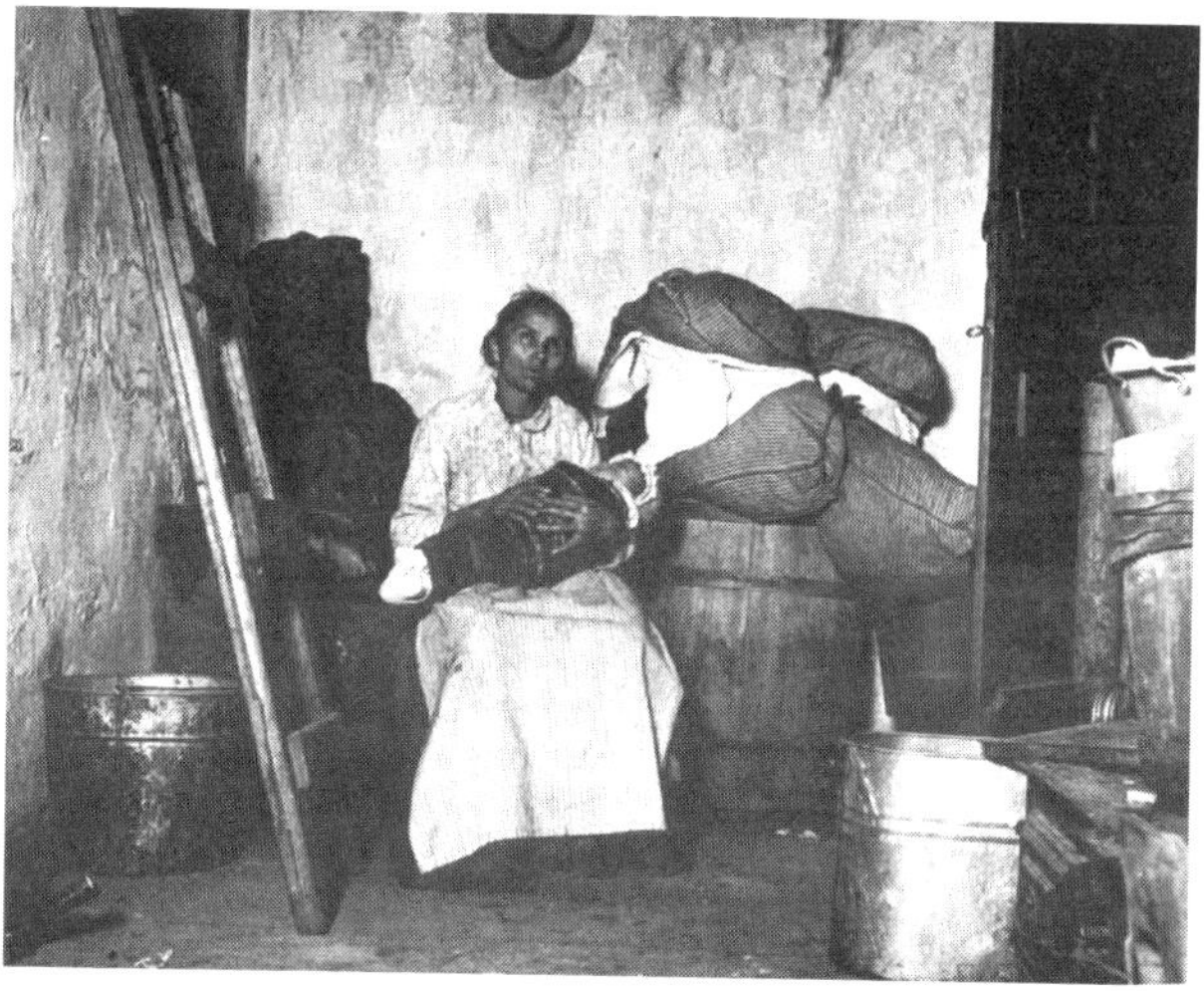

ジャージー通りのイタリア人ぼろ拾いの家で（第5章、67頁）

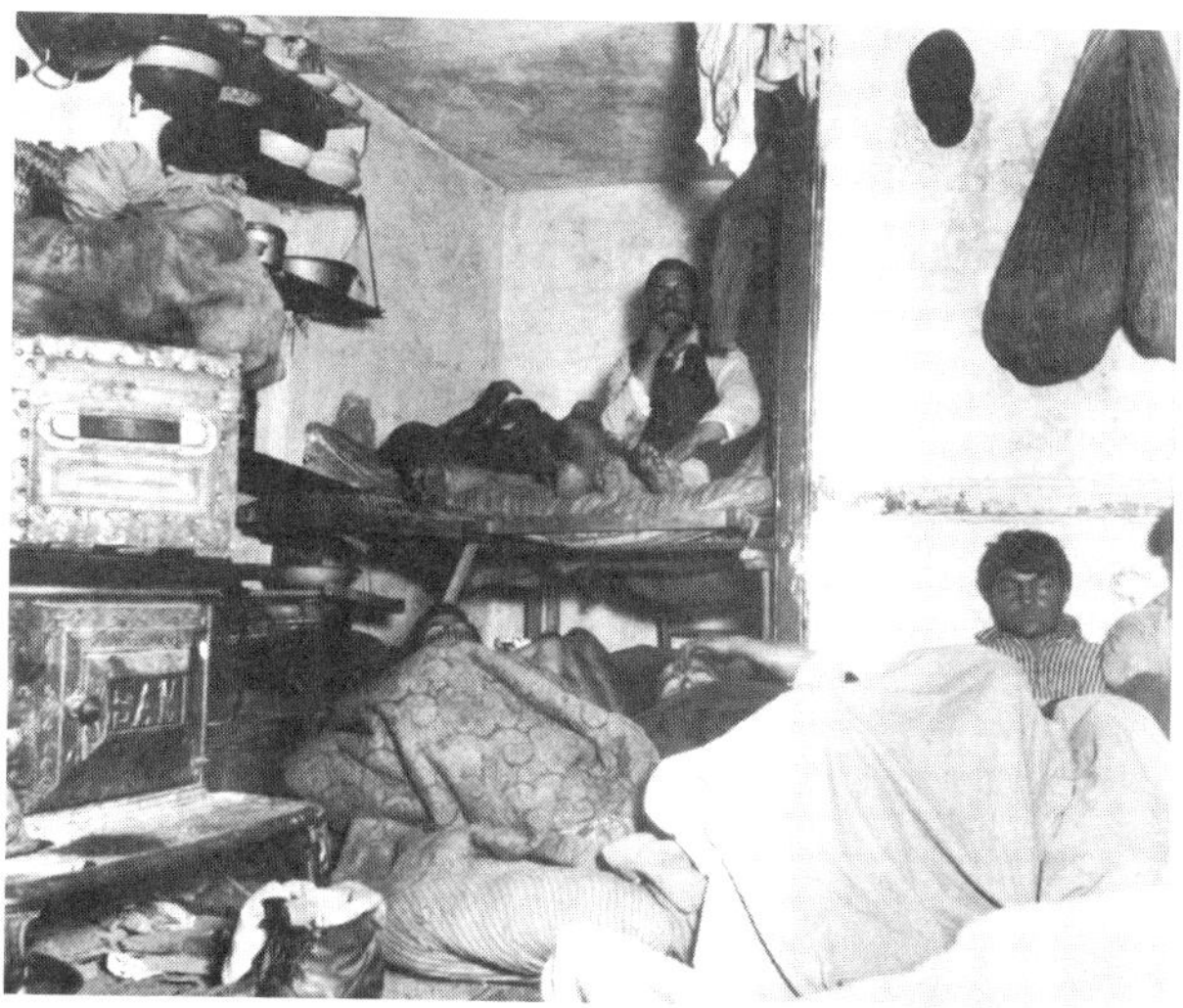

ベイヤード通りの密集したテネメントの間借り人たち（第6章、87頁）

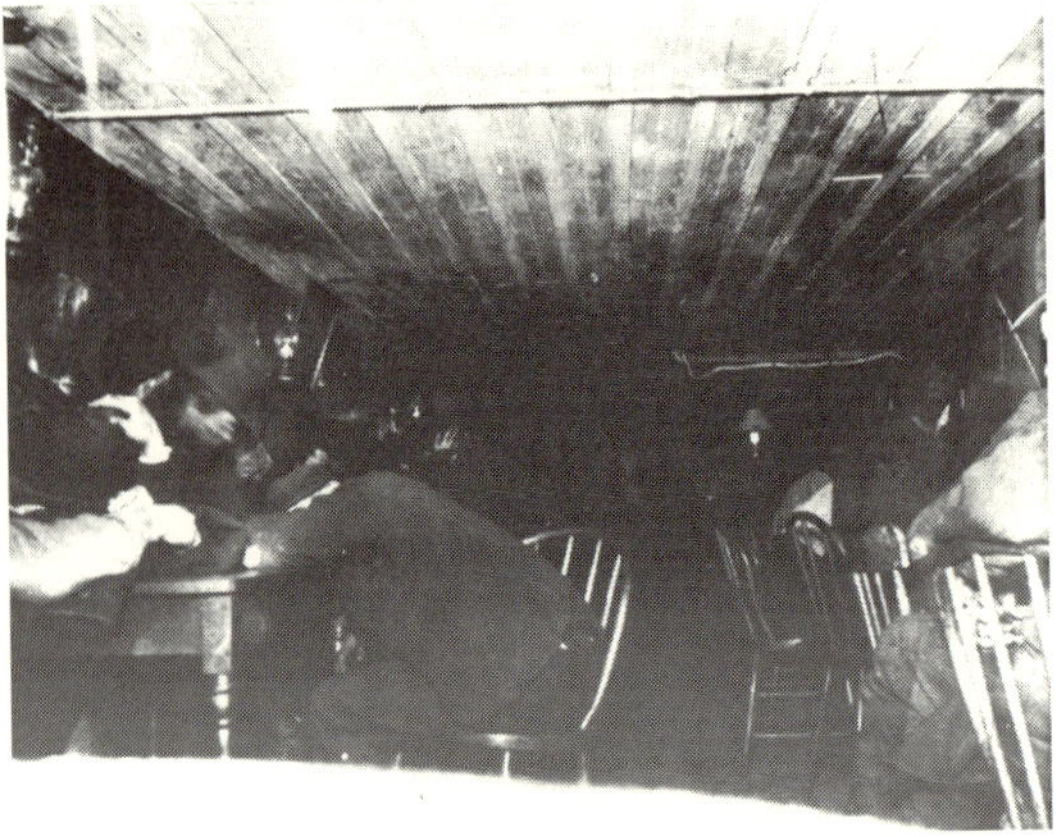

「ベンド」にある深夜営業の２セント食堂（第７章、93頁）

ベル通りにある、７セントの宿泊所の簡易寝台（第８章、104頁）

ポヴァティ・ギャップにて、東28丁目のイングランド人石炭運搬夫の家
(第14章、188頁)

路上のねぐらで眠る浮浪児たち・上（第17章、225頁)

路上のねぐらで眠る浮浪児たち・下（第17章、225頁）

ダウンタウンの酒場（第18章、237頁）

川強盗の追跡（第19章、255頁）

西38丁目の貧民バラック
のアパートと家具一式
(第21章、272頁)

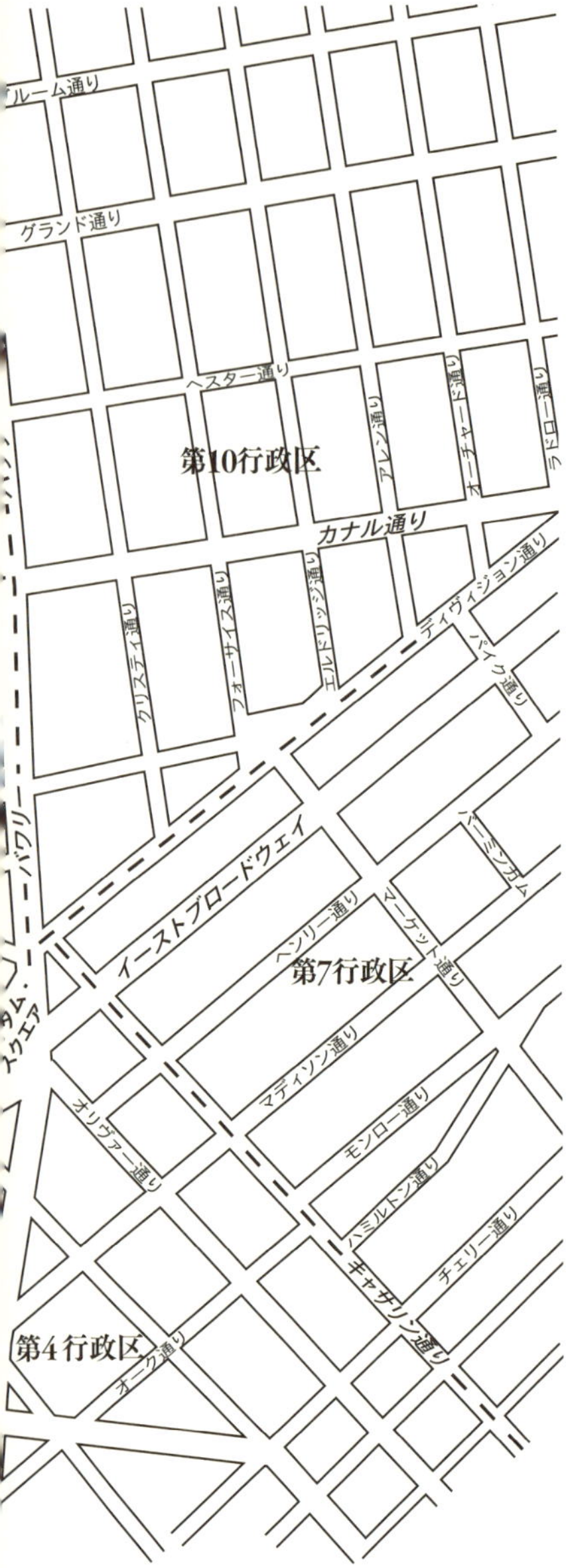

日本語版付録

19世紀末ロウアー・マンハッタン街路図

- - - - - 行政区境界

1899年のロウアー・マンハッタン街路図。マルベリー・ベンド・パーク、チャイナタウン、ファイブ・ポインツ、ユダヤ人地区、および近隣地区を示す。（ドーヴァー社版付録地図をもとに、新たに作成した）。

＊マルベリー・ベンド・パーク――リースの告発後、1895年にスラム街が撤去され、1897年その跡地に完成した公園。1911年、コロンバス・パークに改名された。ボトル・アレーとバンディッツ・ルーストはこのブロック内にあった（第6章参照）。

＊パーク・ロウ――かつてのチャタム通り。ニューヨーク市のほとんどの新聞社が市庁舎に近いこの通り沿いに本社を構え、19世紀後半には「ニュースペーパー・ロウ」とも呼ばれた。

★印――「ファイブ・ポインツ」の俗称の由来となった交差点。

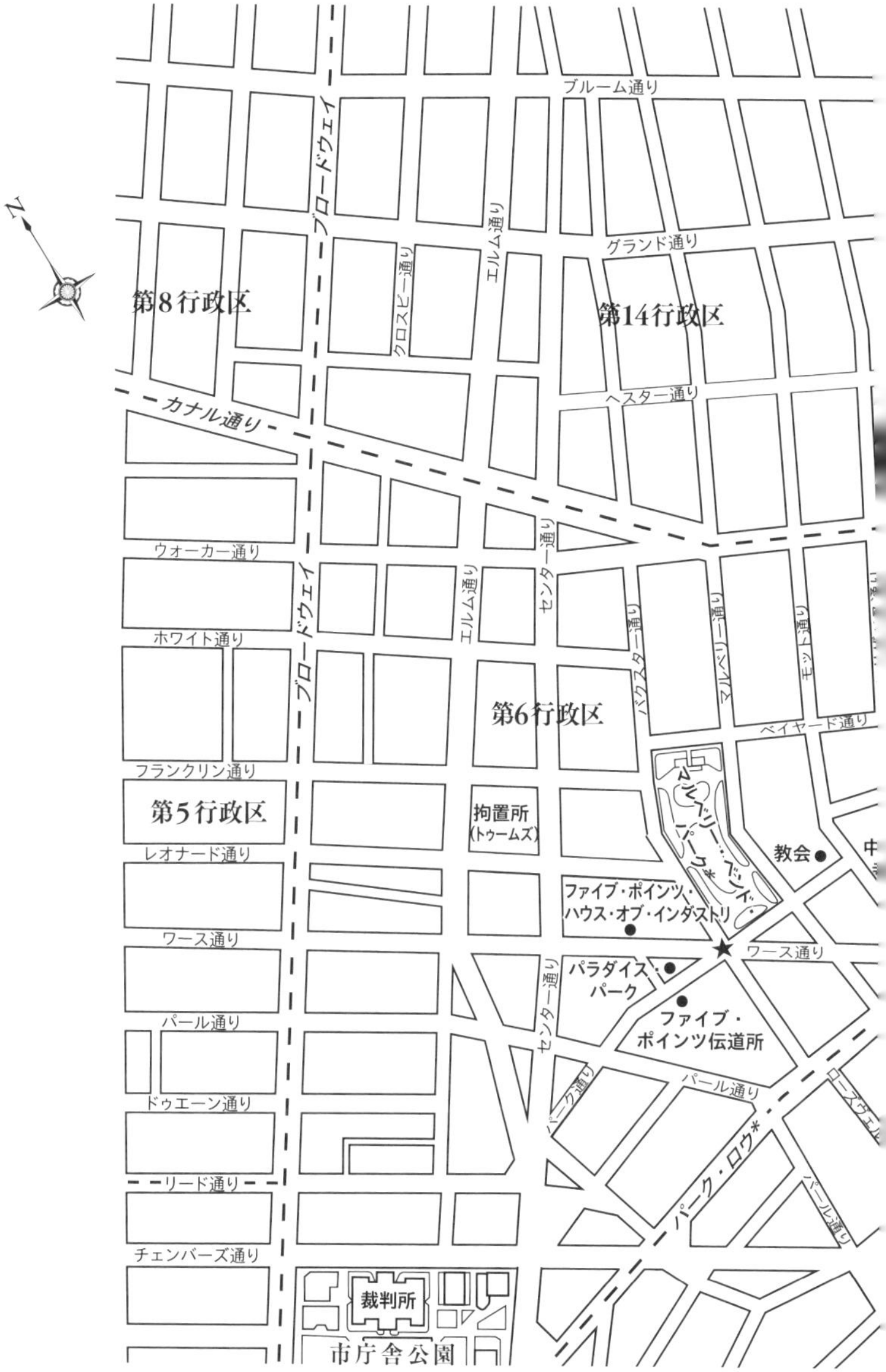
N
第8行政区
第14行政区
第6行政区
第5行政区
ブルーム通り
グランド通り
ヘスター通り
カナル通り
ブロードウェイ
クロスビー通り
エルム通り
センター通り
バクスター通り
マルベリー通り
モット通り
ベイヤード通り
ウォーカー通り
ホワイト通り
フランクリン通り
レオナード通り
ワース通り
パール通り
ドゥエーン通り
リード通り
チェンバーズ通り
拘置所
(トゥームズ)
マルベリー・ベンド・パーク*
教会
ファイブ・ポインツ・
ハウス・オブ・インダストリ
パラダイス・
パーク
ファイブ・
ポインツ伝道所
パーク通り
パーク・ロウ*
裁判所
市庁舎公園

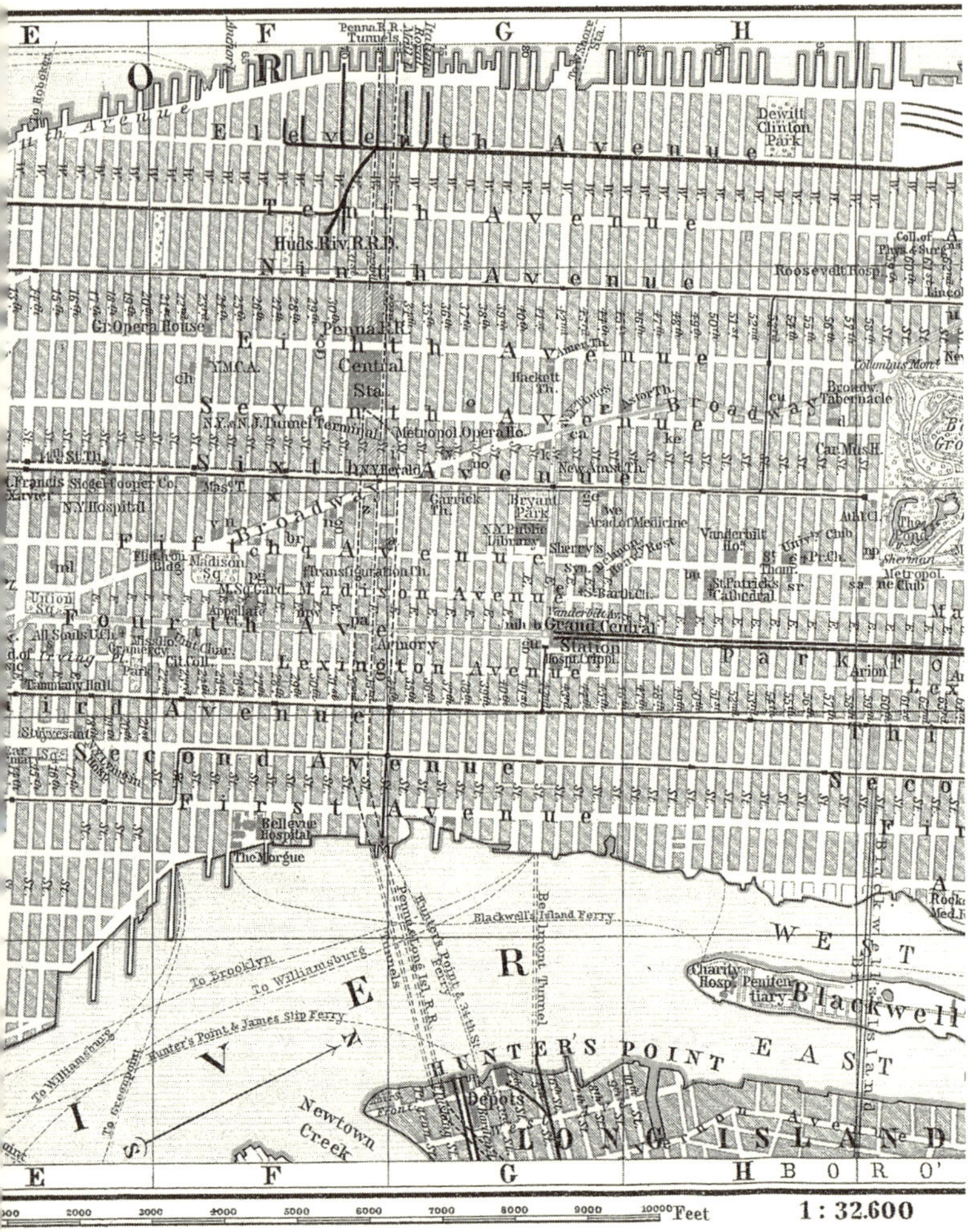

出典　*The United States, with excursions to Mexico, Cuba, Porto Rico, and Alaska*, 4th revised ed., KARL BAEDEKER, 1909.

日本語版付録　マンハッタン市街図（ベデカ1909年版）

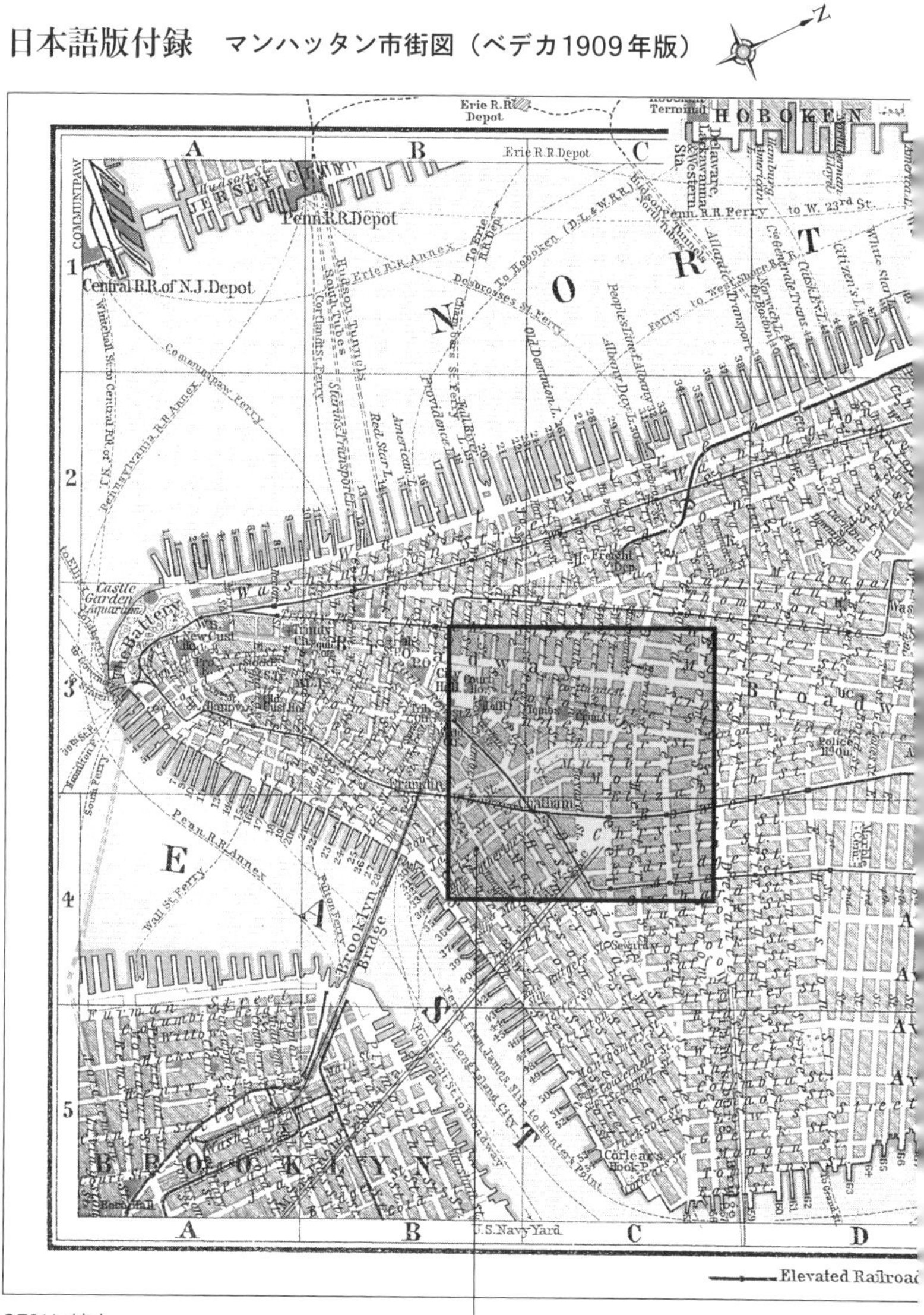

85%に縮小

ロウアー・マンハッタン街路図の範囲

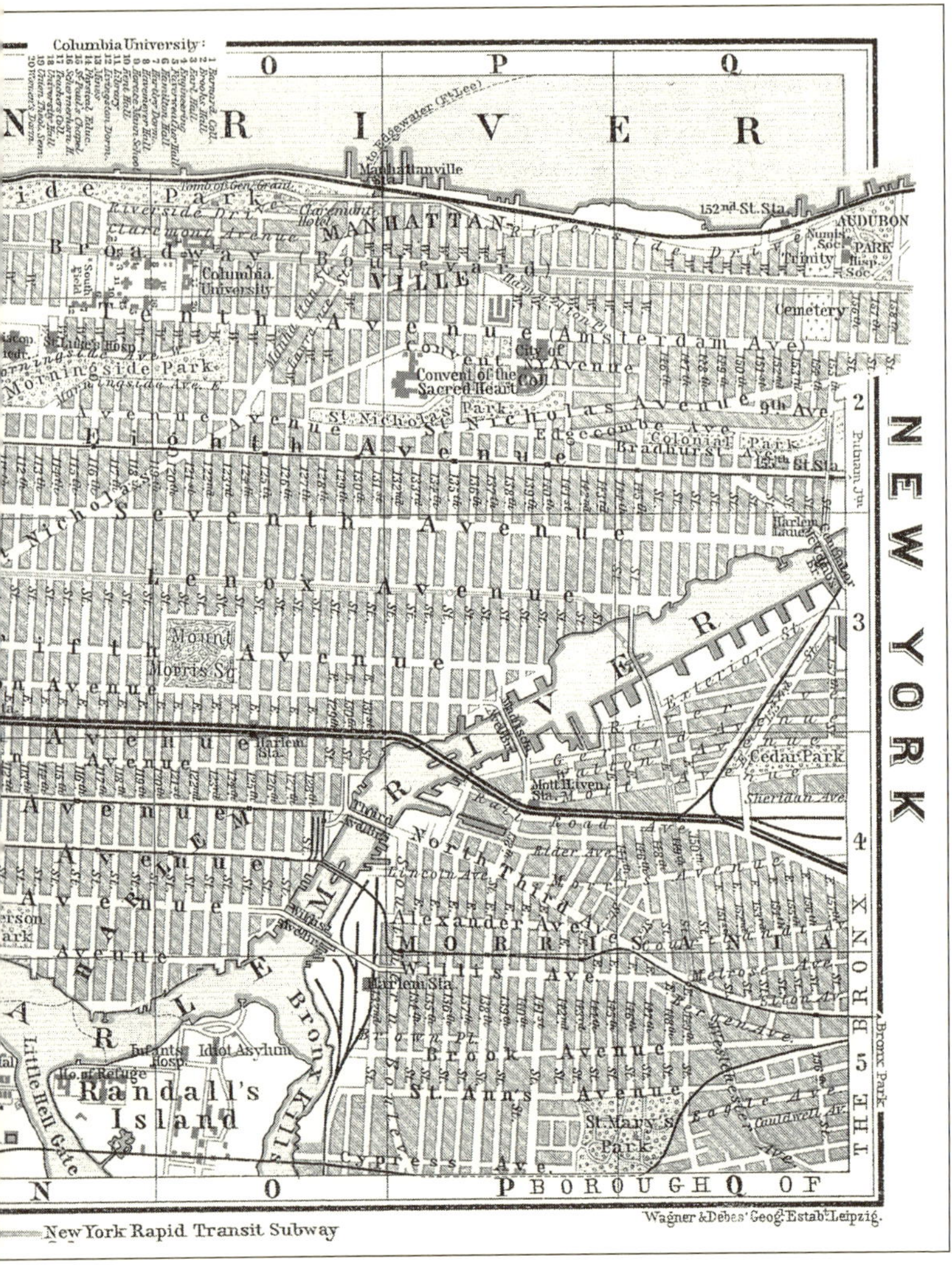

Columbia University:
R I V E R
Manhattanville
MANHATTAN VILLE
152nd St. Sta.
AUDUBON PARK
Cemetery
Riverside Drive
Claremont Hotel
Broadway (Boulevard)
Columbia University
Tenth Avenue (Amsterdam Ave)
St. Luke's Hosp.
Morningside Park
Convent of the Sacred Heart
City of N.Y. Coll.
St. Nicholas Park
St. Nicholas Avenue
9th Ave
Edgecombe Ave.
Colonial Park
Bradhurst Ave.
Eighth Avenue
Seventh Avenue
Lenox Avenue
Mount Morris Sq.
Fifth Avenue
Harlem Sta.
Harlem Lane
NEW YORK
Cedar Park
Mott Haven Sta.
Sheridan Ave.
Rail Road Ave.
Elder Ave.
Lincoln Ave.
North Third Ave.
Alexander Ave.
MORRISANIA
Willis Ave.
Harlem Sta.
Melrose Ave.
Bergen Ave.
Brook Avenue
St. Ann's Avenue
St. Mary's Park
Cypress Ave.
Eagle Ave.
Caudwell Av.
Westchester Ave.
Infants' Hosp.
Idiot Asylum
House of Refuge
Randall's Island
Little Hell Gate
Bronx Kills
Harlem River
Bronx Park
THE BRONX
BOROUGH OF
Putnam Jtn.
Wagner & Debes' Geogr. Estab. Leipzig.
New York Rapid Transit Subway

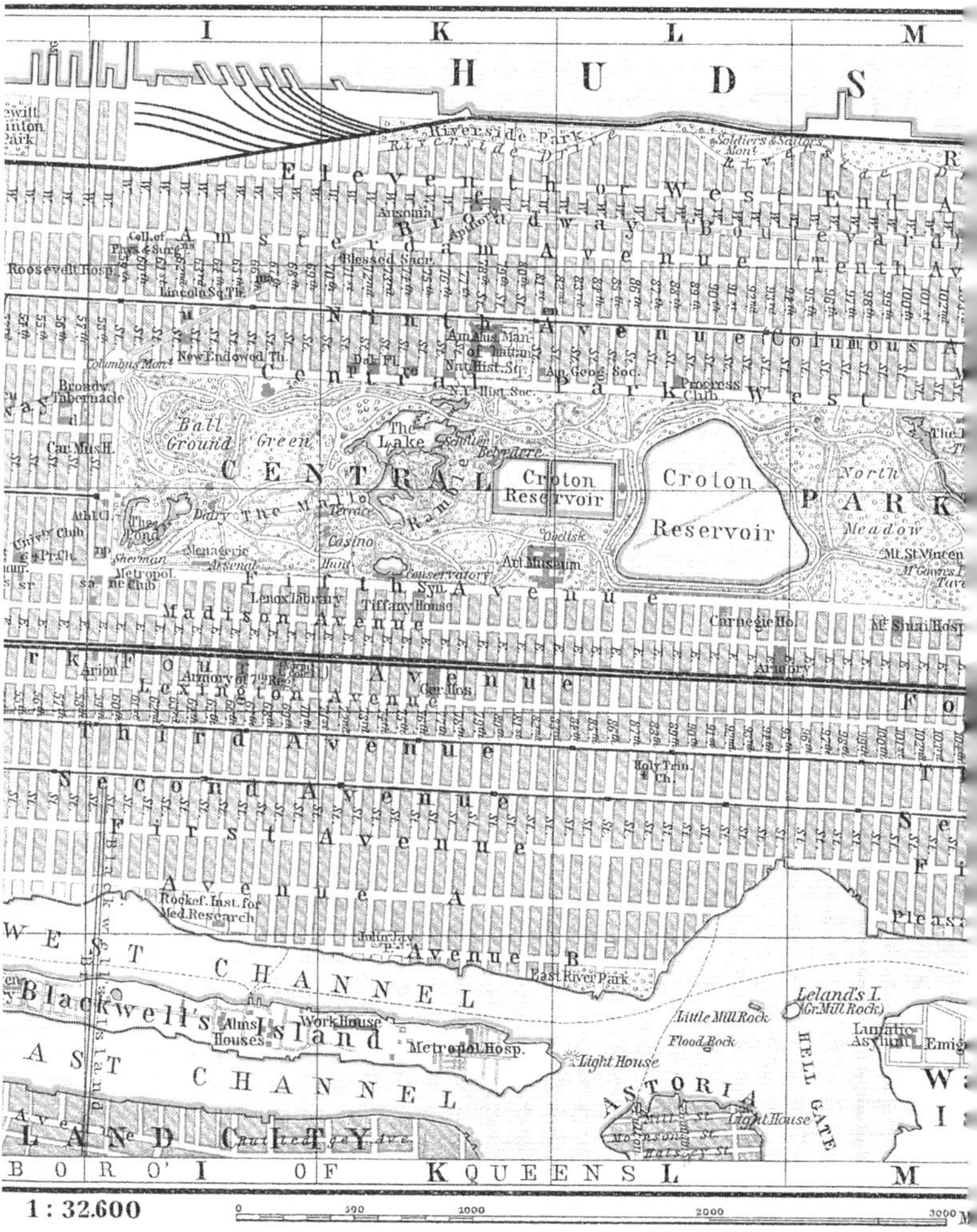
I K L M
HUDSON
Riverside Park
Riverside Drive
Soldiers & Sailors Mont.
Eleventh or West End Avenue
Broadway (Boulevard)
Ansonia
Apthorp
Amsterdam Avenue (Tenth Avenue)
Roosevelt Hosp.
Coll. of Phys. & Surg.
Blessed Sacr.
Lincoln Sq. Th.
Ninth Avenue (Columbus Avenue)
Columbus Mont.
New Endowed Th.
Am. Mus. Nat. Hist.
Am. Geog. Soc.
N.Y. Hist. Soc.
Central Park West
Progress Club
Broadw. Tabernacle
Car. Mus. H.
Ball Ground
Green
The Lake
Belvedere
CENTRAL PARK
Croton Reservoir
Croton Reservoir
North Meadow
The Pond
Dairy
The Mall
Terrace
Ramble
Casino
Obelisk
Menagerie
Arsenal
Sherman
Metropol
Art Museum
Conservatory
Mt. St. Vincent
Fifth Avenue
Lenox Library
Tiffany House
Madison Avenue
Carnegie Ho.
Mt. Sinai Hosp.
Park (Fourth) Avenue
Arion
Armory of 7th Reg.
Armory
Lexington Avenue
Third Avenue
Holy Trin. Ch.
Second Avenue
First Avenue
Avenue A
Rockef. Inst. for Med. Research
John Jay P.
Avenue B
East River Park
WEST CHANNEL
Blackwell's Island
Alms Houses
Work House
Metropol. Hosp.
Light House
EAST CHANNEL
Little Mill Rock
Flood Rock
Leland's I. (Gr. Mill Rock)
HELL GATE
Lunatic Asylum
ASTORIA
Light House
LONG ISLAND CITY
BORO' OF QUEENS
1 : 32.600
0 500 1000 2000 3000

【著者】ジェイコブ・リース *Jacob Riis*

1849年デンマーク北部の田舎町リーベ生まれ。1870年米国へ渡り職を転々、苦難の末新聞記者となり、「ニューヨーク・トリビューン」紙（1877～88)、「イブニング・サン」紙（1888～99）の警察詰記者として活躍、同時にマンハッタンに住むさまざまな移民の生活を取材し、都市スラム問題にも取り組む。1890年に発明されたばかりのフラッシュライト・カメラで撮影した写真を使った本書、『向こう半分の人々の暮らし』を刊行、世間の耳目を集める。1901年には自伝を出版、一躍全国的有名人となる。1914年没。

【翻訳者】千葉喜久枝 *CHIBA Kikue*

1969年東京生まれ。東京都立大卒、京都大学大学院人間・環境学研究科博士課程中退。訳書にクック『世界文明一万年の歴史』（柏書房)、ノルビ『ノーベル賞はこうして決まる』、クドゥナリス『死の帝国』、パーカー『医療の歴史』（いずれも創元社）などがある。

向《む》こう半分《はんぶん》の人々《ひとびと》の暮《く》らし
19世紀末《せいきまつ》ニューヨークの移民下層社会《いみんかそうしゃかい》

2018年4月20日　第1版第1刷　発行

著者 ……… ジェイコブ・リース
翻訳者 ……… 千葉喜久枝
発行者 ……… 矢部敬一
発行所 ……… 株式会社 創元社
http://www.sogensha.co.jp/
本社　〒541-0047 大阪市中央区淡路町4-3-6
Tel.06-6231-9010　Fax.06-6233-3111
東京支店　〒101-0051 東京都千代田区神田神保町1-2 田辺ビル
Tel.03-6811-0662
印刷所 ……… 株式会社 太洋社

ISBN978-4-422-36003-4 C1036